問道
香港

「一國兩制」理論與
香港偉大實踐

下

總主編
喬曉陽

主編
朱羿錕

| | |
|---|---|
| 責任編輯 | 阿　江 |
| 書籍設計 | 金小曼 |

| | |
|---|---|
| 書　　名 | 問道香港：「一國兩制」理論與香港偉大實踐（下冊） |
| 總 主 編 | 喬曉陽 |
| 主　　編 | 朱羿錕 |
| 出　　版 | 三聯書店（香港）有限公司 |
| | 香港北角英皇道 499 號北角工業大廈 20 樓 |
| | Joint Publishing (H.K.) Co., Ltd. |
| | 20/F., North Point Industrial Building, |
| | 499 King's Road, North Point, Hong Kong |
| 香港發行 | 香港聯合書刊物流有限公司 |
| | 香港新界荃灣德士古道 220-248 號 16 樓 |
| 印　　刷 | 美雅印刷製本有限公司 |
| | 香港九龍觀塘榮業街 6 號 4 樓 A 室 |
| 版　　次 | 2022 年 12 月香港第一版第一次印刷 |
| 規　　格 | 16 開（170 mm × 230 mm）328 面 |
| 國際書號 | ISBN 978-962-04-5120-1 |

# 目錄

# 序

　　君子謙謙，溫和有禮。君子治學不僅虛心求索治國安邦之道，也不吝傳道授業解惑。本書雖名曰《問道香港》，事實上所謂的「問道」，不僅有設問之含義，更是有作答之內容。如果讀者們認真耐心地讀完這上下冊兩本書，想必會對香港在回歸祖國後的 25 年裏為何能夠保持成功留有深刻的印象，也會對香港未來繼續成功下去充滿信心。這是因為，本書通過一系列多角度、深層次、具有說服力的論證，呈現出其核心論點，即：堅持全面準確、堅定不移地貫徹「一國兩制」方針，這是香港保持長治久安、長期繁榮穩定的成功之「道」。

　　本書的出版適逢其時。不久前，中國共產黨第二十次全國代表大會勝利閉幕，這是中國特色社會主義事業發展史和「一國兩制」事業發展史中具有里程碑意義的一件大事。二十大報告深刻闡釋了新時代堅持和發展中國特色社會主義的一系列重大理論和實踐問題，對全面建設社會主義現代化國家、全面推進中華民族偉大復興進行了戰略謀劃，對統籌推進「五位一體」總體佈局、協調推進「四個全面」戰略佈局作出了全面部署。其中，二十大報告鄭重地宣告，「『一國兩制』是中國特色社會主義的偉大創舉，是香港、澳門回歸後保持長期繁榮穩定的最佳制度安排，必須長期堅持。」這一重要論述，是新時代中國特色社會主義事業的一項重大政治判斷，充分肯定了「一國兩制」突出的歷史價值及其顯著的制度優勢，為我們長期堅持「一國兩制」方針不會變、不動搖堅定了信心、指明了方向。

鄧小平先生早在 1984 年就指出，「一國兩制」會不會變，其「核心的問題，決定的因素，是這個政策對不對。如果不對，就可能變。如果是對的，就變不了。」38 年後，習近平主席在出席「慶祝香港回歸祖國 25 週年大會暨香港特別行政區第六屆政府就職典禮」時，高度評價「一國兩制」是一個「好制度」。「好制度」的這個「好」字不是隨隨便便講出來的，而是依據客觀標準作出的重大判斷，是有充分事實依據的。根據習近平主席的論述，「一國兩制」的「好」，是經過實踐反復檢驗後得出的「好」，是符合國家民族根本利益、符合港澳根本利益的「好」，是得到 14 億多祖國人民鼎力支持的「好」，是得到港澳居民一致擁護的「好」，是得到國際社會普遍贊同的「好」。既然「一國兩制」是一個好制度，那就像鄧小平先生說的那樣，「我們的路走對了，人民贊成，就變不了」。

當然，我們不僅要堅持「一國兩制」，更重要的是用對、用好「一國兩制」，確保在實踐中不變形、不走樣，彰顯其顯著的制度優勢，發揮其應有的制度功效。二十大報告特別強調，要「全面準確、堅定不移貫徹『一國兩制』、『港人治港』、『澳人治澳』、高度自治的方針」。而這先「全面準確」、後「堅定不移」的排序恰恰表明，我們之所以能夠「堅定不移」地貫徹「一國兩制」，正是因為我們始終做到「全面準確」地去落實它。這是經受風雨、歷經考驗而得出的真知。說明經過 25 年的奮鬥，我們對「一國兩制」的實踐規律認識得更加深刻，對運用「一國兩制」治理港澳駕馭得更加成熟，對確保「一國兩制」事業行穩致遠更加自信。

全面準確地貫徹「一國兩制」，首先要牢牢把握它的根本宗旨與核心要義。我們必須堅定地維護國家主權、安全、發展利益這個最高原則，同時也要兼顧保持港澳的長期繁榮穩定；必須堅持依法治港治澳，維護憲法和基本法確定的特別行政區憲制秩序，在法治的軌道上推進「一國兩制」；必須堅持和完善「一國兩制」制度體系，堅持中央全面管治權和保障特別行政區高度自治權相統一；必須落實「愛國者治港」、「愛國者治澳」的原則，確保特別行政區政權牢牢掌握在

愛國者手中；必須保持港澳的優勢和特點，努力破解其經濟社會發展中的深層次矛盾和問題，支持港澳更好地融入國家發展大局，為實現中華民族偉大復興更好發揮作用。上述的這些關於「一國兩制」實踐的規律性認識，相信都以各種形式的論述體現在本書各章節之中。

當前及未來一段時間，全國上下的中心任務是全面建成社會主義現代化強國、實現第二個百年奮鬥目標，以中國式現代化全面推進中華民族偉大復興。在實現這一目標的新征程上，堅持和完善「一國兩制」具有十分重要的戰略意義，這給我們每一位「一國兩制」事業的持份者提出了新的時代課題。參與《問道香港》編寫的專家學者們在他們各自擅長的領域，結合他們的所思多想、所學所得，以大量的數據和具體的案例為佐證，用深入淺出、通俗易懂的語言，給讀者們呈現出香港「一國兩制」事業的全景圖卷，以此來引導大家們去感受體會：為什麼「一國兩制」是最適合香港的制度安排？為什麼在中國特色社會主義進入到新時代後，我們仍然要繼續長期堅持「一國兩制」？為什麼我們在堅持「一國兩制」的基礎上，還要完善「一國兩制」？而哪些是需要我們自始至終堅持的，又有哪些是我們應當與時俱進發展和完善的？這些都是編者們與讀者們應當共同思考、並力作答的重大命題。相信我們作答得越好，就越會深刻理解香港之於國家、「一國兩制」事業之於民族偉大復興的歷史意義，就越會激發出每個人建設香港、報效國家、造福中華民族的歷史自覺，共同繪就香港和祖國在新時代中的壯美畫卷。

喬曉陽

2022 年 11 月 28 日於北京

# 作者簡介 （按寫作章節順序排列）

朱羿錕　暨南大學法學院／知識產權學院教授、博士生導師、院長，經濟學博士，「一國兩制」與基本法研究院副院長，教育部新世紀優秀人才、廣東「特支計劃」教學名師、廣東省高校教學名師，廣東省政協常委。兼任教育部法學類教學指導委員會委員、全國人大常委會港澳基本法研究領導小組成員、中央統戰部諮詢專家，中國法學會理事、廣東省法學會副會長。先後出版中英文著作 20 多部，在《中國社會科學》《法學研究》《中國法學》等學術刊物發表論文 100 多篇；國家重點研發計劃首席專家、國家社科基金重大項目首席專家，主持《營商的法律智慧：商法》《英美商法》等國家級一流課程、國家級雙語示範課程；榮獲中國高校科學研究優秀成果獎（人文社科）、司法部法學教材與科研成果獎法學教材類優秀作品獎、廣東省哲學社會科學優秀成果一等獎 2 項、廣東省高等教育教學成果獎一等獎 2 項。

張　盼　暨南大學法學院／知識產權學院教師，法學博士，主要從事民商法、社會信用以及港澳台僑法律制度研究。國家重點研發計劃項目核心骨幹和項目聯繫人，榮獲中國法學會中國法學青年論壇一等獎、中國法學會泛珠三角合作與發展法治論壇一等獎等學術獎勵。

馮邦彥　暨南大學經濟學院教授、博士生導師，曾先後擔任暨南大學特區港澳經濟研究所所長、暨南大學經濟學院院長，曾兼任廣東省政協委員、

廣東省人民政府參事、廣州市人民政府決策諮詢專家、廣東經濟學會副會長等社會職務，長期從事香港經濟、香港資本與財團、香港金融與地產、香港經濟史等領域的研究，著有《香港產業結構轉型》《香港金融史》《香港地產史》等著作。

鍾　韻　理學博士，暨南大學經濟學院教授、博士生導師、副院長，「一帶一路」與粵港澳大灣區研究院副院長，廣州市人文社科重點基地粵港澳大灣區經濟發展研究中心主任，「一國兩制」與基本法研究院學術委員會委員、兼職研究員。兼任全國港澳研究會理事、《港澳研究》編委會委員、廣東港澳經濟研究會副會長、廣東省工商業聯合會（總商會）聯絡委員會顧問、廣州市南沙區港澳青年創新創業導師等社會職務。長期從事服務業經濟、港澳經濟、粵港澳區域合作研究。已主持完成國家自然科學基金項目、教育部人文社科項目，以及省、市相關部門委託項目的研究。著有《粵港服務業的創新合作：制度與平台》《區域中心城市生產性服務業發展》等著作及多篇學術論文。

陳　苗　在中央政府駐港機構工作近 20 年，對香港政治經濟社會文化等領域進行深入調研，有獨到見解。曾任香港紫荊研究院特約研究員、香港金融管理學院客座教授，在國內外核心期刊雜誌發表文章 30 多篇。

沈　吟　北京大學法學碩士、香港中文大學普通法碩士，長期從事「一國兩制」及基本法理論研究和實務工作。

孟　夏　中山大學法學博士，長期從事「一國兩制」與基本法研究工作。

周代順　暨南大學民商法博士研究生。

鄧　飛　現任香港特區立法會議員，香港教育工作者聯會前主席和中學校長，長期扎根教育界的教育工作者，擁有內地、香港和海外留學的教育背景，從事愛國教育事業已歷 20 多年，亦有多年參政議政、公共政策諮詢研究和推廣國情教育、歷史教育的工作經驗；亦是全國港澳研究會

創會會員和理事、中華全國海外聯誼會理事和重慶市政協委員，獲得參與國家關於香港問題政策研究和諮詢的豐富工作閱歷和經驗；擔任多個特區政府諮詢架構委員職位，涵蓋領域從教育政策到醫療範疇、從國民教育到公民教育、從課程發展到考試評核。

崔　劍　北京大學國際政治學士、美國法律博士，香港教育工作者聯會總幹事，全國港澳研究會會員。

劉蜀永　中國社會科學院近代史研究所研究員、嶺南大學香港與華南歷史研究部高級研究員、香港地方志中心事務顧問。主要著作有《二十世紀的香港》《簡明香港史》《20 世紀的香港經濟》《香港史 —— 從遠古到九七》《劉蜀永香港史文集》。

嚴柔媛　劉蜀永教授助手，嶺南大學香港與華南歷史研究部項目主任。

白　露　清華大學法學碩士、香港大學普通法碩士，長期從事「一國兩制」及基本法研究工作。

凌　岫　倫敦大學法學博士，長期從事「一國兩制」及基本法研究工作。

# 第一章

# 「兩制」之利閃耀
# 打造營商高地

◎ 朱羿錕　張盼

回歸 25 年來，無論是自由開放度還是營商環境，香港持續引領全球。香港更好了，港人獲得感更強了，生活過得比英、德、日等老牌發達國家還好，人均壽命登頂全球榜首。「一國兩制」之下香港社會與國家是高度互動的，香港社會對「一國」認同愈高，對國家安全保障愈有效，其獨特性也愈鮮明，自治空間就愈大。「兩制」之間更是可以互通有無，互學互鑑，合作共贏。

## 一、真誠踐行「兩制」

2022 年，一個特殊的時間節點。自 1997 年 7 月 1 日零時升起的五星紅旗，已經在香港上空飄揚了四分之一個世紀。「一國兩制」五十年不變的憲制安排，也潤物細無聲地走過半程。中國人向來崇尚誠實守信，中國政府的承諾更是鄭重的、嚴肅的、認真的。而無論是香港回歸之前還是回歸之後，美國西方勢力時不時就會抹黑「一國兩制」，唱衰香港，唱空香港，認為「一國兩制」不可能兌現，香港會失去其獨特性，淪為「死港」、「臭港」。

日久見人心，事實勝於雄辯！在這特殊的時間節點，「一國兩制」方針在香港業已經歷 25 載實踐，究竟交出了怎樣的「期中答卷」？事實就是最好的答卷！「一國兩制」究竟是不是真的？香港是否還保持着獨特性？「兩制」是否變成了「一制」？香港社會自有答案，港人心如明鏡。回歸 25 年來，香港自由貿易港的底色不變，魅力不減，成功地應對了亞洲金融危機、2001 年美國「9‧11」事件、2003 年非典等衝擊所誘發的嚴重衰退，經濟發展更快了，社會變得更好了，港人的獲得感大為增強。毫無疑問，這就是中國政府履行當年莊嚴的政治承諾，真誠踐行「一國兩制」的最好註腳！

的確，香港回歸以來的發展並非一路坦途。國際形勢波詭雲譎，回歸之初亞洲金融危機接踵而至，非典疫情亂人心弦。正因為有了「一國」之本，背靠祖國，中央關愛，特區政府胸有成竹，沉着應對，順利渡過一次又一次嚴峻的經濟

衰退，交出了驚艷全球的「成績單」，諸多領域的發展冠絕於世。

表 1-1　香港與英、美、德、日的經濟規模增長比較（1997-2021）

| | 香港 | 英國 | 美國 | 德國 | 日本 |
|---|---|---|---|---|---|
| GDP 增長幅度（%） | 200 | 180 | 240 | 170 | 110 |
| GDP 年增長率均值（%） | 3.1 | 1.6 | 2.2 | 1.2 | 0.5 |
| 人均 GDP 增長幅度（%） | 170 | 150 | 200 | 170 | 110 |
| 2000-2020 年人均財富增幅（%） | 300 | 200 | 230 | 280 | 130 |

資料來源：根據港府統計處報告、國家統計年鑑以及瑞信（Credit Suisse AG）的全球財富報告「Global Wealth Report 2021」整理。

　　就經濟增長而言，從 1997 年到 2021 年，香港 GDP 增長幅度整整翻了一番，達到 2 倍，年均增速達到 3.1%。就增長幅度而言，明顯高於東亞強國日本（1.1 倍）、歐陸強國德國（1.7 倍），也高於原殖民地宗主國英國（1.8 倍）（表 1-1）。以年均增速來看，香港遠遠領先於日本的 0.5%，大幅度領先德國的 1.2%，當然也領先於英美。就人均 GDP 而言，港人生活得比發達國家還好，獲得感不言而喻。香港的人均 GDP 明顯優於歐陸諸多發達經濟體，還略高於歐洲第一強國德國，超過原殖民地宗主國英國，並遠邁東亞強國日本。在 2018 年，香港人均 GDP 達到 48 540 美元的歷史新高，已然超越德國（48 374 美元），相較於高度發達的英國（43 647 美元）、法國（41 375 美元）、日本（39 808 美元），則具有較為明顯的優勢，更不用說與西班牙（30 599 美元）和中國台灣地區（25 148 美元）相比了。另據瑞信的全球財富報告，縱觀 2000-2020 年人均財富增長幅度，香港以 300% 的高增長速度，實現對英、美、德、日等發達國家的全面超越。可見，縱向而言，港人在回歸後的生活更好了；橫向而言，比日本和歐洲發達國家還好，獲得感更強。

表 1-2　香港主要領域增長和發展情況（1997-2021）

| 證券市場增幅 | | 貿易增幅（**1997-2020**） | | 港口貨物吞吐量 | | 境外訪客增幅<br>（**1997-2019**） | 國際仲裁佔比<br>（**2021**） |
|---|---|---|---|---|---|---|---|
| 證券<br>市值 | 融資額 | 商品<br>貿易 | 服務<br>貿易 | 總量<br>增幅 | 國際轉<br>運佔比<br>（2020） | | |
| 1 320% | 310% | 270% | 250% | 150% | 73.8% | 500% | 82% |

資料來源：根據港府統計處報告和國家統計年鑑整理。

　　「馬照跑、舞照跳」，端賴香港在回歸後保持穩定，持續繁榮。香港支柱產業的發展，國際金融中心、自由貿易港地位的鞏固和提升等就是明證（表1-2）。回歸以來，香港證券市場市值增長 13 倍，融資額增長 3.1 倍，港交所一躍成為僅次於紐約證券交易所（NYSE）、納斯達克證券交易所（NASDAQ）和上海證券交易所（SSE）的全球第四大交易所。香港商品貿易增幅高達 2.7 倍，服務貿易增幅高達 2.5 倍。香港成為全球最繁忙、最高效、最優質的國際集裝箱港口之一，2020 年國際轉運佔比更高達 73.8%。境外訪客增幅高達 5 倍，「東方之都」的獨特魅力引得訪客紛至沓來。香港支柱產業之一的旅遊業收入從 1998 年 73.36 億美元的最低值，一度飆升至 2014 年 463.49 億美元的最高值。相應地，香港法治也享有國際聲響，成為全球重要的國際法律服務中心。以香港作為仲裁地的國際仲裁數量佔比提升了 82%。由倫敦大學皇后學院發佈、具有業界廣泛影響力與權威性的《國際仲裁調查報告》中，香港自 2015 年即入選全球最受歡迎仲裁地前 5 位。其中，香港於 2018 年位列全球第 4，2015 及 2021 年則取代巴黎佔據第 3 位。

　　毫無疑問，香港更好了，港人獲得感更強了。這並非輕輕鬆鬆、敲鑼打鼓就能夠得來，而是真誠踐行「一國兩制」方針的成果！這不僅表明「一國兩制」方針在港實踐行得通、走得穩、有實效、有前景，是契合並有助於保持香港「東方之珠」地位的最正確方略，而且向全世界表明中國人誠信守諾，「一國兩

制」之於香港絕非權宜之計，中國政府一諾千金。回顧上世紀 80 年代中英談判期間，人們對香港前途感到一片迷茫，人心不安。「一國兩制」五十年不變的承諾，是香港社會回歸前的政治「定心丸」。這是中國政府對香港未來的期許，是對內地發展的自信，是對於將「一國兩制」融入國家治理體系、推進國家治理能力現代化的自信。為兌現這個莊嚴的政治承諾，國家實施了「雙重保險」：一是首創基本法予以法律保障；二是國家施政綱領緊盯實施節奏，一環扣一環，一步一個腳印，將前述政治承諾和基本法上的規定落實落地。

首先來看基本法的保障。正是基於前述自信，《中華人民共和國香港特別行政區基本法》（以下簡稱「香港基本法」）明定了「一國兩制」的方針，前述政治「定心丸」獲得了國家憲制安排上的保障。早在 1984 年 6 月 22 日，鄧小平同志就「一國兩制」方針適用於香港，以求實現香港回歸與國家統一時即強調：「我國政府在一九九七年恢復行使對香港的主權後，香港現行的社會、經濟制度不變，法律基本不變，生活方式不變，香港自由港的地位和國際貿易、金融中心的地位也不變 …… 我們對香港的政策五十年不變，我們說這個話是算數的。」[1] 以鄧小平為首的中國共產黨第二代領導集體，在務實地推進「一國」統一的基礎上，對「兩制」之踐行始終秉持尊重差異、共同發展、高度靈活、穩妥穩健的真誠態度。這一真誠態度首先有 1982 年《中國人民共和國憲法》第 31 條「國家在必要時得設立特別行政區」作為憲制基礎，而後在 1984 年《中英聯合聲明》、1990 年香港基本法中經由「一國兩制」的制度設計得以落地生根。

香港基本法序言開宗明義，強調「為了維護國家的統一和領土完整，保持香港的繁榮和穩定，並考慮到香港的歷史和現實情況，國家決定，在對香港恢復行使主權時，根據《中華人民共和國憲法》第 31 條的規定，設立香港特別行政

---

1　鄧小平：《鄧小平文選》（第三卷），北京：人民出版社，1993 年，頁 58。

區，並按照『一個國家，兩種制度』的方針，不在香港施行社會主義的制度和政策」。香港基本法第 1 條着重指出，香港乃中國「不可分離的部分」。保障國家主權、安全和發展利益是落實「一國」方略的根本遵循，而保持香港繁榮、穩定和發展，則是「兩制」踐行應予實現的根本承諾。「一國」之下，「兩制」並行需要尊重香港經濟、社會、文化和法制等諸多傳統。基本法第 5 條規定香港「保持原有的資本主義制度和生活方式，五十年不變」；第 109 條明確香港政府須「提供適當的經濟和法律環境，以保持香港的國際金融中心地位」；第 112 條明確在港「不實行外匯管制政策，港幣自由兌換」；第 114 條強調香港作為自由港，「除法律另有規定外，不徵收關稅」。這種「概括 + 列舉」的規範形式，對「一國兩制」方針的具體施行予以細化，相關規定不勝枚舉。這些規定清晰描摹出「一國兩制」的運行空間，以「一國」為本，尊重歷史，尊重香港的獨特性，保障特區高度自治，充分釋放「兩制」之利，推進中華民族偉大復興的偉業。

通過法律形式在港切實、真誠地推行「一國兩制」方針，既尊重、維護了憲法與基本法確立的憲制秩序，亦與香港法治精神高度吻合，也是對全面推進依法治國方略的貫徹落實。據此，真誠踐行「兩制」即深刻嵌入到依法治國的法治實踐之中，香港聯通內地與世界、積極融入國家發展大局均有了堅實的法律準據與行動準則。香港社會尊崇法治，踐行「一國兩制」方針，保持香港繁榮穩定，絕非緣木求魚、刻舟求劍，而是具有深厚的憲制基礎和法治保障，無疑是契合歷史機遇、經濟形式、法治環境的最佳安排。[1] 另一方面，國家的施政綱領緊盯「一國兩制」，環環相扣，確保在港真正兌現「兩制」，保持香港的獨特性。這樣，香港基本法所保障的「一國兩制」不僅中看，更是中用的！僅以對全黨全國均有重要意義的中國共產黨全國黨代會報告、國民經濟和社會發展五年規劃綱要來看，

---

1　劉兆佳：《回歸十五年以來香港特區管治及新政權建設》，香港：商務印書館（香港）有限公司，2012 年，頁 3。

貫徹落實「一國兩制」方針、保持香港長期繁榮穩定，一以貫之，始終不渝，踐行「一國兩制」的誠心、真心、用心和細心可見一斑（表 1-3）。

表 1-3　歷次黨的全國代表大會報告和國家五年規劃的對港政策

| 中共全國黨代會報告 | | | 國民經濟和社會發展規劃綱要 | | | |
|---|---|---|---|---|---|---|
| 屆次 | 時間 | 對港政策 | 期次 | 時間範圍 | 對港政策 | 段 / 章 |
| 十四大 | 1992 | 保持長期穩定和繁榮 | 九五 | 1996-2000 | 推動香港穩定繁榮 | 1 段 |
| 十五大 | 1997 | 保持長期繁榮穩定 | 十五 | 2001-2005 | 維護香港的長期繁榮穩定 | 1 段 |
| 十六大 | 2002 | 促進香的繁榮穩定和發展 | 十一五 | 2006-2010 | 保持香港長期繁榮穩定 | 1 段 |
| 十七大 | 2007 | 保持香港長期繁榮穩定 | 十二五 | 2011-2015 | 保持香港長期繁榮穩定 | 1 章 |
| 十八大 | 2012 | 保持香港長期繁榮穩定 | 十三五 | 2016-2020 | 支持香港長期繁榮穩定發展 | 1 章 |
| 十九大 | 2017 | 保持香港長期繁榮穩定 | 十四五 | 2021-2025 | 保持香港長期繁榮穩定 | 1 章 |
| 二十大 | 2022 | 保持香港長期繁榮穩定 | | | | |

資料來源：根據黨的歷次代表大會報告和相關期次五年發展規劃綱要文本整理。

　　中共全國黨代會報告、國民經濟和社會發展五年規劃綱要是中國政府的施政綱領文件，其中闡述的施政政策就是特定時期予以聚焦和落實的事項。党的主要創始人之一李大釗的長子、中國人民銀行原行長李葆華曾感慨地將黨代會稱為「革命和建設的歷史轉折點」。黨代會報告是對中國共產黨發展進程中承載舉旗定向、謀篇佈局、凝聚力量等重大使命的標誌性事件和重要節點予以系統性總結的重大報告，而五年規劃綱要則對國家重大發展脈絡、重大建設項目、重要經濟關係等規定目標和方向，釐定國家發展、公共服務、經濟管理等領域推進和落地事項。綜觀香港基本法通過後的歷次中共全國黨代會報告以及和國民經濟和社會發展五年規劃綱要，從黨的十四大到二十大，從國家「九五」規劃到「十四五」

規劃，始終堅持「一國兩制」方針，保持香港繁榮穩定，初心不改，一以貫之，始終不渝。

　　1992 年 10 月，香港基本法通過後的首次中共全國黨代會，黨的十四大報告中系統闡明當時的對港政策，強調要保證香港在回歸前平穩過渡、回歸過程順利、回歸後穩定繁榮，彼時保持香港順利回歸和長期穩定繁榮，是中國政府的首要考慮，而人心回歸在當時雖非主要考慮，卻作為「一國兩制」的基本目標而被真誠、善意地視為理所必然。對此，黨的十四大後，時任党的總書記江澤民在香港回歸後的多個場合着重強調：「凡是有利於香港繁榮穩定的事，就要多做；凡是不利於香港繁榮穩定的事，絕對不能做。」[1] 黨的十六大之後，繼任總書記胡錦濤承繼江澤民時期的對港政策，在香港回歸祖國 15 週年慶祝大會上明確指出：「『一國兩制』是香港回歸後保持長期繁榮穩定的最佳制度安排 …… 根本出發點和落腳點就是維護國家主權、安全、發展利益，保持香港長期繁榮穩定。」[2]

　　黨的十八大以來，習近平總書記始終關心、關切與關懷香港繁榮、穩定與發展，在多個重要場合對「一國兩制」之於香港的重要意義、發展方向進行了系統而深刻的闡述。2016 年 7 月 1 日，習近平總書記在慶祝中國共產黨成立 95週年大會上指出：「『一國兩制』在實踐中已經取得舉世公認的成功，具有強大生命力。無論遇到什麼樣的困難和挑戰，我們對『一國兩制』的信心和決心都絕不會動搖。」[3] 香港不會被「內地化」，而是會保持其獨特性、國際性。對此，2018 年 11 月 12 日，習近平總書記在會見香港、澳門各界慶祝國家改革開放 40

1　江澤民：〈在香港「二○○一《財富》全球論壇」開幕晚宴上的講話〉，《人民日報》，2001 年 5 月 9 日，第 1 版。
2　胡錦濤：〈在慶祝香港回歸祖國 15 週年大會暨香港特別行政區第四屆政府就職典禮上的講話〉，《人民日報》，2012 年 7 月 2 日，第 2 版。
3　習近平：〈在慶祝中國共產黨成立 95 週年大會上的講話〉，《人民日報》，2016 年 7 月 2 日，第 2 版。

週年訪問團的講話中指出：「要保持香港國際性城市的特色，利用香港對外聯繫廣泛的有利條件，傳播中華優秀文化，宣介國家方針政策，講好當代中國故事，講好『一國兩制』成功實踐的香港故事，發揮香港在促進東西方文化交流、文明互鑑、民心相通等方面的特殊作用。」[1]2021 年在慶祝中國共產黨成立 100 週年大會上，習近平總書記更着重強調：「要全面準確貫徹『一國兩制』、『港人治港』、高度自治的方針，落實中央對香港特別行政區全面管治權，落實特別行政區維護國家安全的法律制度和執行機制，維護國家主權、安全、發展利益，維護特別行政區社會大局穩定，保持香港長期繁榮穩定。」[2]

　　相應地，國民經濟和社會發展五年規劃對於香港在國家經濟發展中的地位與作用，亦隨之而不斷深入。在「九五」規劃中，基本目標是實現香港順利回歸、穩定繁榮。「十五」規劃進一步延續這一目標，強調維護香港回歸祖國五載的發展成就，並在波瀾詭譎的世界局勢中維護香港的長期繁榮穩定。自「十一五」規劃開始，走入自信年代的中國政府將香港長期繁榮穩定嵌入到自身發展、民族復興的歷史征程之中，保持香港長期繁榮穩定成為中國政府的共識和施政的根本遵循。及至「十二五」規劃綱要，中國政府更是在這一舉足輕重的綱要中專闢一章「規劃」香港，着重論述推進「一國兩制」方針、保持香港長期繁榮穩定、強化香港國際經貿地位，以及通過支持、合作、共建、共享等方式推動香港發展的根本方向和行動指南。「十三五」和「十四五」規劃均給予香港、澳門專章待遇，保持香港長期繁榮穩定，這個對港政策始終如一，一以貫之，不斷地在「一國兩制」的偉大實踐中深化和發展。正是中國政府誠信守諾，言必行，

---

1　習近平：〈會見香港澳門各界慶祝國家改革開放 40 週年訪問團時的講話〉，《人民日報》，2018 年 11 月 13 日，第 2 版。

2　習近平：〈在慶祝中國共產黨成立 100 週年大會上的講話〉，《人民日報》，2021 年 7 月 2 日，第 2 版。

行必果，特區政府和香港社會奮力拼搏，歷經 25 年實踐，香港社會更好了，港人更有獲得感了。這就表明，「一國兩制」行得通，正是由於真誠地踐行「一國兩制」，唱衰論、唱空論者所謂「死港」、「臭港」也就不攻自破了。

## 二、「兩制」保障自由開放度

回歸 25 年來，「一國兩制」對於香港究竟有多真，香港的獨特性和高度自治究竟保持了多少，看看其自由開放程度就再清楚不過了。這可以從兩個方面予以考察：一是國際資本和跨國公司的選擇和行動；二是有關自由開放度的國際權威排行榜上的地位。兩者相輔相成，相互印證。就香港而言，兩者是完全一致的，不僅國際資本以實際行動選擇留在香港，做大做強，而且相關國際排行榜均高度評價其自由開放度，香港魅力彰顯無遺。反之，如果國際資本心甘情願選擇在港發展，即使相關國際排行榜評價再差也是很有限的。何況，香港的自由開放度既是國際資本感同身受的，也是相關國際權威排行榜高度認可的。

表 1-4　外國（地）公司在港辦事處及地區總部的母公司來源地

| 類型 | 增幅（%）（1997-2021） | 地區總部的母公司來源地（%） | | | | | |
|---|---|---|---|---|---|---|---|
| 地區總部 | 160 | 年度 | 英國 | 美國 | 德國 | 日本 | 合計 |
| 地區辦事處 | 150 | 2009 | 9.2 | 23.1 | 6 | 17.9 | 56.2 |
| 當地辦事處 | 150 | 2019 | 9.1 | 18 | 6.3 | 15.1 | 48.5 |

資料來源：根據港府統計處報告整理。

鞋合不合適只有腳知道，那就先看看國際資本和跨國公司的感受。不妨先來看一組數據。據統計，1997-2021 年，外國（地）公司在港設立地區總部、地區辦事處、當地辦事處分別增長了 1.6 倍、1.5 倍和 1.5 倍（表 1-4）。自 2001 年中國加入世界貿易組織（WTO），在港設立企業辦事機構的外國（地）公司數

量從 4 467 家增長至 9 049 家，增幅達到 202%。其中，地區總部從 944 家增長至 2019 年最高值的 1 541 家；地區辦事處從 2 293 家增長至 2019 年最高值的 2 490 家，在 2021 年恢復至 2 483 家；當地辦事處從 1 230 家增長至 2021 年最高值的 5109 家。不難看出，外國（地）公司在港設立的企業辦事機構中，地區總部數量有序增長，地區辦事處穩中躍升，當地辦事處則顯著增加。2021 年，當地辦事處佔企業辦事機構的比重超過 56%，而 2001 年時這一比值尚為 27%，20 年間翻了一番。

回歸 25 年來，境外的創新創業企業家紛至沓來，香港的國際資本持續增長，結構多元性也不斷地發展變化。2009-2019 年，在港設立地區總部的外國（地）公司從 1 252 家增長至 1 542 家。就來源地而言，內地及英、美、德、日等國家或地區的公司數量從 798 家增長至 964 家，但佔在港設立地區總部的外國（地）公司佔比卻從 63.7% 下降至 62.3%，絕對數量上升與相對比例下降，表明在港設立地區總部的國際資本絕對數在上升，跨國公司日益增多，且來源更加多元化，香港吸引了全球愈來愈多經濟體的公司來港投資興業，並以地區總部的形式佈局商業存在、開展商業活動。同時，英、美、德、日四大傳統資本主義強國在港設立地區總部的數量雖從 702 家微增至 748 家，但佔比卻從 2009 年的 56.2% 下滑至 2019 年的 48.5%（表 1-4）。這四國下滑的份額有相當部分由來源於內地的公司填補，其數量從 96 家增長至 216 家，佔比從 7.7% 上升至 14%，增幅達到 1.8 倍。可見，愈來愈多的內地公司將香港作為佈局全球市場的重要節點，內地公司參與香港市場建設的廣度、深度均在不斷增強。由此，內地自 2012 年即取代英國，成為在港設立地區總部的外國（地）公司第三大來源地。相應地，在港設立地區辦事機構的內地公司數量亦在不斷增長。以 2001-2017 年數據來看，2001 年在港設立地區總部、地區辦事處及當地辦事處的內地公司數量分別為 70 家、160 家及 172 家，到 2017 年分別增長至 154 家、196 家及 914 家，相應佔外國（地）在港設立辦事機構的比例從 7.4%、7% 及 14%，上升

至 10.9%、8.4% 及 20%。

2019 年香港因修例風波引發的黑暴動亂，無疑會影響國際資本對在港營商興業的信心。及至香港國安法出台施行、「愛國者治港」原則的重申與落實，香港由亂及治，香港重新煥發勃勃生機。儘管受到新冠疫情的衝擊，但並未影響全球商人對香港的信心，甚至創下新高。據統計，自 2020 年中期開始，流入香港的境外資金持續增長，一年總額即超過 500 億美元。在港設立的資產管理公司從 2019 年的 1 808 家增長至 2020 年年底的 1 878 家，基金管理資產淨值相較於 2019 年年底大幅增長 20%。超過 346 家歐盟公司在港設立地區總部，另有 543 家歐盟公司在港設立辦事處，大量歐盟公司在香港國安法施行後仍然到港設立地區辦事機構，開展各項營商，從事創新創業活動。綜合而言，2020 年年底在港設立地區辦事機構的外國（地）公司數量達到 9 025 家，與遭遇修例風波的 2019 年年底數量大致持平，相較於 2017 年年底的 8 225 家外國（地）公司尚有大幅提升。而不少在 2019 年修例風波中聲稱「離港」的境外金融機構，在香港國安法出台後亦重新返港營商興業。根據香港投資推廣署在 2020 年針對外國（地）公司在港辦事處選址因素的一項調查顯示，法治及司法獨立是香港創造優良營商環境的有利因素，在 2015 年和 2019 年的重要性排序均達到第 4 位。2015 年與 2019 年針對內地的商機認可率，外國（地）公司在港辦事處的認可率達致 51% 和 52%。可見，境外公司仍然認可內地及香港所具有的發展潛力，且半數以上的在港跨國公司來港設立辦事處的初衷，是藉助香港作為聯通內地的平台而發掘、利用和擴展內地商機與市場。

再從各項權威國際排行榜的評價來看，國際資本的觸角無疑是最為敏銳的，它們對香港自由開放度的感受是最真切的，之所以來港投資興業，之所以留港創新創業，蓋因香港高度自由開放包容，有益於幹成事業，增強自身競爭力。具體而言，從以下四個方面予以解析（圖 1-1）。

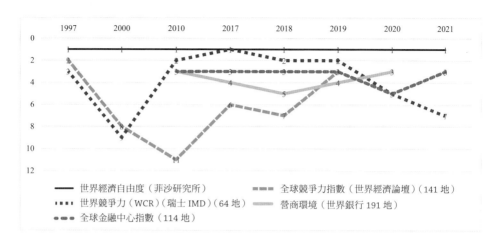

圖 1-1　香港在自由開放度國際排行榜地位變遷（1997-2021）

資料來源：根據世界經濟自由度、世界競爭力、全球競爭力、世行營商環境、全球金融中心指數等相關期次研究報告整理。

　　其一，經濟自由度位居全球榜首。根據加拿大菲沙研究所（Fraser Institute）研判、測評的世界經濟自由度年度報告（Economic Freedom of the World），其從政府規模、法律制度和財產權、健全的貨幣、國際貿易自由、市場等五個指標維度，測評各經濟體中對關涉經濟自由化的個人選擇、自由交換、自由競爭、私人財產安全保障等因素的影響程度。自 1996 年首份報告發佈以來，香港即始終位列全球第一，且 2021 年在「國際貿易自由」與「法律制度和財產權」兩項指標中繼續位列第一。這充分表明，回歸以來香港社會自由開放程度在全球首屈一指。作為最自由的經濟體之一，香港不但沒有因為回歸而「內地化」，或者封閉化，而是始終保持了其所具有的自由貿易港的底色。從第三方客觀、公正和中立的立場出發，不難發現對質疑香港回歸將損及其自由、公平、正義等核心價值的不公之論，毫無根據，不值一駁。

　　其二，全球競爭力顯著領先。在世界經濟論壇針對全球 141 個經濟體研判的全球競爭力指數中，香港從 2000 年的第 8 位逐步提升至 2019 年的全球第 3

位，在 2019 年全球競爭力指數 12 個競爭力支柱中，首個支柱制度指標的三個次級指標評「法律框架下挑戰法規的效率」、「法律框架下解決爭端效率」和「司法獨立」分別位列全球第 2 位、第 3 位和第 8 位，且從 2010 年以來即始終位列全球前 10 位。

在瑞士洛桑管理學院（IMD）研判、評估的世界競爭力報告中，針對全球 64 個經濟體中 235 個指標予以測評，其結果經由對客觀的統計數據（GDP、政府支出、失業率等）和主觀的問卷調查（社會凝聚力、腐敗程度、全球化程度等）綜合而成，在綜合考量經濟績效、基礎設施、政府效率、營商效率四大方面的信息之後得出各經濟體的最終分數和排名。世界競爭力報告認為在國際局勢複雜變幻的全球化進程中，只有高質量的制度才能帶來經濟體的繁榮，推動企業營商、投資和創新並實現可持續增長，間接提供更多的供給和就業以改善公民生活質量與提高公共服務水準。依據世界競爭力報告（圖 1-2），2019 年香港基於優良的

圖 1-2　香港與英、美、德、日在 IMD 世界競爭力排行榜地位比較

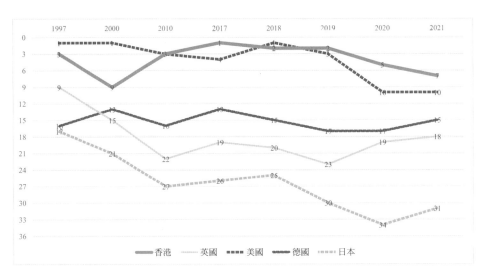

資料來源：根據世界競爭力排行榜相關期次研究報告整理。

税收制度、高效的商業政策環境以及便捷的商界融資而位列全球第 2 位，僅次於新加坡，因其具備更加先進的技術基礎設施、更易獲得的熟練勞動力、健全的移民法案以及高效便捷的新創企業開辦途徑。2021 年，香港的排名相較於 2019 年跌至全球第 7 位，但相較於英、美、德、日等資本主義傳統強國仍有顯著優勢。

表 1-5　香港與英、美、德在 IMD 世界競爭力評估體系一級、二級指標排名比較（2021）

| 一級指標 | 部分二級指標 | 香港 | 英國 | 美國 | 德國 |
|---|---|---|---|---|---|
| 經濟表現 | 整體 | 30 | 26 | 5 | 3 |
| | 國內經濟 | 32 | 29 | 2 | 7 |
| | 國際貿易 | 2 | 30 | 34 | 8 |
| | 國際投資 | 7 | 13 | 2 | 6 |
| | 就業 | 40 | 12 | 29 | 6 |
| | 物價 | 63 | 59 | 49 | 40 |
| 政務效率 | 整體 | 1 | 19 | 28 | 23 |
| | 財政 | 9 | 43 | 56 | 21 |
| | 稅收 | 2 | 36 | 15 | 57 |
| | 制度框架 | 11 | 14 | 18 | 21 |
| | 財經法制 | 1 | 14 | 19 | 24 |
| | 社會架構 | 34 | 18 | 42 | 13 |
| 營商效率 | 整體 | 3 | 19 | 10 | 23 |
| | 生產率 / 效率 | 9 | 20 | 7 | 15 |
| | 勞動力市場 | 8 | 23 | 28 | 17 |
| | 金融 | 3 | 9 | 2 | 14 |
| | 管理實踐 | 2 | 27 | 6 | 29 |
| | 態度與價值觀 | 8 | 31 | 25 | 45 |
| 基礎設施 | 整體 | 16 | 13 | 6 | 10 |
| | 基本設施 | 7 | 28 | 16 | 22 |
| | 技術基礎設施 | 7 | 14 | 5 | 25 |
| | 科學基礎設施 | 23 | 9 | 1 | 4 |
| | 衛生環境 | 21 | 11 | 17 | 7 |
| | 教育 | 8 | 20 | 13 | 25 |

資料來源：根據世界競爭力排行榜相關期次研究報告整理。

從香港與英、美、德三國在 IMD 世界競爭力評估體系一級及二級指標的數據比較來看（表 1-5），香港政務效率、營商效率分別位列全球第 1 位、第 3 位，在國際貿易、稅收、制度框架、財經法制、勞動力市場、管理實踐、基本設施等細分領域均有亮眼表現，其中財經法制指標位列全球第 1 位，競爭優勢顯著。

其三，營商環境引領全球。世界銀行自 2003 年開展頗具權威性的全球營商環境測評，香港在其中表現更是亮眼，自首份報告起一直保持全球前 10 的位次。營商環境報告通過考察關涉企業營商全生命週期的十個指標，主要針對企業經營活動相關的商事法規進行評估，指標體系側重於從法治視角考察各經濟體營商便利的整體制度性表現，對推動各經濟體通過對照全球營商環境前沿做法、改進自身商事法律制度體系大有裨益，亦能切實反映各經濟體對於企業開展營商的魅力和吸引力。在 2020 全球營商報告年度中香港位列全球第 3 位，同年度英、美、德、日四國則分別位列全球第 9 位、第 8 位、第 24 位和第 39 位。2011-2014 年度，香港還蟬聯全球第 2 位。儘管世界銀行的全球營商環境報告因故擱置，但香港特區政府在 2021 年 9 月發佈的《香港營商環境報告》中，全面釐清了修理風波中的黑暴動亂和美國遏華戰略對香港經濟與營商環境造成的負面影響，在香港國安法實施和「愛國者治港」原則落實的背景下，香港社會穩定並回歸理性，金融市場復甦且運行暢順，營商環境獲得國際機構與商界的普遍好評。

其四，全球金融中心的尖子。在全球最具權威性的「全球金融中心指數」（Global Financial Centers Index，GFCI）（2010-2021）中，香港除 2020 年下滑至全球第 5 位，其餘年度均位列全球第 3 位，僅次於紐約和倫敦，位列亞洲金融中心第 1 位。全球金融中心指數對全球最重要的 46 個金融中心涉及營商環境、金融體系、基礎設施、人力資本、聲譽及綜合因素等五方面指標予以測評。2021 年，內地金融中心排名出現整體下滑，上海從全球第 3 位下滑至第 6 位，北京從第 6 位落至第 8 位，深圳從第 8 位掉到第 16 位，廣州則從第 22 位跌至第 32 位。而香港反而一改前一年度的頹勢，恢復全球第 3 的排位。逆勢上升的

香港，不僅彰顯了自身作為全球金融中心領軍者的實力，也多得益於香港國安法的出台、新選舉制度的落地、「愛國者治港」原則的重申落實，使得香港由亂及治，迅速恢復穩定、安寧的金融秩序。

再將目光轉回至港人，香港自由開放，國際資本匯聚，順利地戰勝了 3 次嚴峻的經濟衰退，港人獲得感滿滿。一是香港人均 GDP 無論是絕對值還是增幅均超越英、德、日等傳統發達國家。2003 年，香港人均 GDP 僅達到美、英、日、德的 60.7%、69.5%、67.8%、79.3%。十年後的 2014 年，香港人均 GDP 率先超過東亞強國日本，香港／日本人均 GDP 比值為 104.8%，2015 年超越歐洲第一強國德國，香港／德國人均 GDP 比值達 103.3%，2016 年則超過原殖民地宗主國英國，香港／英國人均 GDP 比值達 105.4%。顯然，回歸 25 年來，香港相較於西歐及東亞諸國高度發達經濟體過得更好（圖 1-3）。香港人均 GDP 從 2003 年的 23 976 美元，到 2018 年最高值達 48 540 美元，相較於歐洲第一強國德國（48 374 美元），傳統資本主義發達強國英國（43 647 美元）、法國（41 375

圖 1-3　香港人均 GDP 反超英、德、日（2003-2021）

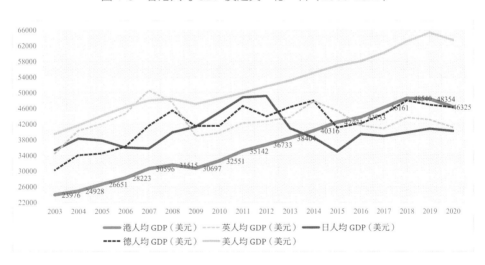

資料來源：根據港府統計處報告和國家統計年鑑整理。

美元）、日本（39 808 美元）均具有較為明顯之優勢，且遠高於西班牙（30 599 美元）及同為亞洲四小龍之一的中國台灣地區（25 148 美元），實現了從初級發達經濟體向高度發達經濟體的華麗轉變。二是香港人均壽命亦有大幅提升。據國家統計局數據顯示，香港在 1990 年、1995 年人口總數為 570.5 萬、615.6 萬，年均人口增長比例為 1.58%。回歸之後，1997 年、2017 年、2020 年人口總量分別為 650.2 萬、739.2 萬、748.2 萬，年均人口增長比例為 0.68%。全球人口總量增長放緩，港人數量在增加，人均壽命大幅度提升。1997 年香港男女平均壽命為 76.8 歲、82.2 歲，2017 年分別提升至為 81.9 歲與 87.6 歲，2020 年則分別進一步提高至 82.7 歲及 88.1 歲。根據聯合國人口基金會 2018 年發佈的《世界人口狀況調查報告》顯示，香港男女平均壽命超過日本，登頂為世界人均壽命最高的經濟體。

### 三、「兩制」做優營商環境

回歸 25 年來，香港「東方之珠」非但沒有淪為「死港」、「臭港」，而是國際資本雲集，成為創新創業企業家的樂園，蓋因其引領全球的營商環境。進一步解析香港營商環境究竟優在哪裡，何以獨特，即可揭示「一國兩制」為什麼行，它為增強香港競爭力，究竟搭建了多大的舞台，又留下了多麼廣闊的發展空間！

就營商環境的國際評價而言，世界銀行《營商環境報告》無疑最具有權威性。2003 年伊始，世界銀行開啟《營商環境報告》，致力於對全球經濟體的營商環境展開評估。其評估範圍實現了「全要素→制度要素→法治要素」的發展轉型，聚焦於企業開辦到破產的全生命週期中的商事法規的定量測評，評估結果具有較強的穩定性、透明性和國際可比性，並因其評估的科學、透明，引發各經濟體競相參照該評估體系，不斷完善營商法律法規，提升營商便利度。世行營商報告偏重對關涉中小企業的營商法治環境開展精細化、技術化測評，基本理念即

圖 1-4　香港與英、美、德、日在世行營商環境排行榜地位比較（2007-2020）

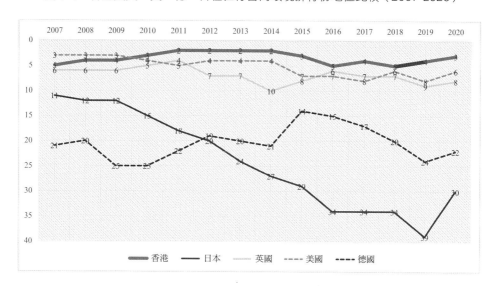

資料來源：根據世界銀行《營商環境報告》的相關期次整理。

優質的營商環境要求體制機制具備穩定、公平、透明、可預期的特徵。2007 年開始對一級指標進行排名，2020 年度香港最新營商排名為全球第 3 位，而 2020 年度 GDP 穩居全球前五的美、日、德、英四大傳統發達國家，位列全球前 10 的僅有美國和英國，德國與日本兩大歐亞強國則僅名列全球第 22 位、第 30 位（圖 1-4）。縱觀香港與日、英、美、德四大發達經濟體的營商環境排名對比，日本除 2007 年首年度排名達致全球 11 位的最高位，其後排名即直線下滑，即便 2020 年度收官排名有所提升，亦僅回到全球前 30 的「守門員」位置，其與同處東亞的香港相比，不能不說差距十分明顯。

自 2007 年以來，香港營商排名穩居全球前五，在 2011-2014 年度蟬聯全球第 2 位。而英、美、德三國中，英、美雖穩定在全球前 10，但英國自 2010 年度後即再無全球前 5 的高位排名，營商便利度始終在前 10 的後半部分逡巡徘徊，營商便利度反而不如曾作為其殖民地、而今回歸中國的香港。美國雖在 2007-

2009 年度排名全球前 3，但隨後即一直「開倒車」，這一方面是由於其他經濟體優化營商環境的力度更大、改革更多、效果更顯著，亦說明美國營商便利度受到其不斷的經濟危機、貿易爭端、局部戰爭、強權政治的影響。至於歐陸第一強國德國，則因其成文法傳統較強、法制更新更為嚴謹，因而在關涉以法治革新推動營商便利度提升的評估中顯得相對穩健，排名始終徘徊於全球前 20 至前 30 位，最高排位僅為 2015 年的全球第 14 位，相較於香港仍有較大的差距。

香港的營商環境之所以如此高光，在全球如此亮眼，蓋因「一國兩制」所賦予的獨特地位。依據香港基本法第 109 條規定，特區政府需「提供適當的經濟和法律環境，以保持香港的國際金融中心地位」。自 2007 年開始，香港特區政府着力實施「方便營商及精明監管」計劃，通過對標世行營商環境評估所注重的時間、程序與成本等指標，有針對性地對涉及企業發牌制度的方便顧客程度、效率及透明度等三項內容予以革新，從而有效減少企業遵循商事規管的合規成本。概括而言，主要涵蓋以下三項改革舉措。

一是設置常設機構專職負責營商優化工作。特區政府創設方便營商諮詢委員會，下轄專責工作小組和 10 個營商聯絡小組，主要負責跨部門、跨界別的溝通、協調工作，並將業界針對商事規管的意見向政府進行反饋。其中，專責工作小組主要承擔對涉及行業監管、牌照發放等商事法規的審查和建議工作，協助業界針對前述法規收集建議諮詢意見。營商聯絡小組則提供了一個正式的討論平台，供業界交換意見和進行溝通，政府亦會選派代表出席小組會議，針對行業監管、牌照發放等事宜與業界溝通及回應相關問題。另一方面，特區政府創設效率促進辦公室，與港府各局署、各部處進行合作。效率促進辦公室下設助理效率專員，通過發掘機會、構思方案、制訂計劃來改善政府服務，持續、高效地推進營商優化工作進程。與之相應，香港特區政府鼓勵各局署、各部處在可能的情況下設置關涉發牌的專業人員，充分發揮好「方便營商主任」的角色，以協調企業申請牌照的相關事宜，並監督相關機構的牌照發放工作程序。當前，香港特區政

府已有屋宇署、機電工程署、環境保護署、消防處、食物環境衛生署、路政署、民政事務總署、康樂及文化事務署、水務署等九個署處委任專職「方便營商主任」，專職牌照發放相關工作，以提高跨部門溝通效率，盡可能縮短企業獲得牌照所需的時間、程序和相關成本。

二是特區政府創設關涉營商活動的動態監測、優化機制。效率促進辦公室與方便營商組聯合創新及科技局（現更名為創新科技及工業局）共同推進「精明監管」計劃的定期匯報工作，每年三期，重點涵蓋關涉世行相關指標的效率促進措施、各部門進展、宣傳工作、營商環境影響評估、服務質量評價等相關事宜。另一方面，則通過香港特區政府「一站通」網站創設營商諮詢電子平台，為企業提供涉及營商的相關規管文本、行政措施等諮詢數據，為企業發表意見提供渠道。在此基礎上，經濟分析與方便營商處還結合香港實踐情況創設了本土化的營商環境評價體系，系統化地測評各局署、各部處相關規管措施對營商活動可能造成的影響。

三是特區政府通過內外宣傳培訓機制，加強港區各界人士對於營商便利化改革經驗的宣傳和分享，強化對企業開展涉及「方便營商」相關工作的進展與成效宣傳。通過宣講營商優化案例、開展企業定期滿意度調查、分享最新資訊及改革措施等方式，致力於在港形成方便營商、以商為本的營商文化，提升港府的營商環境水準。

通過推進方便營商及精明監管計劃，香港形成了以集成、敏捷與透明為特點的營商環境服務體系，通過頂層設計、協調促進、專職推進等方式，建成跨部門協同的集成式營商服務平台，在以企業需求為根本的理念引領下，基於訴求收集、問題回應、精準優化等方式，為企業提供最敏捷的營商服務。關涉營商環境的整體、單項指標均處於動態的監察機制之下，企業可通過相關網絡平台便捷地獲取辦事指南、服務程序、價格公示等相關信息，既提升企業對營商流程的認知程度，亦助推相關部門服務效率的優化。

這樣，香港不僅在整體營商便利度上處於全球領先位置，在各一級指標的細分領域亦有高光的表現。2007-2020 年，香港在開辦企業、獲得電力、保護投資者與納稅等四個指標中始終位列全球前列（圖 1-5），充分表明香港在投資興業、基礎設施、法治保障、稅負體系等方面有着健全、便捷、高效的體制機制。而對這些關涉營商活動的關鍵制度的保留、優化與革新，恰是「一國兩制」所賦予的獨特性和高度自治空間。就辦理施工許可指標而言，其在營商評估前期（2007-2009 年度）雖有不足，但在優化革新後即躍居全球前列，除 2016-2018 年度外始終位列全球第 1 位。

圖 1-5：香港開辦企業、獲得電力、保護投資者與納稅等指標排名

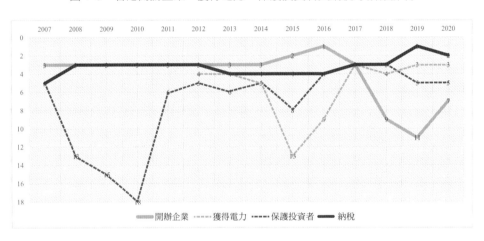

資料來源：根據世界銀行《營商環境報告》的相關期次整理。

就「開辦企業」一級指標而言，香港除 2008 到 2010 年這 3 個年度外，均保持全球前 10 名的領先地位，2017 年和 2018 年兩個年度位居全球前 3 名，2019 年和 2020 年仍維持全球前 5 名的領先位置。與英、美、德、日橫向對比（圖 1-6），自 2011 年後即始終超越四國。英國雖在 2008-2009 年短暫超越香港，但及至 2015 年均處於下滑趨勢。美國開辦企業則一路下滑，2020 年度已經

跌至全球第 55 位。至於德國與日本，除卻 2007 年度日本獲得最佳排名全球第 18 位之後，日本與德國在評估年度內獲得的最高排名亦只是全球第 44 位和第 66 位，並基本處於全球 80-120 的位次，相較於香港有着顯著的差距。

圖 1-6　香港與英、美、德、日「開辦企業」指標排名比較（2007-2020）

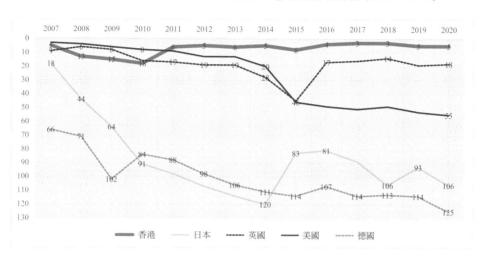

資料來源：根據世界銀行《營商環境報告》的相關期次整理。

　　香港之所以能取得如此亮眼的成績，蓋因回歸後曾於 2008 年、2013 年和 2017 年開展針對企業開辦的階段性改革：一是 2008 年香港公司註冊處與稅務局合作推出一站式登記註冊服務，逐步開始電子登記註冊制度改革。二是 2013 年度全面實施電子化登記註冊，取消了開辦公司繳納的資本稅（股本註冊費）、刻製公司印章等要求，減輕企業負擔。三是 2017 年開始加強對互聯網技術的應用探索，逐步對企業實施動態監察。得益於前述三階段的營商優化改革，香港在 2017-2018 年度躍升全球第 3 位，開辦企業僅需 2 項手續、耗時 1.5 天、費用總計 3 500 元人民幣，成本僅佔人均國民收入的 0.6%。相應地，香港政府還基於互聯網開創「註冊易」、「監察易」等業務，構建了集合公司註冊、動態監察、

信息公示、服務監督等程序於一體的企業開辦體系，既減輕企業開辦的負擔，亦有效提升了香港在開辦企業指標上的排名。

至於「保護投資者」指標，在 2007-2020 年度香港的表現更為出色。除 2019 年位居全球第 11 名外，其餘年度位居全球前 10 名領先地位。其中，2007 年到 2014 年均位居全球前 3 名，2015 年和 2016 年分別躍居全球第 2 名與第 1 名，2017 年亦位居全球第 3 名。與英、美、德、日橫向對比（圖 1-7），除 2020 年與英國並列第 7 名外，香港排名始終超越英、美、德、日等四國。與美國相比，2007 年到 2014 年美國排名最好的時期，位居全球前 5 到第 6 名，香港比其領先，2015 年到 2020 年美國滑落到第 25 名到 50 名，香港無疑是遙遙領先的。與德國相比，除 2016 年德國位居第 49 名，其餘年度均在第 50 名之後，2007 年到 2013 年為第 83 名到第 100 名，2019 和 2020 年為第 72 名和

圖 1-7　香港與英、美、德、日「保護投資者」指標排名比較（2007-2020）

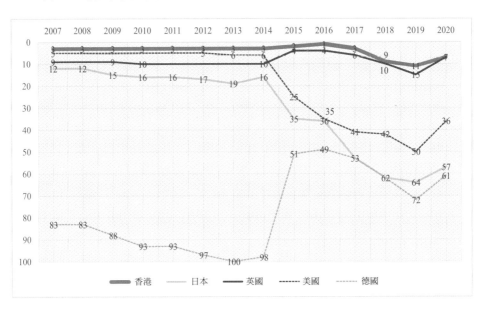

資料來源：根據世界銀行《營商環境報告》的相關期次整理。

第 61 名，均顯著落後於香港。與日本相比，其最好成績尚不及香港排名的最低值。2007 年到 2014 年，日本的排名徘徊於第 12 名到第 19 名，此後一路下滑，2015 年到 2020 年下滑到第 35 名到第 64 名，顯然與不能與香港相提並論。

至於「辦理施工許可」這個一級指標，2007-2009 年香港的表現不佳，分別為第 64 名、第 60 名和第 20 名（圖 1-8）。2008 年開始，特區政府成立了由發展局、屋宇署、渠務署、路政署、地政總署、水務署、消防處、經濟分析及方便營商處等部門組成的營商工作小組，在小組的協調下實現了跨部門協作和一站式服務整合，並在效率促進組下整合形成一站式貨倉建築牌照中心，一體化處理辦理建築施工許可證相關的審批事項，大幅提升辦理施工許可的行政效率。2009 年，該項一級指標的排名躍升為全球第 1 位，其後除 2016-2018 年度外始終位列全球第 1 位。即使是 2016 到 2018 年這 3 個年度排名也是相當亮眼的，分別為第 7 名、第 5 名和第 5 名。及至 2020 年，香港辦理施工許可僅需 8 項手續、69 天、成本僅佔倉庫價值的 0.3%。

圖 1-8　香港與英、美、德、日辦理施工許可一級指標排名比較（2007-2020）

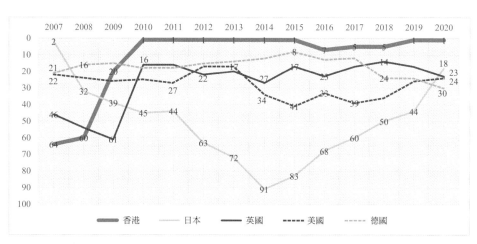

資料來源：根據世界銀行《營商環境報告》的相關期次整理。

針對「辦理施工許可」指標的橫向比較來看，英、美、德、日四國與香港的差距十分明顯（圖 1-8）。2020 年，日本近年來最好的排名位列全球第 18 位，英、美、德則均位列 20 位開外。日本而言，其「辦理施工許可」指標從 2007 年全球第 2 位一路下滑，最低點 2014 年度跌至全球第 91 位。英美兩國在辦理施工許可指標始終表現不佳，排名雖有上下起伏，但最佳位次也不過是英國在 2018 年度位列第 14 位、美國在 2012-2013 年度位列第 17 位。德國辦理建築施工許可雖在 2015 年度升至全球第 8 位，但並不能穩定保持全球前 10 的排名，整體排名在前 10 至前 30 波動，相較於香港仍有很大的差距。

毫無疑問，香港營商環境一路領先，成為響噹噹的全球營商高地，國際資本青睞有加，非但沒有因為回歸而被內地化，而是依靠「一國兩制」方針獲得了高度自治，愈來愈充滿生機與活力，國際競爭力企穩！

## 四、更需「一國」護航

毋庸諱言，回歸 25 年來，「 國」與「兩制」的推進並不平衡。出於國家對香港的厚愛，香港社會有忽視「一國」，疏離「國家」的傾向，種種以不合作為主要形式的社會抗爭運動就是突出的問題，尤以 2003 年「23 條」立法風波、2012 年反國教風波、2014 年非法「佔中」、2016 年旺角暴動和 2019 年修例風波為極端。毫無疑問，這不僅嚴重影響國家對香港社會的高度信任，亦會直接危害香港社會的自由開放度，損及享有盛譽的營商環境。

事實上，這些社會運動的「大鬧」、「小鬧」對營商環境的危害早已成為國際資本的詬病點。依據香港投資推廣署的調查報告，就跨國公司對港營商環境的意見而言，員工及租金成本向來是在港境外公司最頭疼的問題，也是在 2012-2018 年度被詬病最多的問題。但是，2014-2016 年因非法「佔中」、旺角暴動等「大鬧」，社會大局穩定等政治問題大幅度上升，及至 2019 年「修例風波」引發

表 1-6　外國 + 內地在港辦事處提出意見（投資推廣署調查）

| | 提出問題公司佔比（%） | 政治問題（%） | 員工及租金成本（%） | 政府支援（%） | 其他（%） | 沒有意見（%） |
|---|---|---|---|---|---|---|
| 2012 | 8 | 3 | 49 | 28 | 44 | 92 |
| 2013 | 8 | 6 | 51 | 20 | 45 | 92 |
| 2014 | 10 | 18 | 38 | 19 | 52 | 90 |
| 2015 | 9 | 17 | 40 | 19 | 47 | 91 |
| 2016 | 7 | 15 | 36 | 20 | 53 | 93 |
| 2017 | 8 | 9 | 32 | 21 | 58 | 92 |
| 2018 | 8 | 8 | 39 | 12 | 58 | 92 |
| 2019 | 10 | 30 | 22 | 13 | 52 | 90 |

資料來源：根據港府統計處的資料整理。

的黑暴動亂背景下，社會大局穩定等政治問題躍升為頭號問題，提出這方面問題的比例遠超過傳統的員工和租金成本問題。企業界有切膚之痛，世界銀行的營商環境排行榜作為冷靜觀察的第三方亦捕獲其端倪，敏銳地反映在香港的營商環境排名下滑趨勢上。2015 年起滑至全球第 3 名，2016 年和 2018 年更是滑落至第 5 名，2017 年和 2019 年為第 4 名，再也沒有回到 2011 年到 2014 年全球第 2 名的巔峰。作為國際貿易中心，「辦理跨境貿易」這個一級指標排名更值得警醒，2016 年起一路大幅度滑坡，從 2009 年到 2015 年一路穩妥的全球第 2 名，2007 年還是位居全球榜首，一下子下滑到第 47 名，2020 年為第 29 名，雖有所提升，再沒有回到全球前 10 名，遑論巔峰期的全球榜首和前 2 名。因疏離「一國」而「大鬧」，教訓不可謂不深刻！

誠然，「一國兩制」是一個活的、有生命力的制度框架。香港特區是首例嘗試者，至此 25 週年中間節點，認真汲取上半場寶貴經驗和教訓，精準調適特區的定位和角色，以利「一國兩制」行穩致遠。

其一，對國家主權、安全和發展利益保障度愈高，香港特區高度自治的空間愈大。香港特區是中國的香港，特別行政區是國家依據憲法設置的，實行「一

國兩制」。顯然，「一國」是「兩制」的前提，沒有「一國」何談「兩制」！亡羊補牢，經過 2012 年反國教風波、2014 年非法「佔中」、2016 年旺角暴動和 2019 年修例風波等社會抗爭運動「血與火」的洗禮，黨中央高瞻遠矚，果斷決策，將對港政策的單一目標「繁榮穩定」，調整為複合型目標，國家的主權、安全與發展利益和繁榮穩定相統一。早在 2012 年，黨的十八大通過的政治報告即鄭重指出：「中央政府對香港、澳門實行的方針政策，根本宗旨是維護國家主權、安全和發展利益，保持香港、澳門繁榮穩定。全面準確貫徹『一國兩制』、『港人治港』、『澳人治澳』高度自治的方針，必須把堅持『一國』原則和尊重『兩制』差異、維護中央權力和保障特別行政區高度自治、發揮祖國內地堅強後盾作用和提高港澳自身競爭力有機結合起來，任何時候都不能偏廢。」2014 年 12 月 26 日，中共中央總書記、國家主席習近平在談及香港政制改革問題時，還提出了「三個有利於」的標準，即香港政制改革要「有利於居民安居樂業，有利於社會穩定，有利於維護國家主權、安全、發展利益」。及至 2020 年國家「十四五」規劃，闢專章論述「保持香港、澳門長期繁榮穩定」，再次明確強調「落實中央對特別行政區全面管治權，落實特別行政區維護國家安全的法律制度和執行機制，維護國家主權、安全、發展利益和特別行政區社會大局穩定，堅決防範和遏制外部勢力干預港澳事務，支持港澳鞏固提升競爭優勢，更好地融入國家發展大局。」

就國家主義法理而言，這一轉型是自然而然的。回歸之前和回歸之初，國家出於對香港的厚愛，當時聚焦於順利回歸、平穩過渡，是完全可以理解的。香港社會不能因此忽視「一國」，遑論「泛民」動輒企圖以「兩制」架空「一國」。可見，就香港社會大局穩定而言，這一轉型可謂及時雨。其實，「一國兩制」本來就是一個高度交互式的制度安排，香港在「兩制」下的高度自治空間和界限會隨着時代的變化以及國家與香港社會互動關係變化而調整。既為「一國」，國家的主權在港必須有能見度。在波譎雲詭的國際局勢下香港的地位特殊而敏感，自

應在維護國家主權、安全和發展利益方面肩負特殊使命。特區社會對國家認同越穩固，對國家主權、安全和發展利益維護越堅決，對國家安全保障越有力，特區社會在「兩制」下的自治空間就越寬廣，其擁有的「高度自治」的程度也越高。無疑，香港社會的自由開放度也會越高，全球營商高地亦可邁上新高度！

其二，特區治理就是國家治理體系的有機組成部分。設立特別行政區本身就體現了中國國家治理的道路自信、制度自信。回歸 25 年來，香港社會「馬照跑，舞照跳」，保留了原有的資本主義制度和生活方式。特區治理體系和治理能力現代化，才真正談得上國家治理體系和治理能力現代化。由於歷史原因香港特區政治文明發展滯後，與營商文明和社會文明格格不入，兩者發展不平衡，是為特區治理體系的短板。補齊短板，是特區治理體系現代化的需要，更是國家治理體系現代化的需要。就此而言，國家的確是心底無私天地寬。回歸 25 年來，香港繁榮穩定，財政收入分文不用上交中央政府，國家在港駐軍，負責特區防務，駐軍費亦從未讓財力充盈的特區政府負擔分文。對此，基本法有明文規定，國家言而有信，以高姿態和實際行動取信於特區社會。而原殖民地宗主國英國則以攫取物質利益為目的，自己的祖國與其形成了鮮明的對比。一定要說有私心的話，那就是國家寄希望於香港更有競爭優勢，在風雲變幻的國際格局下，在國家雙循環新發展格局中進一步發揮「超級聯繫人」的橋樑作用。為此，特區社會應盡快摒棄恐懼國家、恐懼內地的思維，卸下歷史包袱，放下自我優越感，破除「孤島化」心理，積極主動與內地互動交流，推動國家議題、內地議題「脫敏」。既為「一國」，豈能談國家就色變，談內地就色變。既為厚愛自己的國家，何必無中生有，妄自菲薄，一遇與內地「連」和「通」，就動輒上綱上線，毫無底線地責難破壞「兩制」呢！

其三，融入國家發展大局才更有競爭力。港人就是中國人，「中國香港」乃是其在國際社會的名片。無論是國際金融中心，還是國際貿易中心、國際航運中心，無論是支柱產業升級轉型，還是創新科技發展，無不依託和背靠祖國。在新

發展格局下，香港融入國家發展大局愈深入，在事關國家安全的產業與內地分工合作路子愈寬廣，在美國等西方勢力「卡脖子」的關鍵技術領域，與內地在基礎研究、研究開發、產業化、市場拓展等產業鏈上銜接愈緊密，香港競爭優勢就愈強，國際發展空間也愈加寬廣，港人的獲得感自然會愈強！

其四，「兩制」之間合作共贏。在制度變遷理論看來，制度發展本身就是多進程的、多通路的，並不存在唯一的最優模式。當今世界，不同國家、不同文明之間的制度互通有無，取長補短，自然而然，不言而喻。「一國兩制」的安排是尊重兩制之間的歷史差異，並不意味着孰高孰低，孰優孰劣。不同國家、不同文明的制度之間尚且相互取長補短，互學互鑑，「一國」之下的香港與內地更沒有理由相互隔離，井水不犯河水，而是互通有無，取長補短。在融入國家發展大局的背景下，尤其是香港比鄰廣東，文化同源，人緣相親，民俗相近，又有粵港澳大灣區戰略規劃加持，兩地制度當接軌的即應接軌，規則當對接即應積極對接。就香港社會而言，需要卸下歷史包袱，摒棄天生的優越感。改革開放之初，香港在許多領域無疑是內地模仿和學習的榜樣。正是由於內地胸懷寬廣，敢於學習，善於博採眾長，才有了改革開放 40 多年的飛躍發展，日益走向世界舞台的中心。與香港特區相比，隨着時代的變遷，兩地的落差大幅度減少，客觀上也不再是誰比誰更優越、誰向誰學習的單向師生關係，而是互學互鑑的合作關係，互通有無，相互取長補短。如香港社會能克服這一心理障礙，兩地之間合作天地無比寬廣！

就以營商環境為例，香港整體上仍具有優勢。整體排名而言，內地從 2007 年第 93 位上升到 2020 年第 31 名，雖一直處於上升趨勢，但與香港相比仍有不小的差距。但是，這並不意味着營商環境領域就是前述的單向師生關係，僅僅是內地學習香港。姑且不論內地一直處於上升勢頭，而香港因種種社會抗爭運動，自 2015 年起呈下滑勢頭，僅就一級指標而言，「執行合同」這個指標自 2016 年起內地就全面超越香港，且位居全球前列（圖 1-9）。2015 年為第 35 名，2016

圖 1-9　香港與內地在世行營商環境排行榜地位對比（2007-2020）

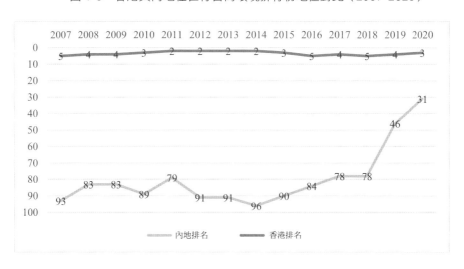

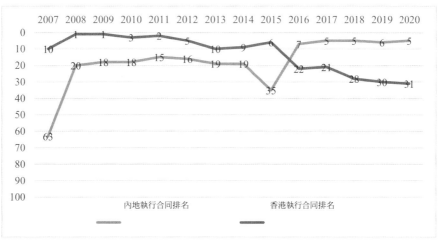

資料來源：根據世界銀行《營商環境報告》的相關期次整理。

年即躍升到全球第 7 名，一路上升，及至 2020 年升至第 5 名。反觀香港，同期則在大幅度下滑，2011 年第 2 名，此前 2008 年更是全球榜首，位居第 1 名，2016 年大幅度下滑到第 22 名，一路下滑，直至 2020 年降至第 31 名，遠落後於內地。就此而言，香港何嘗不可以借鑑內地執行合同的司法規則和經驗，優化營商環境。這樣，才能與香港國際法律服務中心的地位相稱，與國際金融中心、國際貿易中心和國際航運中心更加匹配！

其五，懂中國才能更懂香港，更從容地走向世界。中國人了解中國，理所當然，天經地義。無論是 2012 年反國教風波還是 2019 年修例風波，「泛民」對國家的漠視、敵視令人齒冷。無疑，這是回歸後國民教育缺失的惡果。痛定思痛，亡羊補牢，近兩年來，特首的施政報告撥亂反正，明確強調學生對憲法、基本法、「一國兩制」及國家安全等概念的理解，培養對國家歸屬感；加強教師操守的審核，更新教師操守的標準，強化教師國情教育。通過通識課系統性的改革，強化師生國情教育，讀懂中國，了解中國，促進國家認同、人心回歸，從而更好地融入國家發展大局。

繼續教育亦然，尤其是公務員和司法官的繼續教育。就香港司法系統而言，無論是終審法院的海外非常任法官履職，還是高等法院和區域法院的外籍法官履職，基於香港與內地的緊密經貿關係，兩地文化同源，人緣相親，民俗相近，如不懂中國，正確履職根本就無從談起。姑且不論外籍法官，整體而言香港司法系統人員結構「厚外薄中」的現象是很突出的，就終審法院而言，不計 2022 年 3 月底剛剛「被辭任」的兩位英國法官，14 名非常任法官之中英國就佔 6 席，顯然是「一國獨大」。就其歷任法官 52 人而言，同樣是英國一家獨大，以其第一法律學歷和法律職業資格而論，來自英國的分別為 28 人和 30 人，均超過 50%，亦遠遠超過香港本土。外部背景如此之高，又缺乏對中國的了解，原本香港基本法第 84 條僅僅准許參考其他普通法適用地區的判例，為了簡單方便，只圖省時省事，「參考」往往就演變為「直接適用」，無異於削足適履！為

此，無論是外籍法官還是本土法官，作為香港特區的法官，即應服務好香港特區的「需要」，不僅要精通普通法，更需要懂香港，需要了解中國。就法官職業培訓而言，香港沿襲了英美體制，沒有大陸法系那樣的職業培訓制度。為彌補這一短板，特區政府應建構適合各種法官的職業培訓制度，定期研習憲法、香港基本法、香港國安法以及相關的中國國情等，加深對中國和香港特區社會現實的理解，切實增強履職能力。如是，「兩制」與「一國」才能有機結合。

第二章

# 鞏固支柱產業 推動升級轉型

◎ 馮邦彥

回歸以來，特區政府善用經濟領域的高度自治，實施了一系列經濟及產業政策，香港經濟發展及產業升級轉型取得了可喜的成績。展望未來，根據香港的資源稟賦和現有發展基礎，要在進一步鞏固原有金融業、貿易及物流業、專業服務、旅遊業等四大支柱產業，大力發展創新科技產業，着力打造香港作為國際創新科技中心的戰略地位，深化與內地經濟科技合作交流，推動整個產業體系的升級轉型，為經濟發展注入新動力新優勢。

## 一、產業結構演變發展

### （一）經濟增長軌跡

香港作為一個細小的開放型經濟體，在 1997 年剛回歸不久，就受到亞洲金融危機、2001 年美國「9 · 11」事件、2003 年非典的衝擊，整體經濟陷入戰後以來最嚴重的衰退，以當時市價計算，1998 年（-4.7%）、1999 年（-1.7%）、2001 年（-1.2%）、2002 年（-1.2%）、2003 年（-3.1%）均錄得負增長。香港本地生產總值直到 2005 年才超越 1997 年水平，香港人均本地生產總值也直到 2006 年才超越 1997 年的水平。2008 年，香港無論在本地生產總值或人均本地生產總值都創歷史新高，然而由於受到 2008 年全球金融危機衝擊，2009 年香港整體經濟第二次陷入衰退，經濟增長率為 -2.8%，到 2010 年再次恢復增長。2020 年，由於受到全球新冠疫情的衝擊，香港經濟於陷入第三次衰退，當年經濟增長 -6.1%，到 2021 年再次恢復增長。

總體而言，回歸以來香港經濟增長基本上是走過了一個「W」型的發展軌跡。不過，儘管如此，回歸以來，香港經濟仍呈現出其固有的韌性，以當時市價計算，香港本地生產總值從 1997 年的 13 730.83 億港元，增長到 2021 年的 28 616.20 億港元，年均增長率為 3.11%。

## （二）產業政策演變發展

香港在受亞洲金融風暴衝擊後，港元聯繫匯率雖屹立不倒、為經濟的復甦提供了基礎，但面對亞洲外圍國家和地區貨幣的大幅貶值，其整體經濟升級轉型的壓力和迫切性大大增加。因此，推動香港產業升級轉型，邁向高增值經濟，以維持和提升香港的國際競爭力水平，已成為特區政府、工商界以至整個社會的迫切任務。

1997 年 10 月，行政長官董建華在首份施政報告中表示：「香港經濟結構轉型，工業北移。我們認識到包括工業和服務業在內的低收入生產模式，已經不再適應香港的長遠發展 …… 香港工業北移，反映出市場競爭的無形之手，已經向我們指出必須行走的路線。無論是工業，還是服務業，只能向高增值發展。」[1] 董建華明確提出了香港產業結構升級轉型的必要性，揭開了香港產業結構第三次轉型的序幕。

2000 年，以董建華為主席的策略發展委員會發表題為《共瞻遠景，齊創未來》的研究報告。該研究報告肯定了董建華在施政報告中關於香港未來發展的總體定位，即香港要在未來 30 年內發展成為「亞洲的首要國際都會」和「中國的一個主要城市」。報告認為，香港要實現這一目標，並維持可持續發展的勢頭，有七個行業和領域是關鍵之所在。這些行業和領域包括：金融和商業服務，跨國企業地區總部的業務，旅遊業，信息服務及電訊業，創新和科技，貿易、運輸及物流服務，以及創作及文化活動。[2]

2003 年 1 月，董建華發表連任特首後的第一份題為《善用香港優勢，共同振興經濟》的施政報告，明確提出「一個方向」和「四大支柱」的發展思路，即

---

1　董建華：《共創香港新紀元》（香港特區行政長官施政報告），1997 年 10 月。

2　香港發展策略委員會：《共瞻遠景，齊創未來 —— 香港長遠發展需要及目標》，2000 年。

加快香港與廣東珠江三角洲地區的經濟整合，促進香港經濟轉型，同時強化金融、物流、旅遊和工商服務業等四大支柱產業的發展。董建華指出：「我們的方向和定位十分明確，就是要背靠內地，面向世界，建立香港為亞洲的國際都會，鞏固和發展香港的國際金融中心、工商業支援服務、信息、物流和旅遊中心的地位，運用新知識、新技術，提供高增值服務，推動新的增長。更明確地講，強化與內地的經濟關係，注重人才投資，加快服務業的提升，是振興香港經濟的主要內容。」[1]

董建華表示：「金融、物流、旅遊和工商業支援服務，既是當前香港經濟的主要支柱，也是最需要提升的重點行業。」其中，金融業要「提高香港作為亞洲主要國際金融中心和國家首選的集資中心的地位」；貿易及物流業要「努力維持香港作為貿易中心及亞洲首選運輸及物流樞紐的地位」；專業服務業要「強化香港作為區域商業營運中心的角色」；旅遊業要「強化香港旅遊中心地位」。董建華並表示，特區政府除了加強四大支柱產業外，還將鼓勵多元發展，拓寬經濟領域，特別是積極推動創意產業，包括表演藝術、電影電視、出版、藝術品及古董市場、音樂、建築、廣告、數碼娛樂、計算機軟件開發、動畫製作、時裝及產品設計等行業的發展，為香港經濟注入新的元素。

及至 2008 年，由美國次貸危機引發的金融海嘯席捲全球。面對嚴峻衝擊，特區政府接納了香港經濟機遇委員會提出的關於發展六項優勢產業的建議，這些產業包括：文化及創意產業、檢測和認證、環保、創新科技、以及教育、醫療。行政長官曾蔭權在政府施政報告中指出：「除四大支柱產業外，六項優勢產業對經濟發展起着關鍵作用。現時六項優勢產業中，私營企業整體上對本地生產總值的直接貢獻為 7%-8% 左右，僱用約 35 萬人，佔總就業人口約 10%。只要政府

---

1　董建華：《善用香港優勢，共同振興經濟》（香港特區行政長官施政報告），2003 年 1 月。

在政策上適當扶持，解決業界面臨的發展障礙，這六項優勢產業會踏上新台階，推動香港走向知識型經濟。」[1]

2013 年 1 月，新任行政長官梁振英表示，香港要將產業「做多做闊」：「做多」，即發揮優勢，增加現有產業的業務量；「做闊」，就要在現有產業內增加門類，並且開拓新的產業。他並宣佈將成立高層次、跨部門、跨界別的「經濟發展委員會」，以制訂全面的產業政策。該委員會下設「航運業」、「會展及旅遊業」、「製造、高新科技及文化創意產業」及「專業服務業」等小組，負責向政府提出具體建議。

回歸以來，特區政府產業政策的另一個重要方面，就是積極推動創新科技產業的發展。回歸初期，董建華在施政報告中就表示：「我的目標，是要使香港成為一個產品發明中心，而且服務對象不只是本地，更是華南和整個亞太地區。」他並成立創新科技委員會，以便就香港高科技產業的發展，向政府提供意見。1998 年，特區政府公佈首份創新及科技發展藍圖；2000 年成立創新科技署，2015 年更成立創新及科技局，專責推動科技創新工作，以「引領香港成為以知識為本的世界級經濟體系」。2016 及 2017 年，行政長官梁振英在施政報告中，獨立成章地闡述了香港發展創新科技的政策措施，並宣佈 5 年內把本地研發總開支在本地生產總值中的佔比提升 1 倍，由 0.73% 增加至 1.5%。

到 2021 年，行政長官林鄭月娥更明確提出香港發展為「國際創新科技中心」的一系列政策措施，包括規劃發展北部都會區，將正在興建中的河套地區港深創科園從原計劃的 87 公頃，再增加約 150 公頃，「以構建新田科技城，發揮更具規模效益的科技產業群聚效應」。[2]2018 至 2020 年，特區政府投放了超過 1 000

---

1 曾蔭權：《群策創新天》（香港特區行政長官施政報告），2009 年 10 月。

2 林鄭月娥：《齊心同行，開創未來》（香港特區行政長官施政報告），2021 年 10 月。

億港元發展創新科技產業。

### （三）產業結構演變

在香港既有資源稟賦的推動和特區政府的政策的倡導下，回歸以來香港產業結構展開了第三次轉型升級，其基本趨勢是服務業進一步邁向高增值方向。主要有以下幾個基本特點：

第一，製造業式微，香港經濟演變成全球服務業比重最高的經濟體之一。20世紀80年代中期以後，在高經營成本的壓力下，香港製造業大規模向廣東珠三角地區轉移。進入21世紀，製造業承續這種趨勢繼續式微。據統計，製造業增加值從2000年的613.99億港元逐漸下跌至2020年的251.40億港元，20年間跌幅超過六成。同期，製造業在香港本地生產總值中所佔比重亦從4.8%下降至1.0%。這一時期，香港經濟進一步演變成全球服務業比重最高的經濟體之一。1997年至2020年，服務業佔香港本地生產總值比重從85.2%上升至93.5%。

第二，金融、貿易及物流、專業服務及其他工商業支援服務、旅遊等四大產業在本地生產總值所佔比重總體呈上升趨勢，成為香港服務業的主體。回歸以來，金融、貿易及物流、專業服務及其他工商業支援服務、旅遊等四大支柱產業發展加快，對經濟增長和就業的貢獻日益加大。從1998年至2019年，四大產業的增加值從5 984億元增加到15 459億港元，21年增加了1.58倍；佔香港本地生產總值的比重從49.6%上升至56.4%，增加了6.8個百分點。其中，金融服務業的增加值從1 263億港元增加到5 813億港元（2019年），大幅增長了3.60倍，金融業佔GDP的比重從10.5%上升到21.2%，增加了10.7個百分點；旅遊業的增加值從267億港元增加到986億港元，大幅增加了2.69倍，旅遊業佔GDP的比重從2.2%增加到3.6%，增長了1.4個百分點（表2-1）。

表 2-1　四主要行業以當時價格計算增加值及在香港 GDP 的比重

| 行業 | 1998 | 2003 | 2007 | 2011 | 2015 | 2018 | 2019 |
|---|---|---|---|---|---|---|---|
| 金融業增加值（億港元） | 1 263.0 | 1 540.0 | 3 226.0 | 3 068.0 | 4 009.0 | 5 351.0 | 5 813.0 |
| 金融業佔比（%） | 10.5 | 13.1 | 20.1 | 16.1 | 17.6 | 19.8 | 21.2 |
| 銀行（%） | 7.6 | 8.6 | 10.8 | 9.4 | 11.1 | 12.9 | 13.4 |
| 保險及其他金融服務（%） | 2.9 | 4.4 | 9.4 | 6.7 | 6.5 | 6.9 | 7.9 |
| 貿易及物流增加值（億港元） | 2 854.0 | 3 280.0 | 4 089.0 | 4 854.0 | 5 174.0 | 5 716.0 | 5 412.0 |
| 貿易及物流佔比（%） | 23.7 | 27.9 | 25.5 | 25.5 | 22.3 | 21.2 | 19.8 |
| 貿易（%） | 19.5 | 22.6 | 21.0 | 22.0 | 18.9 | 18.0 | 16.8 |
| 物流（%） | 4.2 | 5.2 | 4.5 | 3.6 | 3.3 | 3.1 | 2.9 |
| 專業服務及其他工商業支援服務增加值（億港元） | 1 600.0 | 1 350.0 | 1 818.0 | 2 359.0 | 2 872.0 | 3 214.0 | 3 248.0 |
| 專業服務及其他工商業支援服務佔比（%） | 13.3 | 11.5 | 11.4 | 12.4 | 12.3 | 11.9 | 11.9 |
| 專業服務（%） | 3.6 | 3.7 | 3.7 | 4.6 | 4.8 | 4.7 | 4.8 |
| 其他工商業支援服務（%） | 9.7 | 7.8 | 7.7 | 7.8 | 7.5 | 7.2 | 7.1 |
| 旅遊增加值（億港元） | 267.0 | 293.0 | 540.0 | 862.0 | 1164.0 | 1205.0 | 986.0 |
| 旅遊佔比（%） | 2.2 | 2.5 | 3.4 | 4.5 | 5.0 | 4.5 | 3.6 |
| 入境旅遊（%） | 1.6 | 1.8 | 2.6 | 3.8 | 4.0 | 3.6 | 2.8 |
| 外訪旅遊（%） | 0.6 | 0.7 | 0.8 | 0.7 | 1.0 | 0.8 | 0.8 |
| 四個主要行業增加值（億港元） | 5 984.0 | 6 463.0 | 9 674.0 | 11 143.0 | 13 309.0 | 15 487.0 | 15 459.0 |
| 四行業佔 GDP 比重（%） | 49.6 | 54.9 | 55.1 | 58.6 | 57.2 | 57.3 | 56.4 |

註：四個主要行業佔本地生產總值的百分比是用以基本價格計算的名義本地生產總值來編制的。這與常用的以當時市價計算的本地生產總值略有不同，後者包括產品稅。

資料來源：香港特別行政區政府統計處國民收入統計組（二），按經濟活動劃分的本地生產總值詳細數字、「經濟活動按年統計調查」及香港旅遊發展局的旅遊統計數字。

第三，特區政府倡導的「六項優勢產業」有了相當程度的發展，具有增長潛力，但仍未能成為香港經濟增長的引擎。2009/2010 年度特區政府在施政報告倡導發展六項優勢產業，其後政府統計處於 2011 年起編制六項優勢產業統計數字。根據相關的統計，包括文化及創意產業、醫療產業、教育產業、創新科技產業、檢測及認證產業、環保產業在內的六項優勢產業，其增加值從 2008 年的 1 202.29 億港元增加到 2017 年的 2 261.48 億港元，9 年間增長了 88.10%。不過，同期，其在香港 GDP 所佔比重僅從 7.5% 增長到 8.9%，增加了 1.4 個百分點（表 2-2）。總體而言，六項優勢產業具有相當的發展潛力，但由於受到土地、人力資源、政策等種種主客觀因素的限制，仍然未能成為香港服務業增長的引擎。

表 2-2　六項優勢產業增加值及其佔香港 GDP 比重（單位：億港元）

| 產業 | 2008 | | 2012 | | 2015 | | 2017 | |
|---|---|---|---|---|---|---|---|---|
| | 增加值 | 佔比（%） | 增加值 | 佔比（%） | 增加值 | 佔比（%） | 增加值 | 佔比（%） |
| 文化及創意產業 | 632.75 | 4.0 | 978.29 | 4.9 | 1 089.20 | 4.7 | 1 117.66 | 4.4 |
| 醫療產業 | 221.85 | 1.4 | 294.64 | 1.5 | 389.15 | 1.7 | 468.94 | 1.8 |
| 教育產業 | 158.09 | 1.0 | 226.03 | 1.1 | 280.79 | 1.2 | 323.54 | 1.3 |
| 創新科技產業 | 102.83 | 0.6 | 134.22 | 0.7 | 167.10 | 0.7 | 182.89 | 0.7 |
| 檢測及認證產業 | 44.99 | 0.3 | 58.27 | 0.3 | 70.17 | 0.3 | 75.16 | 0.3 |
| 環保產業 | 41.78 | 0.3 | 67.50 | 0.3 | 78.91 | 0.3 | 93.29 | 0.4 |
| 六項優勢產業合計 | 1 202.29 | 7.5 | 1 758.95 | 8.7 | 2 075.32 | 8.9 | 2 261.48 | 8.9 |

資料來源：香港特別行政區政府統計處：《香港六項優勢產業在 2010 年的情況》，香港統計月刊，2012 年 3 月；《香港統計月刊》，2019 年 5 月。

## 二、支柱產業發展與轉型

### （一）金融業發展與轉型

回歸以來，香港金融業先後遭遇了亞洲金融危機、「9．11」事件及 2008 年全球金融海嘯的衝擊，並且受到來自東京、新加坡、上海的挑戰。不過，依託「中國因素」的支持，香港金融業仍然取得了矚目的發展，香港作為國際金融中心的地位躍居至全球第三位。據統計，金融業的增加值從 1998 年的 1 263 億港元增加到 2020 年的 5 979.94 億港元，22 年間增幅達 3.73 倍，年均增長率高達 7.32%；同期，金融業在香港本地生產總值中的比重從 10.5% 增加到 23.3%，已超過貿易及物流業而成為香港最大的支柱產業，也是香港最具戰略價值的產業。回歸以來，香港金融業的發展與轉型突出表現在以下幾個方面：

第一，銀行業的發展與轉型：積極拓展人民幣離岸業務。

回歸以來，由於受到金融危機的衝擊，香港銀行業的經營環境發生重大變化，經濟的衰退及持續通縮，令銀行貸款增長放緩；銀行利率協議全面撤銷後，業界競爭更趨激烈，息差的持續縮窄；再加上銀行業電子化與自動化，以及本地中小銀行併購等，種種原因導致銀行機構數目減少，銀行業的資產規模、貸款規模也呈現下降趨勢。

面對挑戰，香港銀行界改變經營策略，集中發展資金管理、收費金融產品及財富管理等業務，創造更多非利息（中間業務）的收入。2003 年 CEPA 協議的簽訂與人民幣業務開放，以及 2006 年內地銀行業全面開放，為香港銀行業帶來了戰略性發展機遇。2004 年，香港銀行獲准開辦個人人民幣業務，包括人民幣存款、匯款、兌換及人民幣銀行卡等。2007 年初，香港人民幣業務再獲突破，國務院允許內地金融機構可在香港發行人民幣債券。與此同時，香港在跨境貿易人民幣結算方面擔當重要的角色。自 2009 年 7 月起，以人民幣作結算貨幣的貿易累計金額中，約八成由香港處理。到 2020 年，人民幣 RTGS 系統平均每

日交易額；創出 1.2 萬億元人民幣的歷史高位；經香港銀行處理的人民幣貿易結算額達 6.3 萬億元人民幣；銀行體系人民幣客戶存款及存款證餘額達 7 572 億元人民幣；離岸人民幣債券發行額達 586 億元人民幣。[1] 人民幣離岸業務的發展，為香港銀行業注入了新的發展動力。

第二，證券市場的發展與轉型：成為「中國的紐約」。

回歸以來，香港資本市場發展最突出的方面是證券市場的快速擴展。2000 年，為了迎接證券市場全球化所帶來的挑戰，香港聯合交易所、香港期貨交易有限公司以及香港中央結算有限公司實行股份化合併，成立單一控股公司「香港交易及結算有限公司」（簡稱「港交所」），並在香港上市。港交所的重組和上市，推動了香港股票市場的進一步發展，2007 年 10 月 30 日和 2018 年 1 月 26 日，恒生指數相繼創出 31 638.22 點和 33 154.12 點的歷史新高（圖 2-1）。

圖 2-1　1964-2020 年恒生指數走勢

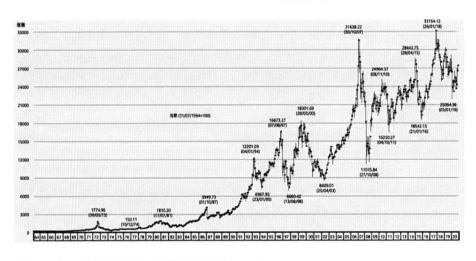

資料來源：香港交易及結算有限公司：《香港交易所市場資料 2020》

---

1　香港金融管理局：《2020 年報》，2021 年 4 月。

這一時期，香港證券市場獲得快速的發展。從 1997 年至 2020 年，香港股市（主板＋創業板）上市公司從 658 家增加至 2 538 家，增長 2.86 倍；總市值從 3.20 萬億港元增加至 47.52 萬億港元，增長 13.85 倍；每天的平均交易額從 154.65 億港元增加到 1 294.76 億港元，增長 7.37 倍。期間，恒生指數從 1998 年的最低點 6 660.42 點穩步攀升到 2020 年底的 27 213.13 點。

香港證券市場最矚目的發展，就是紅籌股和 H 股的崛起，轉型為內地經濟發展與企業融資服務的平台，成為「中國的紐約」。紅籌股的崛起，起源於 20 世紀 80 年代中後期，H 股的產生則起於 1993 年。當年 7 月 15 日，青島啤酒股份有限公司正式在香港聯交所掛牌上市，成為首家在香港發行 H 股的中國企業。回歸之後，由於受到亞洲金融危機的衝擊，H 股市場一度陷入低迷狀態。然而，進入 2001 年，受 B 股市場開放加上業績理想、中國進入 WTO（世界貿易組織）即將成為事實等多種因素刺激，H 股展開新一輪的升勢。2006 年，中國銀行、中國工商銀行先後在香港上市，其中，中國工商銀行股票的發行是首次以「A＋H」的方式發行，使得當年香港新股融資額一舉超過美國，僅次於倫敦名列全球第二。

經過 20 多年的快速發展，到 2020 年，在香港主板上市的 H 股增加到 272 家，連同紅籌股 172 家、內地民營企業股 783 家，內地企業在香港主板上市公司達 1 227 家，佔香港主板市場上市公司總數的 56.54%；總市值 380 519.30 億港元，佔香港主板市場總市值的 80.29%；全年成交額為 217 709.50 億港元（包括創業板），佔香港證券市場全年成交總額的 84.68%。H 股、紅籌股及內地民營企業股的崛起對香港證券市場的發展產生了深遠的影響，改變了香港證券市場產品的結構、品種和規模。隨着這些中國概念股的迅速發展，香港確立了其作為中國企業籌資中心的戰略地位。

第三，資產及基金管理業的新發展：全球主要的資產及財富管理中心。

香港的資產管理業起步較晚，但發展迅速，到 20 世紀 90 年代中，香港

基金數量超過 900 個，資產規模超過 2 340 億港元。回歸以後，香港資產管理的發展勢頭凌厲。目前，香港已成為亞洲數一數二的基金管理中心。據統計，2000 年，香港的基金管理業務合併資產為 14 850 億港元，到 2016 年已增加到 182 930 億港元，16 年間增長了 11.32 倍（圖 2-2）。回歸以來，導致香港資產管理業務快速增長的原因，主要是亞太區的經濟前景（尤其是內地市場）利好，吸引更多投資資金流入區內；人民幣已逐漸發展成為國際通行及廣泛使用的貨幣，推動了市場對人民幣產品的需求；香港獲得廣泛認同為亞洲的國際資產管理中心，以及特區政府政策的積極推動等。

圖 2-2　2016 年香港資產及基金管理業的發展概況

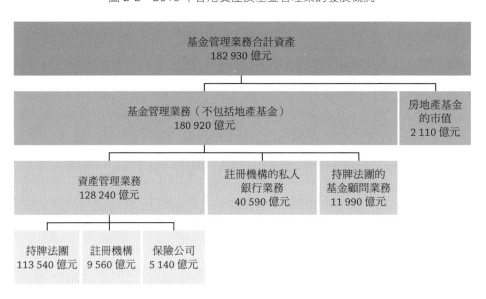

資料來源：香港證券及期貨事務監察委員會：《2016 年基金管理活動調查》，2017 年 7 月

2017 年以後，香港的資產及基金管理業獲得進一步的發展，到 2020 年，香港的基金管理業務合併資產增加到 360 300 億港元，比 2016 年再增長近 1 倍。其中，資產及財富管理業務 349 310 億港元中，源自非香港投資者的資產達

213 360 億港元，佔 64%，主要來自北美洲（佔 22%）、亞太區其他地方（包括澳洲及新西蘭）（13%）、歐洲（包括英國）（11%）、中國內地（10%）及其他地區（8%）。有關數據顯示了香港作為全球資產及財富管理業樞紐的戰略地位。

近年來，香港管理的投資基金在深度及寬度方面均有長足發展。香港提供的投資產品，由低風險的債券基金或貨幣市場基金，以至較專門的房地產投資信託基金（REITs）及對沖基金，種類廣泛。其中，種類日多的交易所買賣基金（ETF）備受注目。此外，2015 年，香港證監會與中國證監會合作，共同推出了以具開創性的內地與香港基金互認安排為核心的新策略。同年 7 月 1 日，兩地基金互認安排正式實施，截至 2021 年 3 月 26 日，香港證監會及中國證券監督管理委員會在基金互認安排下分別認可了 50 隻內地基金及 32 隻香港基金。2016 年 6 月，香港立法會通過《2016 年證券及期貨（修訂）條例草案》，將新的開放式基金型公司結構引入香港。這兩項措施進一步鞏固和提升了香港作為全球資產及財富管理中心的競爭力。

第四，港交所與內地滬深交易所的「互聯互通」與 IPO（首次公開募股）制度改革。

踏入 21 世紀，隨着信息技術發展以及經濟全球化加劇，全球大型證券交易所聯盟和合併的案例不斷湧現。在香港證監會、港交所和中國證監會、上海證券交易所、深圳證券交易所等多方共同努力下，2014 年 11 月 7 日和 2016 年 12 月 5 日，「滬港通」和「深港通」相繼正式開通啟用，實現香港與內地股市的「互聯互通」。2017 年 7 月，雙方更成功推出「債券通」（北向通），並於 2021 年 9 月實現債券通（南向通）。

經過 6 年的發展，在滬深港通方面，截至 2020 年底，北向的滬股通和深股通累計成交超 40 萬億元人民幣，累計 14 萬億元人民幣淨流入內地股票市場；香港和海外投資者通過滬深股通持有的內地股票（A 股）總額不斷增長，由 2014 年底的 865 億元人民幣，激增至 2.3 萬億元人民幣；內地投資者透過港股通投資

港股的持股總額持續攀升，由 2014 年底的 131 億港元，增至 2.1 萬億港元。在債券通方面，截至 2020 年年底，共有 2 352 名來自 34 個司法權區的國際機構投資者參與債券通，淨流入總額達 1.2 萬億元人民幣，比 2017 年 1 334 億元人民幣，大幅增長 8 倍。

2018 年 4 月 24 日，為了適應形勢發展的需要，港交所發佈 IPO 新規，允許雙重股權結構（同股不同權）公司上市，並允許尚未盈利的生物科技公司赴港上市。新上市規則於 4 月 30 日生效。這進一步推動內地互聯網科技公司和生物科技公司在香港掛牌上市，小米集團、美團、阿里巴巴等內地企業巨頭相繼進入香港證券市場。2019 年 11 月 26 日，阿里巴巴敲響了回歸港股的鑼聲，以募資 1 012 億港元奪得當年港股市場 IPO 募資規模冠軍。2019 年，港交所 IPO 募集金額高達 3 142 億港元，連續兩年奪得全球單個交易所 IPO 募資金額第一。

至此，港交所致力於成為「連接中國與世界」的「國際領先的亞洲時區交

圖 2-3　香港交易所戰略規劃（2019-2021）

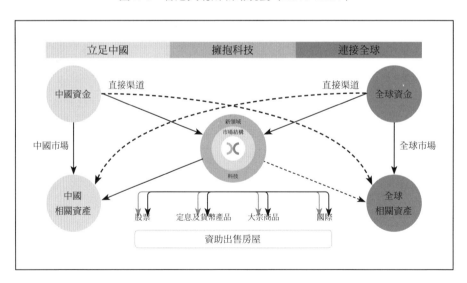

資料來源：《香港交易所 2018 年報》

易所」的願景再邁出重要一步。滬港通、深港通、債券通的開通及「同股不同權「等上市規則的修訂，無疑有利於進一步整合香港、上海、深圳三地的證券市場，形成國際上僅次於美國紐約交易所的第二大市場，便利人民幣在兩地的有序流動，推動和支持香港發展成為人民幣離岸業務中心，從而進一步鞏固和提升香港國際金融中心地位（圖 2-3）。

### （二）貿易及物流業轉型與發展

長期以來，香港作為全球著名的自由港和國際貿易中心，貿易及物流業一直是經濟主要的支柱產業。回歸以來，貿易及物流業亦取得了長足的發展。據統計，貿易及物流業的增加值從 1998 年的 2 854 億港元增加到 2019 年的 5 412 億港元，21 年間增長了 89.63%。不過，由於增長速度低於金融業，同期貿易及物流業在香港本地生產總值中的比重從 23.7% 下降到 19.8%，成為香港經濟中僅次於金融業的第二大支柱產業。

香港貿易及物流業的主體是進出口貿易業。香港貿發局數據顯示，截至 2020 年底，香港共有 105 675 家進出口貿易公司，僱用約 43.90 萬名員工。2020 年，香港進出口貿易增加值達 4 084.77 億港元，佔香港 GDP 的 15.9%。目前，香港是全球第八大貿易經濟體系，香港貿易與中國內地密切關聯，中國內地約有 10.1% 的出口貨物（總值 2 632 億美元）及 14.3% 的進口貨物（2 952 億美元）通過香港處理，而香港約有 53% 的轉口貨物來自內地。及 13% 的進口貨通過香港進行，而香港約有 61.6% 的轉口貨物來自中國內地。

回歸以來，香港對外貿易的發展，有幾個值得重視的發展趨勢：其一，亞洲市場特別是中國內地市場已取代歐美市場，成為香港出口市場的主體；其二，港產品出口式微，轉口貿易成為香港商品出口的主體，而貿易差額則有惡化的趨勢；其三，離岸貿易正逐步成為香港進出口貿易業的主要業務形式，對香港物流樞紐地位構成衝擊的同時，也推動了香港作為全球供應鏈管理中心的發展。

20 世紀 90 年代中期以來，香港的離岸貿易迅速崛起。據香港貿易發展局的統計數字，1997 年香港離岸貿易額為 10 520 億港元，相當於該年轉口貿易貨值的 72.25%；到 2019 年已增加到 47 088 億港元（6 037 億美元），相當於當年轉口貨值 39 409 億港元（5 052 億美元）的 1.19 倍。

貿易物流業的另一個行業是物流業。根據香港特區政府的界定，統計上的物流業包括「貨運及倉庫服務」和「郵遞及速遞服務」兩項。1998 年，物流業增加值佔香港本地生產總值的比重為 4.2%，到 2019 年下降至 2.9%。其中，貨運及倉庫服務主要從事安排貨物運輸及倉儲服務，包括倉儲、航運（集裝箱運輸）、航空速遞、拖運、配送及清關、追蹤及監測已付運貨物的情況，以及應用電子資料聯通（EDI）技術進行以及時供貨為本的供應鏈管理等。貨運及倉庫服務對於香港成為全球最發達的貿易型經濟體系之一貢獻良多。

在航運方面，目前，根據中國新華社與波羅的海交易所聯合發佈的 2020 國際航運中心發展指數（ISCD），目前，香港是全球第四大國際航運中心，排在新加坡、倫敦和上海之後；香港亦是全球第九大國際貨櫃港，排在上海、新加坡、寧波舟山港、深圳、廣州、青島、釜山和天津之後。香港的貨櫃碼頭座坐落於葵涌－青衣港池，包括九個碼頭、24 個泊位共 7 694 米深水堤岸。葵涌－青衣港池水深達 15.5 米，貨櫃碼頭總處理能力每年約 2 000 萬個標準貨櫃箱。2019 年，香港港共處理海運及河運貨物 263.3 百萬公噸。[1]

在空運貨物方面，香港一直是亞洲的地區樞紐之一，從香港起飛，5 個小時內可到達亞洲大部分城市及接觸全球逾半人口。現時在香港國際機場營運的航空公司超過 100 家，全球新冠疫情前每週提供約 6 400 班航機，前往全球逾 180 個航點，包括 48 個內地城市。目前，香港國際機場共有三個私營的空運貨站，其中較大的為超級一號貨站，是全球最先進及最大的空運設施之一，總樓面面積達

---

1　馮凱盈：〈香港航運服務業概況〉，香港貿易發展局，2021 年 3 月 19 日。

33 萬平方米，每年可處理超過 350 萬公噸貨物。2008 年 3 月，國泰航空獲批興建和營運香港第三個空運貨站，面積 10 公頃。新貨運站建成啟用後，香港國際機場的貨物處理能力提升至 740 萬公噸。2019 年，香港國際機場處理了 450 萬公噸貨物，比 1997 年的 180 萬公噸大幅增長了 1.5 倍，為全球最繁忙貨運機場（圖 2-4）。[1]

圖 2-4　2019 年以國際貨運輸送量計算的全球 10 大最繁忙機場

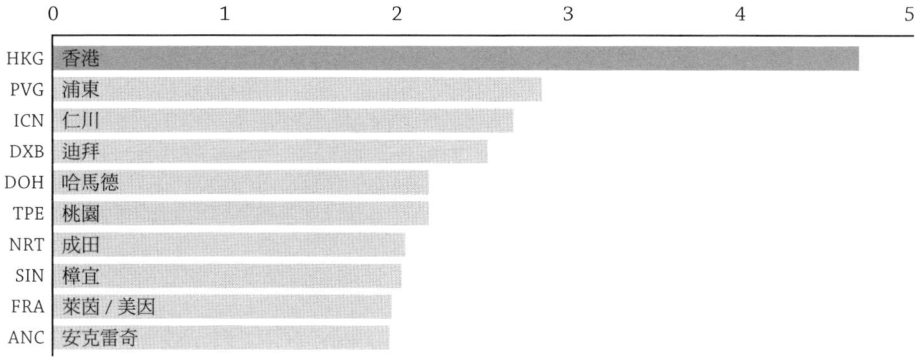

| | 0 | 1 | 2 | 3 | 4 | 5 |
|---|---|---|---|---|---|---|
| HKG | 香港 | | | | | |
| PVG | 浦東 | | | | | |
| ICN | 仁川 | | | | | |
| DXB | 迪拜 | | | | | |
| DOH | 哈馬德 | | | | | |
| TPE | 桃園 | | | | | |
| NRT | 成田 | | | | | |
| SIN | 樟宜 | | | | | |
| FRA | 萊茵 / 美因 | | | | | |
| ANC | 安克雷奇 | | | | | |

資料來源：《香港國際機場 2019 / 2020 年報》

　　在郵遞及速遞服務行業，香港擁有多家經驗豐富的國際速遞公司，這些公司不少是香港貨運物流業協會會員，包括敦豪國際速遞（DHL）、UPS、聯邦快遞（FedEx）、TNT 快遞、勁達物流（Expeditors）、泛亞班拿（Panalpina）、嘉里物流（Kerry Logistics）、全球貨運（Schenker）等。其中，DHL 中亞區樞紐中心是香港國際機場第一座快遞貨運站，每小時處理量超過 20 000 個包裹及 15 000 件快遞文件。除私營服務供應商外，政府轄下的香港郵政也是業內的主要經營者。香港郵政的特快專遞擁有全球最大的發送網絡之一，覆蓋超過 210 個

---

1　馮凱盈：〈香港物流業概況〉，香港貿易發展局，2021 年 8 月 6 日。

目的地及內地逾 1 900 個城市。

### （三）旅遊業及相關產業新發展

香港旅遊業，是從 20 世紀 60-70 年代起步發展的。80-90 年代，香港發展成為亞太區著名的貿易中心、航運中心、航空中心和金融中心，推動了旅遊業迅速發展。憑藉着「自由港」及低稅制的優勢，憑藉着迷人的維多利亞海港景色、風貌多樣的名勝景點、郊野景致、購物及美食，居亞太地區中心及國際交通樞紐地位，完美的酒店設施和優質的服務，高效便捷的航運交通，旅遊業的綜合意識和教育成就，以及中西文化交匯的獨特都會文化，香港發展成為亞太區著名的旅遊中心，享有「東方之珠」和「購物天堂」的盛譽。

回歸以後，由於先後受到 1997 年亞洲金融危機、2001 年美國「9·11」事件以及 2003 年 SARS 疫情的影響，香港旅遊業一度受到嚴重衝擊。1997 年，香港旅遊業增加值為 335 億港元，到 1998 年大幅下降到 252 億港元，其後雖然有所恢復，但 2003 年又下降至 275 億港元。2003 年 7 月 28 日，為了使香港能夠早日從非典的陰影中走出來，中央政府宣佈實施內地居民赴港澳「自由行」政策，規定廣東省的中山、東莞、江門和佛山四市居民可以個人身份辦理「自由行」簽證，自由來往港澳地區。同年 9 月，「自由行」範圍擴大到北京、上海、廣州、深圳、珠海等市。其後，更擴大至全國內地 49 個城市，涵蓋內地約 2.6 億居民。

在「自由行」政策推動下，香港旅遊業迅速復甦並取得了快速的發展。據統計，1997 年，訪港旅客人數為 1 127.3 萬人次，到 2018 年增加到 6 514.8 萬人次，21 年間增長了 4.78 倍；與入境旅遊相關的消費總額亦從 1998 年 568 億港元增加到 2018 年的 3 282 億港元，增長了 4.78 倍。1998 年至 2018 年間，內地旅客的人數從 267.2 萬人次增加到 6 514.8 萬人次，大幅增長 23.38 倍；內地旅客佔訪港旅客總人數的比重從 26.3% 上升到 78.3%；同期，來自歐美等其他地區

的訪港旅客人數雖然從 560.2 萬人次增加到 1 218.5 萬人次，增長了 1.18 倍，但其在佔訪港旅客總人數中所比重則從從 55.1% 下降至 18.7%（表 2-3）。由此可見，這一時期香港的旅遊業主要是由內地遊客帶動的。

表 2-3　1997 年以來訪問港旅客人數及消費金額（單位：萬人次）

| 年份 | 訪港旅客總人數 | 中國內地旅客數 / 佔比（%） | 中國台灣旅客數 / 佔比（%） | 其他地區旅客數 / 佔比（%） | 入境旅遊金額（億港元） |
|---|---|---|---|---|---|
| 1997 | 1 127.3 | 236.4（21.0） | 192（17.0） | 698.9（62.0） | N.A. |
| 1998 | 1 016 | 267.2（26.3） | 188.6（18.6） | 560.2（55.1） | 568 |
| 2002 | 1 656.6 | 682.5（41.2） | 242.9（14.7） | 731.2（44.1） | 768 |
| 2003 | 1 553.6 | 846.7（54.5） | 185.2（11.9） | 521.7（33.6） | 702 |
| 2007 | 2 816.9 | 1 548.6（55.0） | 223.8（7.9） | 1 044.5（37.1） | 1 423 |
| 2011 | 4 192.1 | 2 810（67.0） | 214.9（5.1） | 1 173.2（28.0） | 2 631 |
| 2015 | 5 930.8 | 4 584.2（77.3） | 201.6（3.4） | 1 145（19.3） | 3 322 |
| 2016 | 5 665.5 | 4 277.8（75.5） | 201.1（3.6） | 1 186.6（20.9） | 2 962 |
| 2017 | 5 847.2 | 4 444.5（76.0） | 201.1（3.45） | 1 201.6（20.6） | 2 967 |
| 2018 | 6 514.8 | 5 103.8（78.3） | 192.5（3.0） | 1 218.5（18.7） | 3 282 |
| 2019 | 5 591.3 | 4 377.5（78.3） | 153.9（2.7） | 1 059.9（19.0） | 2 562 |
| 2020 | 356.9 | 270.6（75.8） | 10.5（3.0） | 75.8（21.2） | N.A. |

資料來源：香港特區政府統計處：《香港統計年鑑》，歷年；香港旅遊發展局：《與入境旅遊相關的消費》，歷年。

在內地居民赴港「自由行」的帶動下，旅遊業及其相關行業成為香港四大支柱產業之一。據統計，2019 年，旅遊業增加值達 986 億港元，比 1998 年的 267 億港元大幅增長 2.69 倍，旅遊業佔香港本地生產總值的比重從 1998 年的 2.2% 上升至 2015 年的 5.0%，2019 年回落到 3.6%。旅遊業的蓬勃發展不僅促進了餐飲、酒店、交通、零售業的發展，而且還帶動了房地產、股市、銀行、公用事業等相關行業的發展。香港旅遊發展局前主席田北俊曾指出，在香港 300 多萬就業人口當中，從事旅遊及相關產業的約 50 萬人，旅遊業為解決香港的就業問題發揮了重要作用。因此，在香港第三次產業轉型中，旅遊業將是香港經濟中越來

越重要的支柱產業之一。

### （四）文化創意及科技創新產業新發展

從現階段情況看，香港六項優勢產業中，較具規模的是文化及創意產業。2008 年至 2017 年，文化及創意產業增加值從 632.75 億港元增加到 778.63 億港元，增加了 23.05%，所佔比重從 4.0% 上升到 4.6%。近年來，在特區政府的推動下，香港匯聚越來越多的各地的文化機構和藝術工作者，每年上演的藝術展覽和演藝節目數以千計，不斷湧現出新的創意和活力。目前，香港文化創意產業包羅萬象、融匯中西，範圍涵蓋各種知識型活動，包括元創方、大館、星光大道、動漫海濱樂園等創意地標，以及香港影視娛樂博覽、香港書展、設計營商週等具有國際影響力的活動，這些都在不斷鞏固香港創意之都地位。此外，廣告、建築、設計、數碼娛樂、電影、音樂、印刷出版及電視 8 大創意產業也成為香港邁向高增值和多元化經濟體的新動力。

目前，創新科技產業、檢測及認證產業、環保產業等三項產業仍在起步發展，其增加值所佔比重均未超過 1%。不過，三項產業均具有相當大的發展潛力，近年來取得了矚目的發展。其中，創新科技產業在引進和培養科技人才、推動科技基礎設施建設、培育創新科技企業等方面都取得了矚目的進展。在科技人才方面，回歸以來，香港的大學已集聚越來越多的科技專才和專家，香港的大學在《QS 世界大學排名》及《泰晤士高等教育世界大學排名》（Times Higher Education Ranking）都取得相當不錯的成績，在科學及工程學科方面尤其優秀，為培育香港創科人才發揮重要作用（表 2-4）。

在科技基礎設施建設方面，香港特區政府根據 1998 年公佈的創新及科技發展藍圖，先後投資發展了各項必要基礎設施，包括注資成立創新及科技基金；創辦由政府資助的香港應用科技研究院；建立香港科學園、數碼港及 5 所研發中心。其中，創新及科技基金截至 2020 年底已資助 19 008 個項目，核准資助金

表 2-4　躋身全球大學排名首 100 位的本地大學（以學科分類）

| 學科 | 大學 |
|------|------|
| 電機及電子工程 | 港科大 (20)，港大 (36)，中大 (65)，城大 (71)，理工 (92) |
| 計算機科學及資訊系統 | 港科大 (30)，中大 (31)，港大 (43)，城大 (68) |
| 化學 | 港科大 (31)，港大 (52)，中大 (95) |
| 化學工程 | 港科大 (32)，港大 (63) |
| 數學 | 港科大 (36)，中大 (37)，港大 (53)，城大 (86) |
| 物理及天文學 | 港科大 (37)，港大 (66)，中大 (99) |
| 醫學 | 港大 (39)，中大 (40) |

資料來源：2021 年 QS 世界大學排名，根據學科分類。

額達 224 億港元，涵蓋不同產業，包括基礎工業（佔總累計核准項目 17%）、信息科技（14.6%）、電氣及電子（14.4%）、生物科技（9.7%）等。香港科學園經過 20 多年的發展，已先後完成三期建設，共建成 26 幢先進大樓，提供面積達 33 萬平方米的科研辦公空間及配套設備，並管轄於 2006 年開幕的創新中心及位於大埔、將軍澳及元朗的三個工業村。目前，香港科學園已有約 1 000 家科技公司進駐，並約有 10 000 名研發人員在園內工作，包括 3 家「獨角獸企業」，重點發展 5 大科技群組，包括生物醫藥科技、電子、綠色科技、信息及通訊科技，以及物料與精密工程，同時積極推動智慧城市、健康老齡化，以及機械人技術等三大跨界別技術平台的建設和發展。數碼港由香港特區政府全資擁有，是一個創意數碼社區，已雲集了超過 1 500 家初創企業和科技公司，包括 5 家「獨角獸企業」，其願景是要發展成為全球創新及科技樞紐。為了增加科技研發及工作空間，特區政府已為擴建科學園及興建數碼港第五期預留資源，分別提供約 2.8 萬及 6.3 萬平方米的樓面面積，主要供研發或創科企業營運。

　　此外，在特區政府推行的香港研發中心計劃下，香港先後成立了 5 所研發中心，旨在策劃及統籌選定核心技術範疇的應用研發工作，推動研發成果商品化及技術轉移。這 5 所研發中心分別是：汽車零部件研究及發展中心（香港生產力

促進局屬下機構）、香港信息及通訊技術研發中心（香港應用科技研究院屬下機構）、香港紡織及成衣研發中心（由香港理工大學承辦）、香港物流及供應鏈管理應用技術研發中心（由香港大學、香港中文大學及香港科技大學承辦）、納米及先進材料研發院有限公司。

在科技創新企業方面，據統計，到 2020 年，香港的初創科技企業數目已增 3 360 家，聘用逾 10 000 名僱員。香港初創科技企業的主要研究重點包括：信息及通訊科技、即需即用軟件（SaaS）、物聯網、數據分析、生物科技、人工智能、機械人、虛擬實境（VR）和擴增實境（AR），以及新材料。應用方面，金融科技、智慧城市及智慧家居、醫療保健和大數據應用等，都是一些熱門領域。香港科技創新企業的發展，最具代表性的是最近剛上市的湯商科技公司。

商湯科技（SenseTime Group Inc.）起源於香港中文大學，是香港科學園孕育的科技企業。該公司成立於 2014 年，創辦人是以香港中文大學教授湯曉鷗為首的科技團隊。2014 年 3 月，湯曉鷗團隊發表 DeepID 系列人臉識別算法，準確率達到 98.52%，在全球首次超過人眼識別率的 97.53%。商湯科技主要售賣 AI 軟件平台，包括軟件許可、AI 軟硬一體化產品及相應的服務，其商業模式可以歸結為「一個核心、四個平台」。「一個核心」是 SenseCore 通用人工智能基礎設施，用於打通算力、算法和平台；而「四個平台」就是把所有落地場景劃分為四大業務板塊，分別是智慧商業、智慧城市、智慧生活及智慧汽車。2021 年 12 月 30 日，商湯科技在香港掛牌上市，市值一度超過 2 000 億港元，目前約為 800 億港元，已成為香港科技創新領域光彩奪目的「獨角獸企業」。

鑑於越來越多企業參與培育和加速計劃，加上大學、數碼港、香港科學園等紛紛推行新計劃以推廣相關的初創企業，以及市場出現一連串令人注目的初創企業集資活動，特別是「獨角獸企業」崛起等種種因素，預期香港創新科技業很快會到達轉折點，增長速度將大大加快，成為香港經濟的新引擎。

檢測及認證產業在香港社會日常生活擔任重要角色，該產業自 20 世紀 80

年代開始蓬勃發展，主要為海外買家提供服務，按海外買家的要求為珠三角製造的消費品提供檢測服務，所涉產品包括玩具及兒童用品、電器及電子產品，以及紡織品及服裝，並為這些產品及相關的質量管理系統（如 ISO9000）提供認證服務。一些實驗所也為進口商及供應商測試食品、中藥及建築材料。此外，該行業還提供其他測試服務，包括化學測試、環境測試、醫務化驗、驗證試驗以及物理和機械測試。為推動檢測及認證產業的發展，特區政府於 2008 年成立香港檢測和認證局，旨在提高香港檢測和認證服務的專業水平及國際認受性。據統計，在 2018 年，該行業共有 830 家機構，大部分是私營實驗所，僱員總數約 18 690 名。檢測及認證產業的發展，提高了香港作為檢測及認證中心的地位。

## 三、升級轉型基本策略

展望未來，根據香港的資源稟賦、現有發展基礎，香港產業升級轉型的總體思路是要進一步努力鞏固金融業、貿易及物流業、專業服務及其他工商業支援服務、旅遊業等四大支柱產業的同時，大力發展創新科技產業，使創新科技產業成為整體經濟發展的新引擎，進而推動整個產業體系的升級轉型，從而鞏固並提升香港作為全球國際金融中心、貿易及物流中心、航運及航空中心、世界旅遊中心的戰略地位，並成功打造香港作為國際創新科技中心的戰略地位。

### （一）金融業升級轉型的基本策略

2008 年 1 月，美國《時代》週刊（亞洲版）發表一篇由該雜誌副主編邁克爾・伊里亞德（Michael Elliott）所寫的題為《三城記》（*A Tale of Three Cities*）的署名文章。該文章創造了一個新概念 ——「紐倫港」（Nylonkong），即世界上三個最重要城市紐約、倫敦及香港的合稱。文章強調：在金融全球化時代，香港金融業的重要性正迅速提升，香港有可能成為金融全球化總體格局中的重要一級。

香港作為亞太地區國際性金融中心，具有資金流通自由、金融市場發達、金融服務業高度密集、法制健全和司法獨立、商業文明成熟等種種優勢，最有條件發展成為全球性國際金融中心。不過，與紐約和倫敦等全球性國際金融中心相比，香港的弱勢是經濟體積小。香港要揚長避短，突圍而出，最重要的策略，就是深化與中國內地的合作，特別是與深圳、廣州聯手共建以香港為龍頭的粵港澳金融中心圈。

在粵港澳金融中心圈中，香港與深圳、廣州之間應實現錯位發展。根據各自的比較優勢，香港重點發展成為中國企業最重要的境外上市和投融資中心，全球性特別是大中華地區主要的資產及財富管理中心，全球首要的人民幣離岸業務中心、亞洲人民幣債券市場；深圳發展成為香港國際金融中心功能延伸和重要補充，中國首要的創業投資中心和中國的「納斯達克市場」；而廣州則發展成為南方金融總部中心和區域性資金結算中心，華南地區銀行業務中心、銀團貸款中心和金融創新基地，區域性商品期貨交易中心和產權交易中心。[1]

為推動香港金融業的進一步升級轉型，鞏固、提升香港作為全球國際金融中心的戰略地位，香港必須重視推進以下幾個方面的策略：

第一，鞏固、提升香港作為中國企業首要的境外上市和投融資中心的地位。重點包括：香港證券監管當局進一步完善對中國企業的上市監管制度；積極推動更多經營規範的大中型民營企業和科技型民營企業到香港上市，並為在海外上市的中國企業股回歸香港做好政策、制度等各方面的準備；積極推進香港交易所與滬深證券交易所的全方位「互聯互通」乃至合併；進一步完善香港與中國內地金融監管，特別是證券監管的合作，從而使香港資本市場成為連接全球與中國內地資金及相關資產的樞紐。

---

1　馮邦彥：《香港：打造全球性金融中心 —— 兼論構建大珠三角金融中心圈》，香港：三聯書店（香港）有限公司，2012 年。

第二，鞏固、提升香港作為全球主要資產及財富管理中心的地位。從中長期看，東亞特別是中國內地，作為全球經濟增長最快的地區，將吸引大量區外資金到區內投資，資產與財富管理業務的增長潛力龐大。目前，在亞太地區，作為國際資產管理中心，香港與新加坡可以說是旗鼓相當。香港要超越新加坡而成為亞太地區首要的資產管理中心，需要進一步加強在資產管理方面的軟硬件、監管及人才等方面的建設，使香港金融業發展更趨完備；要充分發揮「中國因素」的重要作用，積極發展離岸人民幣資產和財富管理業務；積極把握伊斯蘭金融帶來發展機遇。

第三，鞏固、提升香港作為全球主要的人民幣離岸業務中心、亞洲人民幣債券市場的地位。2004年以來，隨着人民幣國際化進程的展開，香港作為人民幣離岸業務中心的地位逐步凸顯。不過，香港在這方面還存在不少問題和困難，突出表現在：人民幣資金池的規模仍然總體偏小；人民幣資產創造的進程仍然較慢；人民幣回流機制的建設仍剛起步發展。針對上述問題，當前香港推動人民幣離岸業務中心的發展，還需鞏固和擴大粵港澳大灣區內跨境貿易人民幣結算規模，拓展與貿易結算相關的人民幣跨境業務；進一步擴大人民幣資金池規模，建立多元化的人民幣交易市場，推出多元化的人民幣投資產品，拓寬人民幣投資管道；拓寬人民幣投資管道，完善和優化人民幣回流機制；積極推動深圳前海發展成為人民幣國際化的境內橋頭堡以及香港的後援基地，支援香港人民幣離岸業務中心的發展。

### （二）貿易及物流業升級轉型的基本策略

長期以來，香港一直是亞太地區最著名的自由港和貿易轉口港。香港的區位條件極佳，背靠經濟快速增長的中國大陸，位居亞洲太平洋的要衝，是日本東北亞和東南亞諸國的航運要道的樞紐，擁有全球三大天然良港之一 —— 維多利亞海港和良好的基礎設施。香港是一個信息高度發達的國際大都會，擁有自由開

放的市場經濟，加上長期實行的簡單而低稅率的稅制和健全的法律制度，這些都為企業家和商人提供了得天獨厚的營商環境。正是基於這些地理的、歷史的、經濟的、制度的比較優勢，香港在可預見的將來以及未來相當長的時期內，將會繼續是亞太區著名的國際貿易中心、航運中心、航空中心和物流樞紐。

然而，也應該看到，一些不利的因素正在影響香港國際貿易中心的地位，這些因素包括：香港產業的「空心化」；港資企業在廣東珠三角地區的製造業正在向外遷移或向越南等東南亞地區轉移；香港的轉口貿易正向離岸貿易轉變；香港本土的貿易、物流成本持續上升等。最明顯的例子是，自 2005 年起，香港失去了保持多年的世界輸送量最大集裝箱港的地位，取而代之的是新加坡；2007年香港進一步被上海超越。目前，香港集裝箱港的地位已跌至第 9 位。更嚴峻的是，近年來中美在貿易、科技等多方面的對峙以及全球新冠疫情的衝擊，對香港貿易及物流業的發展形成了諸多的挑戰。因此，有必要進一步鞏固、提升貿易及物流產業的國際競爭力，進而鞏固、提升香港作為國際貿易中心及物流樞紐的戰略地位。當前需重視的主要有以下幾方面：

第一，在鞏固美歐等傳統市場的同時，積極拓展亞洲市場特別是中國內地市場，發展離岸貿易。在中美貿易、科技對峙的大背景下，香港的對外貿易發展，除了要努力鞏固美歐等傳統市場之外，更要積極拓展亞洲市場。2008 年全球金融危機後，世界經濟重心進一步由西方向東方轉移，很多亞洲國家的經濟及貿易發展均錄得強勁增長，越來越多發達經濟體系的公司把亞洲特別是中國內地視為主要的出口市場。因此，香港要順應潮流，積極拓展亞洲區內貿易，特別是要重視拓展中國內地市場，包括轉口貿易和離岸貿易。隨着香港轉口貿易向離岸貿易的轉變，香港貿易公司進行離岸採購貨品再在國際市場銷售的趨勢，正與日俱增。由於香港擁有鄰近內地的地理優勢，加上香港的生產基地已北移，尤其是遷往珠江三角洲地區，因此中國內地是香港大部分離岸貿易的來源。香港特區政府和港商應重視和積極發展離岸貿易，鞏固香港作為亞太區貿易

樞紐的戰略地位。

第二，鞏固、提升香港作為亞太區航運中心的地位。2008 年全球金融危機以來，世界經濟增長放緩，對國際航運業造成嚴重打擊。香港的航運業亦面對同樣的困境。有評論表示，香港航運業已逐漸失去競爭力，新加坡和中國內地的航運業的迅速發展，令香港的國際航運中心地位蒙上陰影。因此，國家發展改革委在制訂《全國沿海港口佈局規劃》《珠江三角洲地區港口建設規劃》等過程中，支持香港國際航運中心與內地港口協調發展，形成以香港為中心、內地港口為補充、兩地港口共同發展的格局。有鑑於此，香港特區政府現正研究在青衣西南部興建十號貨櫃碼頭的可行性，並展開《香港港口發展策略 2030 研究》的研究，配合未來發展。

第三，鞏固、提升香港作為亞太區航空貨運中心的地位。在航空貨運方面，2011 年，香港機場管理局公佈《香港國際機場 2030 規劃大綱》，決定填海拓地 650 公頃建設第三條跑道系統，該跑道於 2016 年 8 月啟動建設，預計 2024 年建成啟用。2019 年，香港機場管理局發表題為《從「城市機場」到「機場城市」》的報告，闡述香港國際機場的發展遠景，預計到 2035 年香港的客運量將超過 1.2 億人次，貨運量將達到 1 000 萬公噸。報告表示，為適應發展需要，機管局將通過三管齊下的發展方針，即包括基礎建設、創新科技及建立地標等，具體包括：建設三跑道系統、擴建及翻新一號客運大樓、在機場南貨運區興建高端物流中心；持續投資科技，以提升服務及運作效率；發展集零售、餐飲娛樂、寫字樓及酒店於一體的航天城，發展亞洲國際博覽館和香港口岸上蓋，發展航空培訓中心等，從而推動香港國際機場從一個城市的機場發展成為「機場城市」。

第四，進一步提升香港作為全球供應鏈管理中心和亞洲區域配送中心的戰略地位。根據香港貿易發展局的研究，香港的貨運及倉庫服務行業正受到全球多個發展趨勢的影響，包括供應鏈全球化、度身訂造服務普及化、產品週期縮短、

降低存貨和快速回應要求等。面對這些趨勢，越來越多企業認為有需要尋求外界幫助，以優化其供應鏈管理，因此協力廠商及第四方物流服務供應商遂應運而生。這種發展趨勢正推動着香港貿易商的轉型。近年來，隨着貿易形勢發展的需要，越來越多的貿易公司開始提供若干增值服務，如為供應商採購原材料，並提供融資，有的則與多家工廠建立外判關係，並對這些工廠的生產管理，特別是質量控制進行監管。其中，更有一部分貿易商提供全球供應鏈管理服務，包括選擇生產商和供應商、融資、產品設計、生產管理，直至出口、銷售。特區政府和香港業界應積極推動這一轉變，致力將香港發展成為全球供應鏈管理中心和亞洲區域配送中心。

### （三）旅遊業及相關產業升級轉型的基本策略

香港旅遊業，是從 20 世紀 60-70 年代起步發展的。憑藉着「自由港」及低稅制的優勢，憑藉着迷人的維多利亞海港景色、風貌多樣的名勝景點、郊野景致、購物及美食，居亞太地區中心及國際交通樞紐地位，完美的酒店設施和優質的服務，高效便捷的航運交通，旅遊業的綜合意識和教育成就，以及中西文化交匯的獨特都會文化等種種比較優勢，香港發展成為亞太區著名的旅遊中心，享有「東方之珠」和「購物天堂」的盛譽。

不過，回歸以來，香港旅遊業儘管取得了快速的發展，但也逐漸暴露出不少困難和問題，特別是近 10 年來香港經營成本大幅上漲，租金、地價高企，增加了各行業的經營成本，直接造成了物價的高漲，直接或間接地影響了香港作為「購物天堂」的地位。更嚴峻的是，2020 年爆發新冠疫情以來，香港旅遊業及相關行業遭受重創，幾乎呈現插水式下跌趨勢。將來即使走出疫情，香港旅遊業的復甦和重振也需一段相當長的時日。不過，從長遠發展的角度看，香港旅遊業仍然具有相當大的發展潛力，香港旅遊業的發展目標，是要鞏固和提升香港作為世界旅遊中心和購物天堂的地位。為實現這一戰略目標，香港旅遊業的發展必須重

視以下幾個策略性問題：

第一，進一步拓展旅遊資源，開發新的人文景觀，加強旅遊業基礎設施建設，強化對國際遊客的吸引力。作為世界級的旅遊中心，香港的弱點是地域狹窄，旅遊資源不足，接待能力有限，基礎設施發展相對滯後。香港應利用其雄厚的資金、優秀的設計策劃人才，積極拓展旅遊資源，開發新的人文景觀，彌補名勝古蹟的缺乏，使香港的旅遊景點更趨於多元化。

第二，大力發展商務旅遊、會展旅遊等高端旅遊，積極拓展海外市場尤其是長途市場客源，致力發展為世界級的商務和會展旅遊目的地。相較周邊國家和地區旅遊業的快速發展，香港旅遊業近年來過於依賴內地優勢，對海外市場尤其是長途客源市場開拓不夠進取，高端旅遊增長乏力，長遠發展存在很多隱憂，後繼乏力。香港背靠中國內地，尤其是珠江三角洲地區，面向世界，最有條件發展成為「亞洲的國際都會和中國的主要城市」。因此，香港特區政府和旅遊界應高度重視商務旅遊、會展旅遊的發展，致力將香港發展為世界級的商務和會展旅遊目的地。

第三，加強粵港澳旅遊業的合作與錯位發展，共同建設「世界級旅遊休閒中心」。目前，內地和香港已形成全球最大雙向客源市場，粵港澳大灣區的建設發展更為粵港澳三地旅遊業的合作奠定了堅實的基礎。從三地的旅遊資源來看，香港作為亞太區的國際大都會，匯集了中西文化精粹，充滿現代化城市的活力，素以「東方之珠」、「魅力之都」、「動感之都」稱譽世界。澳門兼容中國傳統及葡萄牙文化，彌漫着獨特的歐陸風情，回歸以來包括博彩業的綜合旅遊業有了舉世矚目的發展。歷史文化悠久的廣東省，是中國近代史的發源地，也是中國現代經濟發展最迅速的地區。因此，香港特區政府和旅遊業界應高度重視加強與澳門、廣東三地旅遊業的合作的錯位發展，共同建設一個世界級的旅遊休閒目的地。

## （四）創新科技產業升級轉型的基本策略

在香港第三次產業轉型中，創新科技產業的發展無疑是香港經濟中不可或缺的重要一環。但是，長期以來，香港的投資文化偏向短期內追求高回報，創新科技基礎薄弱、科技發展發展水平不高、科技人才缺乏、經濟營運成本高昂，香港要將創新科技產業發展為整體經濟的新引擎，打造國際創新科技中心，可以說任重道遠。香港要成功發展成為國際性的創意產業及科技創新中心，涉及到方方面面，包括創新科技政策的完善、配套，科技人才的培養與引進，科技基礎設施和平台的建設，科技金融的發展，與內地科技產業的合作、對接等等。當前，有兩個方面是值得重視的：

第一，加強創新科技產業的統籌規劃，重整現有香港創新科技的發展平台和基礎設施，形成更強的競爭力。回歸以來，經過多年的努力，香港已建立起以「香港科學園」為核心的科技創新的發展平台和基礎設施，包括香港科學園三期、創新中心和三個工業村等。不過，除了香港科學園外，香港還有多個科技創新平台，包括在政府推行的香港研發中心計劃下的 5 所研發中心、數碼港和香港生產力促進局系統等，此外還有香港大學、香港科技大學、香港中文大學、香港理工大學、香港城市大學等多家大學機構的科技創新系統。這些發展平台和基礎設施儘管都有一定的分工和配合，但仍然存在各自為政的問題，這反映了特區政府對創新科技產業的發展仍然缺乏一個高瞻遠矚的總體規劃和發展藍圖，不能將各個發展平台和基礎設施集合於該規劃中使之達到最佳效果。因此，香港應由創新及科技局牽頭，制訂一個更加完善的總體發展規劃和藍圖，加強香港各科技創新平台之間的整合和協調配合發展，以形成更大的發展合力。可以考慮以香港科技園公司為核心，加強統籌規劃，重整香港創意及科技創新的發展平台和基礎設施，從而加大對創新科技產業的推進力度。。

第二，切實、盡快落實特區政府關於在北部都會區建設「新田科技城」的政策構想和相關的配套政策、措施。2021 年 10 月，行政長官林鄭月娥在任內最後

一份施政報告中，提出建設「北部都會區」的規劃；同日，特區政府並發佈《北部都會區發展策略》。《發展策略》認為：「在『雙城三圈』的空間結構下，北部都會區將會與深圳緊密合作發展創科產業，成為香港的國際創新科技中心。」其中的重點，是構建香港的矽谷 —— 新田科技城。目前，北部都會區正在建設中的「港深創科園」可提供創科用地約 87 公頃，規劃的總樓面面積大概等於 3 個位於白石角的香港科學園的規模。然而，相對於深圳河北岸面積超過 300 公頃的深圳科創園區，港深創科園仍規模較小。為此，特區政府決定善用落馬洲管制站遷往深圳新皇崗口岸後騰出的土地和毗鄰的部分鄉郊土地及魚塘，加上新田 / 落馬洲發展樞紐內原有用地規劃，增加合共約 150 公頃土地，從而構建香港矽

圖 2-5　北部都會區「雙城三圈」空間佈局圖與新田科技城位置

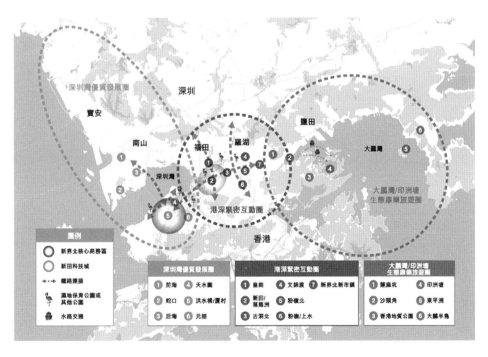

資料來源：香港特區政府：《北部都會區發展策略》，2021 年 10 月

谷 —— 新田科技城（擴建後按可興建樓宇面積計算，連同港深創科園總共相當於 16.5 個香港科學園），透過聚集創科企業及支援設施，形成完整的創科產業生態系統（圖 2-5）。現在的關鍵是如何在發展規劃、政策措施、基礎設施、科技人才等多方面切實、盡快落實該項構想，並盡快推出相應的政策和配套措施，這對香港創新科技產業的發展、打造國際創新科技中心，具有關鍵性作用。

第三，加強粵港科技合作和對接，構建「粵港澳創新科技灣區」。香港要發展創新科技產業，除了要加強本身的科技基礎和科技實力之外，還應充分利用中國內地的優勢，實現雙方的優勢互補。從地域看，香港與中國內地科技創新產業的合作，可以分為三個層次，一是香港與深圳的合作，二是香港與廣東珠三角地區的合作，三是香港與以北京、上海為代表的中國內地的合作。其中，核心和關鍵是香港與深圳、廣東珠三角的合作。當前，在粵港澳大灣區建設中，創新科技合作成為關鍵。為此，粵港澳要建立三地創新科技合作的統籌協調機制，制訂長遠的區域性發展計劃；加強粵港兩地科研機構、科技創新平台及高等院校之間的科技創新合作；加強香港創新科技平台與深圳科技產業園、穗深科技走廊的對接；加強與深圳方面的合作，共建科技創新灣區的風險 / 創業投資營運中心。

第三章

# 推動創新科技
# 引領未來發展

◎　鍾韻

回歸以來，特區政府善用經濟和科學技術領域的高度自治，大力推進本地產業升級轉型，創新科技產業已取得了長足進步。創新科技產業無疑是香港未來的重要經濟支柱，國際科技創新中心將是香港的國際門戶樞紐的中心功能。放眼未來，香港應展現出其作為「科技超級聯繫人」的新形象，在香港與內地創新科技合作方面有新作為，推動創新科技新發展，成為「一國兩制」的新示範。

## 一、新定位新進展

### （一）特區政府支持創新科技發展的政策措施的不斷深化

20 世紀的 60-70 年代，香港完成了第一次產業轉型，工業化帶動經濟迅猛增長，使香港躋身「亞洲四小龍」行列；伴隨着改革開放後粵港兩地「前店後廠」合作模式的開展，以「服務經濟」為主要特點的第二次產業轉型為香港成為國際城市奠定了重要的基礎，回歸前夕服務業產值在香港經濟體系中所佔份額已達近80%。

一般認為，香港的第三次產業結構轉型始於上世紀 90 年代中期，創新科技產業是香港產業升級中的重點扶持領域，自回歸以來特區政府對創新科技的支持力度不斷加大。通過成立創新科技管理機構及委員會，設立創新及科技基金，完善一系列的創新科技資助計劃，鼓勵企業和個人發明創造，支持員工接受新科技培訓等政策措施，推動官、產、學、研之間的合作與對接。[1]

#### 1. 回歸伊始便明確要發展創新與科技產業

回歸伊始，特區政府便開始重視發展創新與科技產業，將發展創新與科技產業作為一項明確的政策目標。

---

1　鍾韻：《粵港服務業的創新合作：制度與平台》，北京：經濟科學出版社，2017 年。

1997 年特區政府的首份施政報告 [1] 中，便明確提出「高速的資訊科技發展意義重大，香港正面對資訊時代，我們需要用全新的觀念去評估香港的競爭方向，重新確定香港的發展定位」。1998 年，特區政府成立了一個包括學者、工商界和政府官員的創新科技委員會，美國加州大學伯克利分校前校長田長霖被委任為主席。該委員會於 1998 年 9 月完成首份香港創新科技規劃報告，報告明確指出創新與科技對經濟增長的作用。這一觀點在 1998 年底發佈的施政報告中得到體現，1998 年底發佈的施政報告 [2] 明確提出「創新與科技是促進經濟增長的主要動力」。1999 年，特區政府撥款 50 億元設立創新及科技基金，以資助促進製造業和服務業創新及提升科技水平的項目。創新及科技基金設有四項計劃，即創新及科技支持計劃、大學與產業合作計劃、一般支持計劃及小型企業研究資助計劃。2000 年 1 月，特區政府成立香港應用科技研究院有限公司（應科院），從事與產業有關的高質素研究發展工作，再將研究成果產業化、商品化，意圖通過應用科技研究協助以科技為基礎的產業發展，提升香港的科技水平，以提升香港的競爭力。2000 年 7 月 1 日，特區政府在商務及經濟發展局下設立了創新科技署，創新科技署通過管理等多個資助計劃，鼓勵和協助本地業界向價值鏈上游轉移，協助本港企業開發創新意念和發展科技業務。

**2. 非典後將創新與科技產業確立為重點培育行業**

非典結束後，創新科技產業作為香港經濟升級轉型的重點培育行業的地位日益明確，特區政府對創新科技產業的扶持日益增強。

2003 年 1 月，董建華先生在其連任特首後的第一份施政報告 [3] 中對造成香港

---

1 董建華：《共創香港新紀元》（香港特區行政長官施政報告），1997 年 10 月。
2 董建華：《群策群力，轉危為機》（香港特區行政長官施政報告），1998 年 10 月。
3 董建華：《善用香港優勢，共同振興經濟》（香港特區行政長官施政報告），2003 年 1 月。

經濟深刻變化的原因進行剖析，科技基礎薄弱和人力資源錯配等問題受到了特區政府的重視。特區政府為此加大了對科研項目、業界開發創新、提升技術水準等方面工作的資金支持。為充分利用 CEPA 實施提供的新機遇，加強在香港推廣創新及科技的發展，2004 年 1 月，工商及科技局牽頭成立了創新及科技監督委員會，成員包括政府相關部門、學術界、產業界和科技支持機構的代表，以統籌創新及科技政策的制訂及推進工作，推動各個科技領域更有效地發揮協同效應，並促進科技與產業的需求接軌。[1] 2006 年，創新科技署於成立了五所研究中心，推動汽車零部件、信息及通訊技術、物流及供應鏈管理應用技術、納米科技及先進材料，以及紡織及成衣等五個重點研究範疇發展，意圖推動和統籌有關選定重點範疇的應用研發工作，推動研發成果商品化及技術轉移。具體措施包括委託應科院承辦「香港資訊及通信技術研發中心」；委託香港生產力促進局承辦「汽車科技研發中心」，研發綠色運輸、智慧移動和智能系統等主題；委託香港理工大學承辦「香港紡織服裝研究院」，為行業提供技術解決方案，並為行業應用注入活力；委託香港大學、香港中文大學及香港科技大學承辦「香港物流及供應鏈管理應用技術研發中心」；成立納米及先進材料研發院有限公司等。

2008 年，特區政府提出除繼續支持四大支柱產業外，還提出了扶持「六項優勢產業」的發展思路，創新科技產業被列為這六項優勢產業之一。2015 年 11 月，創新及科技局正式成立，首任局長楊偉雄在局長任命儀式上介紹創科局的九大工作重點，包括推動與全世界最頂尖科研機構合作的機會；推動智能生產和研究發展適合以香港為基地的工業，創造優質和多元的就業機會；研究和推出措施鼓勵私營機構投資創新科技；研究和推行智慧城市的措施；建設香港成為 Wi-Fi 城市等。

---

1 2004 年 2 月 4 日，工商及科技局局長曾俊華在立法會會議上就行政長官施政報告致謝議案動議辯論的全文。

**3. 創新及科技局成立後確立國際科技創新中心的新定位**

近年來，特區政府進一步明確創新科技產業的四大發展範疇，將國際科技創新中心作為香港的建設新定位之一。

2015 創新及科技局成立後，香港的創新及科技氛圍得到進一步提升，特區政府對創新科技的支持與投入大幅增加（表 3-1）。在組織機構及配套政策支持方面，2015 年，特區政府將原創新及科技督導委員會重組為創新及科技諮詢委員會，該委員會自 2017 年起受行政長官親自領導；特區政府於 2017 年成立創新、科技及再工業化委員會，就推動香港的創科發展及再工業化事宜向政府提供意見；2018 年 6 月，特區政府為加快輸入海外和內地科技人才來港從事研發工作的申請處理，推出科技人才入境計劃。在資金投入方面，據創新及科技局局長薛永恒 2021 年 10 月的介紹，為推動創新科技發展，這一屆特區政府四年多來已對基建、人才、資金、技術及科研投等領域投入了超過 1 300 億港元。[1] 例如，香港政府於 2017 年成立 20 億港元創科創投基金，以配對形式與私人創投基金共同投資本地的創新科技初創企業。香港貿發局資料顯示，截至 2020 年底，創新及科技基金已經資助 19 008 個項目，核准資助金額達 224 億港元，涵蓋不同產業，包括基礎工業（佔總累計核准項目 17%)、信息科技（14.6%）、電氣及電子（14.4%）、生物科技（9.7%）等。

當前，特區政府對香港創新科技的發展重點已明確為四大範疇，即生物科技、人工智能、智慧城市和金融科技，同時提出了創新發展的八大政策方向不斷完善創科生態環境，包括增加研發資源、匯聚科技人才、提供創投資金、提供科研基建、檢視現行法規、開放特區政府數據、改變特區政府採購方法和加強科普教育。隨着粵港澳大灣區建設國際科技創新中心的推進，特區政府亦相應提出了

---

1 〈香港特區政府過去四年投放逾 1 300 億港元推動創科發展〉，人民網，2021年 10 月 20 日。

包括提供更多土地和基建設施、推動研發、投資科技、進行再工業化及支援大學科研等多項措施，以期通過基礎建設、推動研發、投資科技、支援初創等方式，為香港建立更完整的創科生態圈。同時，國家「十四五」規劃中已明確將支持香港建設國際創新科技中心。

## （二）形成了逐步提升的創新科技產業發展優勢

「區域發展優勢」是一個立足於地區比較而形成的概念，國際貿易和金融中心地位、優良的法例和制度體系、完善的知識產權保護和「一國兩制」的制度優勢，為香港創新科技產業的發展奠定了基礎，並構成了香港創新科技產業發展的優勢。回歸以來，隨着經濟升級轉型的發展思路日益明確，政府的支持力度不斷加強，各界對提升香港創新科技產業的迫切性日漸清晰，香港創新科技產業的發展優勢得以不斷強化。

### 1. 擁有高水平的研究平台及科研人員

世界級的大學和學科與高水平的科研人才兩者相互輔助，構成了香港創科發展優勢的基礎。

根據 2022 年 QS 世界大學學科排名，香港現有五所在《QS 世界大學排名》位居前 100 名的大學，其中香港大學排名位列世界第 22，香港科技大學與香港中文大學的 QS 世界排名也位列世界排名前 40 位。從大學學科排名看，2021 年香港高校有近 40 個學科進入 QS 世界大學學科 50 強，2022 年香港院校共有 7 個學科進入全球前 10 名，較 2021 年增加了 3 科。香港大學、香港中文大學和香港科技大學亦由於前 50 名學科數量多而入選亞洲十佳大學，香港大學、香港中文大學和香港科技大學分別有 26 個、19 個和 14 個科目進入全球 50 強，學校

排名分列亞洲第 6、第 8 和第 10 位。[1]

高水平大學、研究機構和實驗室等科研平台，為高水平的科研人員提供了集聚和創新的平台，有助於吸引高水平科研人才集聚。以人工智能領域為例，據 2017 年發佈的一份研究報告顯示，其時香港有超過 100 個人工智能領域的研究項目，相關領域的在校碩士博士研究生 200 餘名，超過 42 位學者的研究領域與人工智能相關。[2] 其中香港中文大學研究團隊在人工智能及深度學習方面的研究領先全球，由香港中文大學湯曉鷗教授於 2014 年創辦的商湯科技，已成為行業領先的人工智能軟件公司。又如機器人研究領域，香港各高校雲集了諸多實力強勁的研究團隊與研究領軍人物，近年來在機械人設計、應用等方面已做出了突出表現、獲得不少國際獎項。高水平的科研人員不僅在智能時代的應用研究領域取得了突出成績，在計算物理、化學、生物、生命科學與醫藥、應用數學等基礎研究領域，亦具備了優秀的研究能力。

值得關注的是，高校中高水平的科研人員，不僅專業水平處於行內領先地位，還具備創業者所需的豐富資源網絡，能為創新科技企業創業提供極為重要的支持。例如，大疆、李群自動化和固高科技等知名企業的創業，均獲益於創業者從大學教授處獲得的的資本、資源對接與創業指導等協助。[3]

**2. 具備與國內外一流研究平台聯繫及合作的能力**

在特區政府推動下，創新科技產業在創新載體、創新資金支持、產業發展空間等方面取得了一系列具體成果，有效促進了香港的研究團隊與國外、國內的一流研究團隊開展科研合作。尤其是創新及科技局成立後，香港本地科研團隊與

---

1　〈QS 世界大學排名公佈，香港院校 7 學科躋身全球前十〉，中國新聞網，2022 年 4 月 7 日。

2　創科香港基金會：《跑贏智能時代》（香港科技創新業白皮書），2016 年。

3　創科香港基金會：《跑贏智能時代》（香港科技創新業白皮書），2016 年。

外地的科研合作有所加速。

　　近年來，多家世界頂級科研機構相繼在香港落戶，其中包括麻省理工學院在香港成立了首個國外創新中心、瑞典卡羅琳醫學院在科學園成立了該院200年歷史以來的首間國外研究中心。創科局近年來設立的「InnoHK創新香港研發平台」，是推動香港創新科技發展的重點項目，通過此研發平台，計劃不僅要將香港的科研帶到世界舞台，還要將世界知名的院校帶到香港。目前，平台主要分為兩大板塊，分別聚焦與醫療相關的各種科技，以及人工智能及機器人科技的發展。截至2021年底，已有有近30所研發實驗室獲選進駐該平台。例如，香港中文大學已在該平台成立了6所研究中心，分別與英國牛津大學、英國劍橋大學、瑞典卡羅琳醫學院、美國加州大學伯克利分校、蘇黎世聯邦理工學院、美國麻省理工學院等全球知名學府合作，研究涵蓋健康、生物醫學、機器人工程和人工智能等領域。據報導，2019年2月，香港中文大學醫學院通過特區政府設立的InnoHk項目的資助，與蘇黎世聯邦理工學院、倫敦帝國學院以及約翰霍普金斯大學等三所大學簽署合作協議，將在香港科學園建設「醫療機械人創新技術中心」，特區政府計劃將在未來五年為此投入7億港元，集中開展三個與醫療科技和人工智能（AI）大項目的研發。[1] 這一案例直觀反映出香港的科研團隊聯繫國際一流研究團隊的能力。

　　以大學為主要依託，香港目前與國內科研機構亦有較為密切的合作聯繫。目前，香港設有16個國家重點實驗室、6個國家工程技術研究中心或分中心，以及3個國家高新技術產業化基地的香港夥伴基地；與中國科學院共建了22所聯合實驗室，涵蓋多個研發領域；香港科研人員和團隊已參與到探月、探火工程等國家重大科技項目中。以嫦娥五號月面採樣工作為例，香港理工大學團隊研

---

1　〈中大設創新技術中心 七億研發醫療機械人〉，《大公報》，2019年2月1日。

發的「表取採樣執行裝置」助力完成採樣工作，該香港研究團隊早在 2011 年便已開始與中國空間技術研究院合作，共同研製表取採樣執行裝置並於 2017 年交付，亦參與其後的多次測試工作。此外，還有國家軌道交通電氣化與自動化工程技術研究中心香港分中心，開發了控制高鐵列車振動的技術，應用於京滬等高速鐵路；國家鋼結構工程技術研究中心香港分中心，建立了國際鋼結構工程技術平台，推動中國鋼材在國際建造業市場廣泛應用。[1] 由此可見，香港是國家科技建設的一支重要力量，可以承擔更多國家重要的創科任務，作出更大的貢獻。

**3. 享有本地金融業提供的強大金融服務支持**

金融業是香港最具競爭力的產業，2022 年第 31 期「全球金融中心指數」報告評估了全球 119 個金融中心，香港總排名為全球第 3 位。香港作為亞太地區國際性金融中心，具有資金流通自由、金融市場發達、金融服務業高度密集、法制健全和司法獨立、商業文明成熟、融資渠道多等種種優勢，這為創新科技產業發展提供了強大的金融服務支持，尤其是資本市場的支持。

資本市場一直是香港金融業的強項。據統計，自 2009 年以來，港交所 IPO 總額已 7 次位居全球首位。2019 年，港交所 IPO 總額為 3 142 億港元，位居全球第一。據香港證券交易所 2021 年 2 月公佈的 2020 年全年業績數據顯示，港交所 2020 年公開招股市場集資總額達 4 002 億港元，為 2010 年以來最高，位居全球第二；2021 年上半年港股 IPO 勢頭強勁，共完成 47 宗 IPO，融資金額達 2 129.6 億港元，比上年同期翻倍；港元匯率持續堅挺，金融業運營穩健；2022 年 3 月以來，疫情下的香港金融市場運營有序，投融資及交易活動依然活躍：股市的日均成交額約為 1 800 億港元，滬深港通北向及南向日均交易金額則超過

---

1 〈香港科技界在國家科技自立自強中大有可為〉，《科技日報》，2021 年 6 月 28 日。

1 000 億人民幣及 420 億港元，全部接近或高於前一年第四季的數字。[1]

可見，縱使面對新冠肺炎疫情以及錯綜複雜的地緣政治局勢，香港作為國際金融中心依然高效運作，能夠為企業上市、在國際市場獲得信貸融資提供便利，為國家及全球參與者提供必要的投融資、定價及風險管理等關鍵金融服務。同時，香港目前的外匯儲備佔本地生產總值超過 130%，是港元貨幣基礎的近 1.8 倍[2]，充足的資金儲備不僅有助於維護貨幣及金融穩定，亦能為創新科技產業提供較為豐富的資金支援。

### 4. 政府對創新科技產業的支持力度持續增強

對香港創新與科技產業發展環境的建設投入，既有政策措施層面的支持，也有具體的經費支持。這些投入與支持不僅來自特區政府，同時亦來自中央層面。

前已述及特區政府自回歸以來對創新科技產業的政策措施的提升。近年來，中央層面對推動香港創新科技產業的政策措施亦不斷具體化。從 2019 年印發的《粵港澳大灣區發展規劃綱要》提出建設建設國際科技創新中心，到 2021 年 3 月印發的國家十四五規劃綱要進一步明確支持香港建設國際創新科技中心，再到 2021 年 9 月印發的《全面深化前海深港現代服務業合作區改革開放方案》提出加快科技發展體制機制改革創新，以人工智能、健康醫療、金融科技、智慧城市、新材料等香港具優勢的領域為焦點，大力發展港深科技研發的合作，中央對香港創新科技發展的定位與發展策略日益明確。

2020 年 9 月，國家科技部公佈了一系列惠港科技措施，加大力度支持香港的創科發展。惠港措施包括擴大國家科技計劃對港開放、容許香港的青年學者申請國家自然科學基金青年科學基金項目、歡迎香港科技人士和專家加入中國科協

---

1　〈林鄭月娥：香港在金融領域別具優勢〉，新華社，2022 年 3 月 31 日。
2　〈林鄭月娥：香港在金融領域別具優勢〉，新華社，2022 年 3 月 31 日。

全國學會及進入國家科技專家庫和獎勵評審專家庫、完善大型儀器設備對香港開放共享機制、深化內地與香港科技人文交流機制，以及支持香港參與國家技術創新中心建設。中央政府還從資金上支持香港科技發展，中央財政和地方財政推出「資金過河」的政策措施，中央和地方政府的科技計劃對香港開放，香港的大學及科研機構能直接申請內地的研究經費和參與相關的研究項目。

另一方面，特區政府的財政預算案不斷提升對創新活動的投入力度（表3-1）。根據 2021 年底的施政報告，2022/2023 財政年度特區政府財政預算案擬加大投入以持續強化整個價值鏈及創科生態圈；為進一步推動香港在生命健康科技的發展，特區政府將預留 100 億港元以提供長遠所需硬件、科研人才等各方面的配套，提升不同機構包括大學在這方面的容量及能力，並建立更完善的產業鏈。

表 3-1　創新科技署用以推動應用研發及創新活動的撥款資助

| 創新科技署的撥款資助<br>（百萬元） | 2016-2017 | 2017-2018 | 2018-2019 | 2019-2020 | 2020-2021 |
|---|---|---|---|---|---|
| 應用研發項目<br>（進行中及獲批項目的數目） | 953.9<br>（1 796） | 1 149.5<br>（2 721） | 1 199.7<br>（4 079） | 1 528.4<br>（5 757） | 4 189.9<br>（7 932） |
| 科技應用 | 34.0 | 61.5 | 67.3 | 164.7 | 231.5 |
| 再工業化及科技培訓計劃 | - | - | 11.3 | 5.7 | 11.2 |
| 專利申請資助計劃 | 36.0 | 42.0 | 36.0 | 30.0 | 15.0 |
| 公營科技支持機構的營運 | 476.2 | 509.7 | 525.8 | 537.5 | 558.5 |
| 技術轉移及科技創業 | 46.0 | 47.5 | 46.6 | 95.0 | 103.2 |
| 推廣創科文化 | 48.3 | 47.9 | 49.1 | 47.1 | 102.6 |
| 總計 | 1 594.4 | 1 858.2 | 1 935.8 | 2 408.4 | 5 211.9 |

資料來源：香港特區政府統計處《2020 年香港創新活動統計》。

在創科局成立前，香港對創新科技的科研資金投入、人員投入、獲批專利數目、自主創新水平等方面曾一度落後於深圳。香港和深圳兩地均於上世紀 90 年代中後期提出大力發展科技產業的戰略，但深圳的創新科技產業發展速度遠超

香港。例如，在研發經費投入方面，香港的投入低於深圳，且兩地的投入差距一度拉大。根據對比《香港統計年報》《深圳統計年鑑》的數據發現，2014 年深圳的投入已大幅增至 640.07 億人民幣，遠高於香港的 167.273 億港元。2013 年香港的研發開支佔 GDP 的百分比為 0.73%，深圳的佔比則為 4%。再如，就科技創新產業的產出而言，香港申請及授權專利數量亦落後於深圳，深圳的授權專利、申請專利已先後在 2001 年及 2003 年超過香港。《香港統計年刊》和《深圳統計年鑑》的統計數據顯示，2014 年在港專利申請數目為 13 129 個，在港獲批數目為 6 454 個，深圳的數值則分別為 80 657 個和 49 756 個。

總體而言，回歸以來歷屆特區政府都關注創新科技產業的發展，但其成效仍未如理想。有數據顯示，香港研發支出佔 GDP 和政府財政支出的比重非常低，在過去十多年中，香港研發支出佔 GDP 的比重最高不超過 0.8%。2012 年，美國這一比重約為 2.8%，內地這一比重約為 1.8%；2011 年，北京和深圳的這一比重分別為 5.8% 和 3.7%。[1]

## 二、新生態新空間新機制

### （一）本地的創新科技生態系統得到顯著提升

創新科技生態系統通常由充足的高水平科研人才、有效的創新支持政策、完善的創新科技融資體系、具有影響力的大型科技企業、良好的國際科研聲譽等要素構成。

#### 1. 產業規模與影響力有了較大提升

在特區政府的努力推動下，近年來香港的科創發展氛圍已大為改善。從

---

1 張玉閣：〈創新與科技決定香港經濟的未來〉，《信報》，2015 年 3 月 2 日「珠三角發展」專欄文章。

2013 年特區政府推出「創新及科技基金」到 2015 年成立創新及科技局，再到林鄭特首從八個方面加強創科發展等政策的支持下，特區政府的科技創新產業取得了迅速的發展。據統計，2019 年政府設立的創科基金資助的研究及發展、創新及科技提升項目總額達到 21.9 億美元，資助項目數 2 755 個，與十年前相比有了巨大的增加；同時，香港在研發方面的本地支出總額，已由 2008 年的 122.93 億美元增加至 2018 年的 244.97 億美元，十年間增長近一倍；從事研發人員的數目，也從 22 005 人增至 33 576 人。

香港的研發人員數目由 2014 年的約 29 000 人，增至 2019 年的近 36 000 人；同期內本地初創企業的數目由 1 000 多家，增至 3 300 多家，所聘用的僱員由 2 000 多人增至超過 10 000 人；總融資額也由約 12 億港元上升七倍至約 100 億港元。[1]

在創新科技的全球排名中，香港獲得了良好的國際評價。例如，根據全球近年的創新科技相關排名，香港的創新能力獲得了較高的認可（表 3-2）。根據 2020 年全球創新指數（Global Innovation Index），由香港、深圳及廣州的創新及科技業組成的廣深港科技集群是世界第二大科技集群，是亞洲一個戰略性商業平台及科技交易市場，也是一個日益壯大的本地研究集群。再如，在 2020 年全球創新指數的基礎設施排名中，香港在 131 個經濟體中名列第 11。

表 3-2 香港創新科技相關國際排名

| 全球排名 | 2017 年 | 2018 年 | 2019 年 | 2020 年 |
|---|---|---|---|---|
| 全球創新指數 | 16/127 | 14/126 | 13/129 | 11/131 |
| 瑞士洛桑國際管理學院數字競爭力排名 | 7/63 | 11/63 | 8/63 | 5/63 |

資料來源：全球創新指數報告、瑞士洛桑國際管理學院（IMD）世界競爭力研究中心

---

1 〈建深港科技創新合作區，創科政策迎十四五機遇〉，香港貿易發展局，2021 年 5 月 31 日。

## 2. 獨角獸企業嶄露頭角

近年來，香港的創新科技初創企業呈現出良好的增長勢頭。2020 年，香港初創企業數目增加至 3 360 家，聘用逾 10 000 名僱員。香港初創企業的主要研究重點包括：信息及通信科技、即需即用軟件、物聯網、數據分析、生物科技、人工智能、機器人、虛擬現實和擴增現實，以及新材料。應用方面，金融科技、智慧城市及智能家居、醫療保健和大數據應用等，都是一些極為熱門的領域。[1]

《香港獨角獸榜單（2021）》顯示，共有 18 家企業入選，高端製造、人工智能領域的獨角獸企業各佔 4 家，合計佔比 44%；金融科技、醫療健康和物流領域相關企業均為 2 家。此外，在半導體、企業服務、文化消費以及新能源賽道，各 1 家企業入圍。[2] 這些獨角獸企業的成立時間均不長，成立時間主要集中在 2017 年後。這批企業中至少有 9 家將香港設為全球總部或核心辦公室，在深圳、東莞等大灣區城市分設研發、生產基地，利用香港高度的國際化和發達的服務業優勢，同時結合大灣區完善的供應鏈、活躍的終端市場以及豐富的產業集群優勢，實現快速將創意產品化，從而打通從實驗室樣品到工業化大生產的全流程，並最終將產品銷往全國乃至世界各地。區別於以往的「前店後廠」合作模式，這些獨角獸企業呈現出「源於香港，扎根大灣區，面向世界」的發展模式。這批最新融資金額普遍在千萬美元以上，其中有一批動輒融資過億美元，其中 DJI 大疆創新（10 億美元，戰略融資）、商湯科技（10 億美元，D 輪）兩家企業已進入融資「十億美元俱樂部」。

## 3. 以科技為核心的再工業化已形成香港科技製造業的新氣象

2016 年底發佈的施政報告首次出現「再工業化」的論述，指出其有潛力成

---

1　馮凱盈：〈香港創新及科技業概況〉，香港貿易發展局，2021 年 3 月 12 日。

2　〈中國香港，正在批量「製造」獨角獸〉，投資界 PEdaily，2021 年 11 月 22 日。

為香港新的經濟增長點。近年來，在特區政府的大力支持下，香港科技創新領域發展迅速，生物技術、人工智能、智慧城市和金融科技被確定為適合「再工業化」發展的四大關鍵行業。其中，生物醫藥行業表現十分突出，香港不僅擁有 7 家生物醫藥領域國家重點實驗室，使用國際一流的藥物、醫療設備和診斷工具，還通過香港科學園帶動本地生物醫藥企業的發展。此外，香港工業總會通過分析本港生物科技工業在重大科研基礎設施、政府資金支持、與內地科研要素合作、科研和知識產權保障等眾多優勢，亦將生物醫藥列為香港具有高增值的製造業行業。

2020-2021 年度，香港生物醫藥科技行業發展迅速。目前，已有超過 250 家生物科技公司在香港從事藥物和醫療器械的研發、製造、市場銷售等活動。截至 2021 年 3 月 31 日，在科學園內從事生物醫藥科技的企業和培育公司總數已達 156 家，形成了生物醫藥產業集聚區，成為高價值生物醫藥研發成果商業化的主陣地。作為全球領先的生物研發製造公司，園內的基因港憑藉低成本酶製劑在生物醫藥製造領域發揮着日益重要的作用，現已成為世界上唯一一家掌握全生產鏈酶製造技術的生物醫藥科技公司。

2021 年，特區政府通過「再工業化資助計劃」，資助香港的生產商在將軍澳工業村的先進製造業中心建立「納米纖維過濾材料的智能靜電紡絲生產線」項目，在本港設立智能化生產線。可見，依託先進的科技和製造工藝的生產線將成為「再工業化」的強勁動力。此外，科技製造也需要數字化技術的支持。目前，在資訊及通訊科技、即需即用軟件、物聯網、數據分析、人工智能、機械人、VR 和 AR 等新興數字產業領域，香港研發實力強勁，具備了成為粵港澳大灣區數字經濟科研中心的能力。

### （二）本地的創新科技產業集聚空間逐漸成型

回歸以來，香港已建成了一批有利於創新科技企業集聚發展的園區。數碼

港和科學園等一批早期的創新科技平台在人才培育、項目研發、企業孵化等方面取得一定成效，正抓緊建設的新田科技城、港深創科園等創科重點平台也已獲得資金和土地上的相關政策支持。

### 1. 數碼港開啟以產業集聚空間發展創新科技產業的序幕

1999 年 3 月，香港政府正式推出旨在創造信息技術服務企業戰略集群的「數碼港」計劃，希望以此項目推動香港在 21 世紀成為創新及科技中心。但是，由於該計劃開展不久便遭遇全球互聯網經濟泡沫破裂，亦由於其時香港的創新科技生態環境未能提供足夠支持等各種原因，數碼港在建設之初對香港創新科技產業的推動作用未如預期。

近年來，隨着香港創新生產環境的完善，數碼港的建設在人才、初創企業、產業培育等方面，確立了明確的政策支持策略，並已獲得了一批成果。當前，數碼港致力成為環球創新以及領先科技樞紐。為實現此願景，推出針對青年、創業家和合作夥伴等三類重點對象的支持策略，以培育本地初創企業發展為目標，支持數碼創新人才的發展。具體而言，數碼港對三類對象的扶持包括，培育數碼港青年以啟發新一代開創思維，培育數碼港創業家以扶植業界實力、帶動創業氛圍，培育數碼港合作夥伴以推動企業踏足國際舞台（表 3-3）。

表 3-3　數碼港對三大策略支柱的具體措施

| 數碼港青年 | 數碼港創業家 | 數碼港合作夥伴 |
|---|---|---|
| ➤ 創科職業實習計劃<br>➤ 電子競技 | ➤ 數碼港大學合作夥伴計劃<br>➤ 數碼港創意微型基金<br>➤ 數碼港培育計劃<br>➤ 數碼港加速器支持計劃<br>➤ 海外及內地市場推廣計劃<br>➤ 數碼港投資創業基金 | ➤ 數碼港協作服務<br>➤ 服務用戶名錄<br>➤ 數碼港加速器支持計劃<br>➤ 數碼港上海代表處<br>➤ 數碼港創業學會 |

資料來源：根據數碼港官網資料整理。

根據數碼港官方網頁的最新資料，數碼港至今已獲得 935 項國際獎項；2020 年獲國家科學技術部認可為「國家級科技企業孵化器」，以表揚其在培育和孵化科技公司方面的成就。[1] 目前，數碼港裡匯聚了超過 1 650 間初創企業和科技公司。

### 2. 科學園以高科技及應用科技為主題推動創科發展

香港科學園（Hong Kong Science Park，簡稱 HKSP）位於香港新界大埔區白石角，面向吐露港，鄰近香港中文大學，由香港科技園公司於 2001 年 5 月正式開始運作，通過加快知識傳輸、培育人才、加速科技創新和商業化進程等方式，以期建立香港的創新和技術生態系統。相比而言，數碼港主攻數碼科技，以金融科技、保險科技、大數據、電子競技、數碼娛樂等應用科技為主。科學園則重點吸引如生物科技、精密工程、機械人技術等深科技的公司（圖 3-1），從圖 3-1 可見，當前科技園園區內的企業主要集中於生物醫藥及醫療保障、能源及環境等行業領域，聚焦於電子技術及傳感器、生物科技、軟件及通訊科技等技術領域。

科學園的運營公司香港科技園公司（HKSTP）是香港特別行政區政府設立的法定機構，於 2001 年 5 月 7 日正式開始運營，由之前的香港工業村公司、香港工業科技中心公司及臨時香港科學園有限公司合併而成，負責科學園的日常運作。

2017 年，香港科技園公司獲得國家科技部授牌為「國家級科技企業孵化器」；2019 年，香港科技園公司榮獲亞洲企業孵化協會「年度最佳孵化器大獎」。根據科學園官方網頁的最新資料，科學園現有 3 家獨角獸企業。科學園的科技和初創企業在過去五年（2016-2021）已由 700 間增至 1 000 間，增幅超過四成，吸引逾 16 000 名創科人才科學園建立一個超過 1 000 名天使投資者、創

---

1 《數碼港 2020/21 年報》，2021 年 9 月 10 日。

圖 3-1　香港科技園園區公司的分類佔比

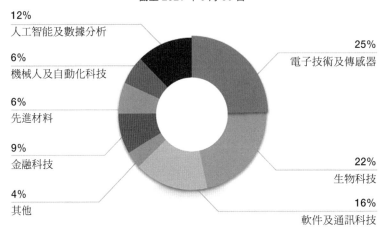

香港科技園園區公司（科技分類）
截至 2021 年 9 月 30 日

12%
人工智能及數據分析

6%
機械人及自動化科技

6%
先進材料

9%
金融科技

4%
其他

25%
電子技術及傳感器

22%
生物科技

16%
軟件及通訊科技

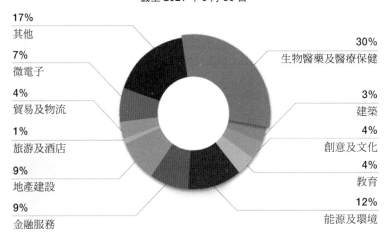

香港科技園園區公司（行業分類）
截至 2021 年 9 月 30 日

17%
其他

7%
微電子

4%
貿易及物流

1%
旅游及酒店

9%
地產建設

9%
金融服務

30%
生物醫藥及醫療保健

3%
建築

4%
創意及文化

4%
教育

12%
能源及環境

資料來源：科學園官方網頁面

投公司、企業創投基金、家族基金和私募基金的龐大國際投資網絡。創科投資氛圍愈趨熾熱，科學園同時運用 2015 年成立的創投基金（亦名為科技企業投資基金），支持剛起步和成長階段的科技初創企業，帶動初創團隊加速成長，並已把投資範圍擴大至 A 輪以後的創科融資，資產管理規模已增長至 6 億港元。香港科技園公司的創投基金至今已投資於 21 間科技公司，園區公司和培育公司自 2018/2019 年度起，三年來已成功籌募 330 億元資金。

**3. 港深創新及科技園推動深港創科合作**

港深創新及科技園位於落馬洲河套區，佔地面積 87 公頃，相當於香港科學園的四倍。2007 年 12 月，深港兩地政府成立了「港深邊界區發展聯合專責小組」，負責統籌與加快推進落馬洲河套地區的規劃及發展研究工作。2008 年 11 月，深港兩地政府簽署了《落馬洲河套地區綜合研究合作協議書》，確定了深港雙方「共同研究、共同開發落馬洲河套地區」的原則。2017 年 1 月，深港兩地政府簽署《關於港深推進落馬洲河套地區共同發展的合作備忘錄》，將共同發展「港深創新及科技園」，建立重點創科研究合作基地，以及相關高等教育、文化創意及其他配套設施，吸引港深兩地及國內外頂尖企業、高等院校和研發機構進駐。

2017 年，香港科技園公司成立全資子公司港深創新及科技園有限公司，全面統籌港深創科園的上蓋建設、管理、維護和營運等工作。港深創新及科技園公司的董事局成員由香港科技園公司委任，10 名董事局成員分別來自學術、公務及商界等不同背景，以各自的專長和經驗引領港深創新及科技園的發展。根據規劃，創科園將優先發展六個科創領域，包括醫療科技、機器人、人工智能等，園內設立「生命健康創新科研中心」，聚焦生命健康領域的科研工作。據報導，港深創科園第一期將會在 2024 年底落成，共建設八座大樓，首期投入使用後估計會有約 5 000 人在園區工作；待整個創科園建成，預計將會有約五萬人在此工作。

相較於數碼港和科學園，港深創科園的一個特點在於園區企業可運用鄰近

內地之便，共享深圳的供應鏈和珠三角的各類生產資源。換言之，地利之便將有助於園區企業同時發揮香港和深圳的創科優勢。

## （三）與內地形成了有效的創新科技合作機制

### 1. 以制度建設營造創新科技合作的常態性機制

回歸以來，在中央政府的推動下，特區政府開始推進與內地建立常態化的合作機制，香港與內地的創新科技合作機制進一步以各類協議、安排的形式強化。藉助粵港合作聯席會議制度，粵港兩地政府開始探討粵港科技合作的措施。2003 年的第六次粵港合作聯席會議整合並成立了 15 個專責小組。其中的高新技術專責小組，負責落實 2004 年展開的「粵港科技合作資助計劃」。2004 年 5 月，《內地與香港成立科技合作委員會協議》在香港簽署，時任國家科技部副部長劉燕華和香港工商及科技局局長曾俊華分別代表中央政府和特區政府簽署協議。委員會的成立，旨在推動香港與內地科研人才交流、合作發展應用研究項目、科技轉移和商品化，以及制訂合作與交流計劃。2007 年 12 月數據顯示，過去 3 年，粵港雙方通過「粵港科技合作資助計劃」共撥款 11.5 億港元，支持逾 400 個研發項目。[1] 為推動創新科技產業發展，2009 年起，特區政府調整創新及科技基金撥款政策，允許「粵港科技合作資助計劃」下獲批的港方項目將最多 50% 的研發工作（及其相關開支）在內地開展，以期為粵港澳科研機構合作加大資源調配的彈性。

2018 年 9 月 20 日，香港特區政府與國家科學技術部在香港簽署兩地關於加強創新科技合作的安排及開展聯合資助研發項目的協議，分別是《內地與香港關於加強創新科技合作的安排》和《科學技術部與香港特別行政區政府創新及科

---

1 〈「粵港科技合作資助計劃」過去 3 年撥款 11.5 億港元〉，新華社，2007 年 12 月 20 日。

技局關於開展聯合資助研發項目的協議》。該安排和其附件將作為未來數年內地與香港共同推動各項創新科技合作的行動指南和綱領，主要在六個範疇推動兩地加強合作，包括科研、平台與基地建設、人才培養、成果轉移轉化及培育創科產業、融入國家發展戰略，以及營造創科氛圍。

近年來，香港與深圳、廣州等地的創新科技合作機制日益強化。例如，2007 年 5 月 21 日，深圳和香港簽署《「深港創新圈」合作協議》。2009 年 3 月，深港兩地政府通過一份《三年行動計劃》，計劃內有 24 個合作項目，合作單位包括深港兩地政府、大學、研發中心和專業團體等。

**2. 創新科技合作從互訪交流發展至有組織有計劃的高端項目合作研發**

回歸前，香港已通過教職與科研人員互訪、講學、舉辦科研講座、交換學報等院校刊物及資源等形式，與內地的大學及科研機構開展學術層面的科技交流。至 90 年代中期，還出現了一些制度化的計劃和合作組織，例如兩地院校及科研機構建立聯合實驗室、研究中心，1996 年 4 月至 1997 年 1 月，中國科學院分別與香港科技大學、香港大學建立了 5 個聯合實驗室和聯合研究中心。[1]

回歸後，在一系列制度安排下，香港與內地科研機構展開了更多實質性的科研合作。2005 至 2013 年期間，香港 6 所大學 —— 香港大學、香港中文大學、香港科技大學、香港城市大學、香港理工大學、香港浸會大學先後獲國家科技部批准與內地合作成立了 16 個國家重點實驗室夥伴實驗室。2012-2015 年，香港應用科技研究院、香港理工大學、香港城市大學、香港科技大學與內地合作成立了 6 所國家工程技術研究中心香港分中心。其中，2012 年，應科院與南京的東南大學合作，成立本港第一所「國家工程技術研究中心」香港分中心。2019 年 1 月底，中國科學院與香港高校成立的兩所聯合實驗室 —— 香港理工

---

1 香港地方志中心：《香港參與國家改革開放志》，第 8 章第 1 節，香港：中華書局有限公司，2021 年。

大學與中科院下轄兩所研究機構 —— 數學與系統科學研究院和廣州地球化學研究所成立聯合實驗室，分別研究應用數學和污染治理；香港城市大學與中科院高能物理研究所成立中子散射科學技術聯合實驗室，提升香港在中子散射領域的發展。

目前，香港大學、香港中文大學、香港浸會大學、香港科技大學等高校已在大灣區已不同形式設立分校並培養人才。2005 年，北京師範大學和香港浸會大學在珠海合作創立了北京師範大學 - 香港浸會大學聯合國際學院，該校設有工商管理學部、文化與創意學部、人文與社會科學學部和理工科技學部 4 個學部 23 個專業方向，招收境內外本科、碩士及博士研究生。2012 年，深圳市政府在深圳全額投資建立了香港大學深圳醫院。2014 年，香港中文大學和深圳大學在深圳合作設立了香港中文大學（深圳）。香港理工大學將在佛山建設分校，該項目已於 2020 年 3 月被列入廣東省發改委發佈的廣東省 2020 年重大建設項目計劃。位於廣州南沙的香港科技大學計劃將於 2022 年開始招生。

## 三、新挑戰新問題

### （一）創新科技研究成果的產業化能力仍顯不足

製造業是創意變現的基礎，也是區域和國家發展的堅實後盾。雖然回歸以來香港的創新科技產業已取得了一系列成果，但若與周邊的深圳相比，其進展仍有待進一步加速，科研產值及帶動其他產業發展的效果亦有待提高。

缺少產業基礎和製造能力，被認為是制約當前香港科技創新事業的重要因素。[1] 香港製造業的空心化問題，致使一些科研成果還停留在試驗室階段，缺少轉

---

1 游玎怡、李芝蘭、王海燕：〈香港在建設粵港澳大灣區國際科技創新中心中的作用〉，《中國科學院院刊》，2020 年第 3 期，頁 331-337。

化平台，無法進行中試生產，更不要說產業化。[1] 由於香港缺乏產業鏈、在製造業北移後出現的「去工業化」和「製造業空心化」，使香港的科研在產品轉化及工業實際應用方面，受到嚴重的制約影響。因此，儘管香港在科創上有不少優秀成果，多年來卻由於種種原因，一直未彰顯經濟效益。而且，香港創新科技產業主要集中在產業鏈的上游，缺少將科研成果進行商品化和產業化的能力和創新生態環境。[2]

一方面，香港的大學或相關科研機構的科研重心偏向學術，欠缺將科研成果商業化和社會化的動力，即使有一些科研成果成功商業化，也往往僅局限於本土市場，難以達到規模化。當前，特區政府對於科研創新上的支持主要投放在學術研究及基礎設施的建設，在論文質素和引用上依然領先，大學學術排名躋身全球前列；但是，政府對企業技術創新投入則相對較少。

另一方面，香港為初創企業提供的孵化及加速發展的支持有限，尚未能滿足初創公司的業務發展需求。再加上申請政府資助的審批過程嚴謹和耗時長，並通常以實報實銷方式提供資助，初創公司及中小企業不太容易得到政府提供的激勵和資助計劃。香港雖具有頂尖科研機構和優秀的人才，但缺乏實際操練的業務場景，難以把學術知識轉化為具商業價值的產品，在人才供給方面，與周邊其他城市相比亦未呈現明顯優勢。[3]

## （二）對本地產業體系升級轉型的支持尚未顯著

總體而言，回歸後香港產業體系轉型升級較為緩慢，新興的創新科技產業

---

1 〈香港科技力量迎來重大發展機遇〉，光明網，2021 年 8 月 20 日。
2 〈經濟日報：香港經濟結構性矛盾亟待破解〉，央廣網，2019 年 9 月 27 日。
3 〈香港作為國際商業樞紐的強弱危機分析：創新及科技中心〉，香港貿易發展局，2020 年 10 月 28 日。

對經濟增長的作用尚不顯著，地區產業結構亦未能在創新科技產業的支持下出現明顯的升級。不僅金融業、貿易物流業和旅遊業未能展現出較為明顯的由於創新科技的支持而產生的發展轉變，製造業亦尚未被創新科技推動進入以知識和技術為主的發展模式。

經濟高度服務化、服務經濟虛擬化、高度依賴房地產業、產業升級緩慢等問題，造成了香港產業結構上的「偏科」。製造業空心化導致創新科技產業缺少產業基礎科技製造發展受限。

根據政府統計處的數字，香港 2019 年創新及科技產業增加值只有 234 億港元，僅佔本地 GDP 的 0.86%；深圳 2019 年戰略性新興產業增加值多達 10 156 億人民幣，約為香港的 50 倍，佔 GDP 比重高達 37.7%。[1] 近 10 年來，香港創新科技產業產值平均增速為 6.99%，2019 年產值相較於 2008 年翻了一倍，但其經濟貢獻仍較為有限（表 3-4）。

表 3-4　香港十大行業的產值年均增速與經濟貢獻率（2008-2019）

| 行業 | 金融服務 | 旅遊 | 貿易及物流 | 專業服務及其他工商業支援 |
|---|---|---|---|---|
| 產值年均增速 | 6.97% | 7.46% | 2.45% | 4.62% |
| 經濟貢獻率 | 26.75% | 4.74% | 11.13% | 11.19% |

| 行業 | 文化及創意產業 | 醫療產業 | 教育產業 | 創新科技產業 | 檢測及認證產業 | 環保產業 |
|---|---|---|---|---|---|---|
| 產值年均增速 | 5.63% | 8.09% | 7.97% | 6.99% | 4.55% | 8.13% |
| 經濟貢獻率 | 4.60% | 2.60% | 1.84% | 1.08% | 0.25% | 0.50% |

資料來源：根據 2008 年以來《香港統計月刊》數據計算。

---

1　〈香港經濟再一次騰飛必須依靠誰？〉，南方網，2021 月 11 月 2 日。

## （三）創新生態環境有待進一步提升

國際經驗表明，地區的創新生態環境對於創新科技產業發展具有極其重要的影響。香港當前的創新生態環境中，科研人才隊伍的規模和服務於創新科技的風險投資體系仍有待提升。

前已述及，香港集聚了世界一流的高校以及一批高水平的科研人才，但若從香港高校學生在專業學科選擇、就業和創業等一系列現象的分析可以發現，香港存在創新產出效率水平低、難以留住科技人才等問題。一方面，從人才規模來看，2020 年香港研發人員總數（以相當於全日制的人數計算）為 36 106 人，其中 60% 的研發人員在高等教育機構工作，37% 的研發人員任職於工商機構，其餘則在政府部門工作。[1] 就此規模而言，當前香港研究人員數量遠不不能滿足於國際科技創新中心的建設需要。另一方面，從人才結構來看，高科技產業的發展依靠多種類型人才的共同運作，香港的人才精英大多集中在金融、法律、醫學等專業服務行業，而創新科技產業發展所最緊缺的工程技術人員和高科技研發人員仍然不足。究其原因，人才結構的問題與就業市場的薪酬有着密切關係。根據香港大學教育資助委員會 2020 年 1 月更新的畢業生薪酬調查顯示，香港醫科、牙科及護理科畢業生的平均月薪高達 38 500 港元，比工程科、科技科、理學科平均約 19 000 港元的月薪，高出接近一倍。[2]

風險投資對創新科技企業，尤其是處在初創期和早期階段的創新科技企業有着重要的作用，是科研成果轉化的重要助推器。作為全球領先的國際金融中心，香港的風險投資生態系統尚不成熟。在 2018 年畢馬威中國和阿里巴巴香港創業者基金展開的《以創業家精神推動香港轉型》調查中，70% 的受訪創業者

---

1　香港政府統計處：《2020 年香港創新活動統計》。

2　〈破解香港本地科創人才斷層 商湯科技牽頭成立大灣區 AI 發展中心〉，21 世紀經濟報道，2021 年 3 月 31 日。

表示其資金來自個人儲蓄，越來越多的創業者期望在三年內使用其他外源融資渠道，如銀行貸款、天使投資、眾籌、政府資助和私募股權。[1]而在 2020 年度的調查研究中，大部分受訪創業者仍然依賴非正式的資金來源，在沒有接受政府資助的受訪創業者當中，35％的認為繁瑣的申請流程是主要障礙。[2]此外，當前內地與香港之間科技創新創業融資的管道還未打通，內地資金到香港投資科創企業仍存在障礙。[3]

## 四、新機遇新思路

### （一）發展的新機遇

#### 1. 粵港澳大灣區建設

粵港澳大灣區（以下簡稱大灣區）建設是習近平總書記親自謀劃、親自部署、親自推動的國家戰略。大灣區建設為粵港澳合作提供了新的機遇，亦為香港深化與內地的合作打開了機遇之門。

大灣區概念的提出，與「一帶一路」倡議密切相關。根據《粵港澳大灣區發展規劃綱要》，建設粵港澳大灣區是新時代推動全面開放新格局的新嘗試，扎實推進「一帶一路」建設，是推動形成全面開放新格局的主要任務之一。「一帶一路」建設搭建了全球經濟開放合作的新平台，與「一帶一路」沿線國家的經貿聯繫為大灣區的企業發展提供了新空間與機遇，大灣區作為「一帶一路」尤其是海

---

1 畢馬威中國與阿里巴巴香港創業者基金：〈創業家精神是香港打造創科樞紐的關鍵〉，2018 年 7 月 23 日。

2 畢馬威中國與阿里巴巴香港創業者基金：〈以創業家精神推動香港轉型〉報告，2022 年第 3 期。

3 〈蔡冠深常委攜 12 份提案上會 建言開通內地與香港科創風險投資管道〉，人民網，2022 年 3 月 6 日。

上絲綢之路上的樞紐節點，將在參與「一帶一路」建設中獲得新的發展驅動力。大灣區作為「一帶一路」建設與國際對接的重要平台，其建設上升為國家戰略，為歷史悠久的粵港澳合作開啟了新的篇章，也為該區域的發展明確了方向。

建設國際科技創新中心是粵港澳大灣區建設的戰略定位之一，大力發展科技創新產業是當前大灣區各大城市的共識，亦是香港經濟發展的迫切需求。因此，作為國家戰略的粵港澳大灣區建設不僅為港澳繼續發揮獨特優勢提供舞台，還為香港的創新科技產業發展提供了新的發展空間與機遇。

### 2. 金融科技

當前，金融科技發展蓬勃，區塊鏈、大數據、人工智能等技術的應用，將引發金融服務的變革。2016 年，香港金融管理局成立金融科技促進辦公室推動金融科技的發展，香港金融科技行業近年呈現大幅增長。香港的金融科技初創企業數目由 2016 年的 138 家增至 2020 年的 468 家，增加超過 3 倍。在《2021 年全球金融科技生態系統排名》（Global Fintech Ecosystem Rankings 2021）中，香港是亞洲排名最前的金融科技城市。截至 2022 年 3 月，已有 8 家虛擬銀行、4 家虛擬保險公司和 1 個虛擬資產交易平台獲授權於香港營運。[1]

香港作為國際金融中心，信息及通信科技領域發展成熟，加上有利初創企業的生態系統日益完善，根據發展規劃，金融科技將是提升香港未來國際金融、航運、貿易中心地位的重要路徑。在金融科技強化香港的全球離岸人民幣業務樞紐、國際資產管理中心、風險管理中心等功能的過程中，亦為香港創新科技產業發展提供了新契機。

---

1 〈金融科技發展：全球概況〉，香港貿易發展局，2022 年 4 月 28 日。

（二）發展的新思路

### 1. 增強與粵港澳大灣區各城市的創新科技合作

增強與大灣區內各城市，尤其是深圳、廣州的創新科技合作，將有助於香港創新科技發展。

首先，建議通過強化制度保障，制定促進香港與大灣區內資金、人才、科研設備等科創要素便捷流動的政策，為香港科創與大灣區乃至內地的科研機構開展合作掃除制度性障礙。其次，建議推動香港企業、大學和研究機構與大灣區建立實質性的科技創新聯繫，例如合作申請專利、就某個產業開展共同的研發、聯合培養研究生等，使科研機構和科研人員通過融入粵港澳大灣區建設獲得發展新空間。再次，善用自身獨特優勢與大灣區的城市合作，打造「科技創新聯繫人」的角色。運用香港對國際人才的吸引力，配合粵港澳大灣區宜居宜業宜遊的優質生活圈，提升粵港澳大灣區對國際科技人才的吸引力。

### 2. 配合再工業化策略推動創新科技製造業的發展

香港「再工業化」是一場以科技創新為主題、以新技術及智能生產為基礎的先進製造業革命。2021 年的施政報告中確指出，要在已有創新及科技局基礎上成立創新科技及工業局，以科技創新帶動香港「再工業化」發展。[1]

首先，再工業化的推進中要充分利用區域合作提供的便利，通過合作增加「再工業化」在創新科技中所佔的份額。例如，在生物醫藥產業領域，香港可與內地尤其是深圳進行研發、製造等環節的合作，提高「再工業化」在醫藥製造中的份額和比重。其次，通過加快數字化技術在「再工業化」中的運用，鞏固香港人工智能化、機械人研發、數據分析等方面的優勢，結合新型基礎設施建設的趨勢，積極探索高增值生產的新領域。再次，應該繼續完善香港數字經濟基礎設施

---

1 林鄭月娥：《齊心同行，開創未來》（香港特區行政長官施政報告），2021 年 10 月。

建設，打造覆蓋全港製造業行業的數字化生產鏈，同時加大政策、資金、人才、信息等方面支持力度，多項舉措共同助推製造業數字化進程。

### 3. 充分發揮重大平台的作用形成創新科技發展的新增長極

一方面，依託香港本地以及目前正在推進建設的各類合作區域，例如港深創科園、新田科技城、廣東自貿區、前海深港現代服務業示範區、東莞松山湖國際機器人產業基地等，開展本地或跨境的創科生態鏈的新發展模式探索，打造香港創新科技發展的新增長極。在此過程中，注重創新科技發展與香港本地金融科技發展的關聯，以創新科技產業帶動金融業的升級。

另一方面，完善本地的科學園、數碼港等已有創新科技企業集聚平台的基礎，擴大香港在國際的創新科技影響力，開展更廣泛的國際合作，打造香港作為國際科技創新中心的形象。

第四章

# 做強門戶所長
# 服務國家所需

◎ 朱羿錕　張盼

從自由貿易港到國際金融中心、國際貿易中心、國際航運中心，回歸 25 年來香港特區作為門戶樞紐可謂有位亦有為，以門戶所長回應國家之所需越多，其獨特性就越閃耀，國際競爭優勢就越強大。未來，融入國家雙循環新發展格局，參與「一帶一路」建設，特區自應更有擔當，更有作為。

## 一、協力撬動世界市場

香港位於中國東南，珠江口以東，擁有天然的深水港，扼東西方航運之要衝，自由貿易港早已蜚聲中外。回歸 25 年來，香港特區在經濟領域享有高度自治權，因應時代的變化，審時度勢，適時調整其角色定位，同時擁抱中國市場和全球市場的優勢，主動作為，積極作為，善於作為，自由貿易港贏得了長足的發展。從 1997 年到 2019 年，境外訪客量增長了 5 倍，如以 2018 年巔峰期計則達到 5.8 倍，年均增速 8.2%。1997-2020 年，香港貨物貿易和服務貿易分別增長了 2.6 倍和 1.6 倍，港口貨物吞吐量增長了 1.5 倍（表 4-1）。承繼香港貨櫃吞吐量自 1987 年以來雄冠全球的優勢，連續 15 年蟬聯全球首位，回歸之後的 1997 年到 2004 年仍維持這樣的輝煌業績，8 年之中就有 7 個年度位居全球榜首。內地改革開放之後，面對迅速崛起的上海、深圳、寧波等新秀，香港仍穩坐全球港口吞吐量前 5 位，遠超同享「紐倫港」美譽的紐約和倫敦。倫敦從未進入過全球前 10，紐約僅 1987 年位列全球第 5 位，隨後逐級下跌並跌出前 10 位。可見，香港作為自由貿易港的金字招牌愈來愈閃亮，「唱空論」、「唱衰論」及所謂「死港」、「臭港」的抹黑論調不值一駁。

表 4-1　香港訪客與貿易增長（1997-2020）

| | 境外訪客<br>（**1997-2019**） | 商品貿易 | 服務貿易 | 貨物吞吐量 | 貨櫃吞吐量 |
|---|---|---|---|---|---|
| 增幅（%） | 500 | 260 | 160 | 150 | 130 |
| 年度增速均值（%） | 8.2 | 4.7 | 2.8 | 2 | 1.5 |

資料來源：根據港府統計處報告整理。

　　作為自由貿易港，回歸以來的香港能取得如此成就殊為不易。一是直接面對內地眾多口岸強勢崛起帶來的競爭。2010 年以來，上海港吞吐量躍居全球榜首，全球前 5 名之中的第 3 位和第 4 位分別是內地近年來強勢崛起的深圳港和寧波港（圖 4-1）。而新加坡自 2010 年起持續位居全球第 2 名，東亞和東南亞港口強手林立，競爭之激烈可見一斑。二是伴隨內地近 40 年的高速發展，香港回歸以來在國內的相對地位一降再降。以貨物貿易額而言，香港的貨物貿易額 1997 年和 1998 年都是超過內地的，香港貨物貿易額／內地貨物貿易額佔比分別為 123.47%、111.63%，1999 年起內地貨物貿易額開始超越香港，香港貨

圖 4-1　世界貨櫃港口吞吐量 1987-2017 年排名

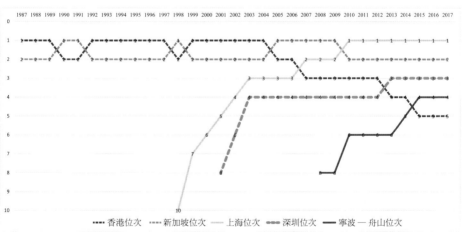

資料來源：根據《香港參與國家改革開放志》整理。

圖 4-2　香港與內地相對地位（GDP、貿易額佔比）變遷（1997-2020）

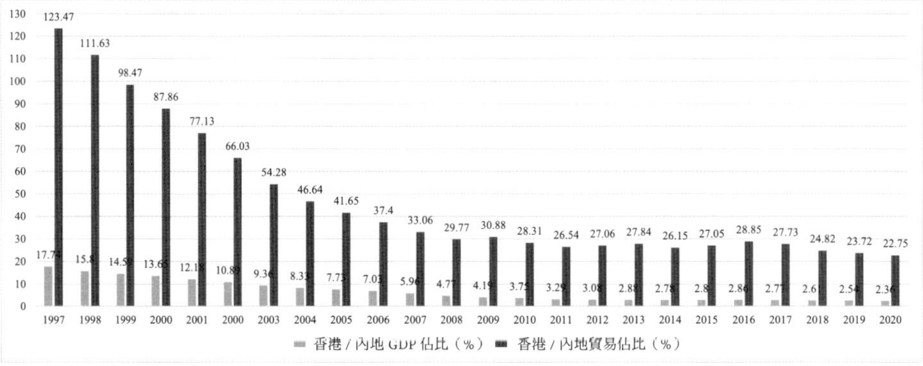

資料來源：根據 IMF 數據整理。

物貿易額 / 內地貨物貿易額佔比首次變為 98.47%，此後一路下滑，分別於 2004
年、2009 年、2018 年跌破 50%、30% 和 25% 這三個關口，分別僅為 46.64%、
29.77% 和 24.82%（圖 4-2）。至於反映經濟規模的 GDP，內地改革開放之後經
濟快速發展，香港 / 內地 GDP 的比值也是一路走低。1997 年，香港 / 內地 GDP
的比值為 17.74%，1999 年、2003 年、2008 年、2013 年分別跌破 15%、10%、
5% 和 3% 等關口，及至 2020 年和 2021 年分別僅為 2.36% 和 2.1%。

　　面對如此嚴峻的競爭態勢，香港特區究竟是如何鞏固自由貿易港地位的
呢？究竟是如何贏得長足發展的呢？一是「一國兩制」方針賦予香港特區經濟領
域的高度自治。依據香港基本法第 112 條至 117 條，香港特區保持自由貿易港
地位，除非法律另有規定，不徵收關稅；特區為單獨關稅區，所取得的和以前取
得仍然繼續有效的出口配額、關稅優惠和達成的其他類似安排全歸特區享有；特
區實行自由貿易政策，保障貨物、無形財產和資本自由流動；特區可根據當時的
產地規則對產品簽發原產地證。凡此種種，顯然是為了維持其獨特性，不是任
何意義上的「內地化」。二是特區善於作為，善為中國和世界市場的「超級聯繫
人」。概括起來，就是「三長一共」，即長於打造高端航運服務，長於將國際資

金引入內地，長於將「中國製造」推向世界，共享中國高速發展的紅利。也就是說，回歸 25 年來香港特區持續做強其所長，持續發揮其所長，服務國家之所需，為內地撬動世界市場，助力中國躋身於全球貿易大國之列，香港自由貿易港也在激烈的國內外競爭中贏得了較大的發展，港人獲得感倍增。下面就分別闡述「三長一共」。

首先來看高端航運服務之長。回歸後，特區政府 1998 年 6 月就成立了「香港港口及航運局」，取代此前的「香港港口發展局」，着手高端航運服務產業佈局，推動從中低端港口轉運向高端港口航運服務的業務轉型，加強航運競爭力。2003 年，CEPA 大大促進了香港貨運服務業的發展。2000 年代中期起，內地港口發展迅速，2007 年上海貨櫃吞吐量首次超越香港，躍居全球第二，2010 年進一步躍升為全球第一。對此，國家旗幟鮮明地支持、鞏固和提升香港國際貿易中心、國際航運中心的地位。2011 年，國家「十二五」規劃明確，支持香港發展高價值貨物存貨管理及區域分銷中心，鞏固其國際航運中心的地位。2014 年 3 月，配合國家「十三五」規劃進行前期研究工作時，香港提出「加強與內地合作，提升香港國際航運中心地位」。

高增值專業海運服務業發展成熟，形成了海運服務業群，尤為引人注目。2016 年，全港約 280 家公司提供船務代理和船舶管理服務；70 家公司提供船舶經紀服務，88 家保險公司提供船舶保險服務。在國際保障與補償組織的 13 個成員協會中，12 個在香港設辦事處，成為倫敦之外最大服務群組。2016 年 10 月 24 日，國際海上保險聯盟在港設立亞洲中心，成為聯盟在德國總部之外的第一個分支機構，促進了海上保險在亞太地區的發展。2017 年，在港運營航線的國際海運公司 50 多家，每週 320 多個航班，目的地遍及 470 個港口；800 多家與海運服務相關公司在港營業，提供船隻管理、船務經紀、船舶租賃、海事保險及法律仲裁等服務。中國國際經濟貿易仲裁委員會於 2012 年 9 月在港設立仲裁中心；2014 年 11 月，中國海事仲裁委員會在港設立首個內地之外的仲裁中心，協

助香港處理內地及海外航運仲裁事務。2015 年 1 月，總部設於荷蘭海牙的常設仲裁法院與中央政府簽訂東道國協議，與特區政府訂立相關行政安排備忘錄，確保常設仲裁法院負責管理的仲裁可在香港進行，包括國家與投資者之間的仲裁。2015 年 11 月 19 日，香港國際仲裁中心（HKIAC）在上海自貿區設立內地首個境外仲裁代表處。及至 2017 年，香港港口處理 2 077 萬標準貨櫃，轉運量佔比為 71.2%（圖 4-3）。全港船舶數量為 2 545 艘，註冊噸位超過 1.81 萬載重噸，佔全球份額 2.7%，位居全球第 4 位；香港船東旗下的船隊佔全球商船載重噸位的 3%，位居全球第 8 位。如計入香港船東管理及擁有的 2 100 多艘船舶，載重噸位佔約全球商船的 10%。及至 2020 年，香港港口貨櫃轉運量高達 73.8%，轉運內地的貨櫃達到 39.7%，接近四成，如此成熟的高端航運服務便是最好的註腳。

其次，引入國際資本之長。40 年前改革開放的號角吹響神州大地時，港商大規模組團到內地投資建廠，為內地外貿經濟和輕工業的蓬勃發展帶來了「第一

圖 4-3　香港貨物國際轉運、香港與內地轉口貨值佔比（1998-2017 年）

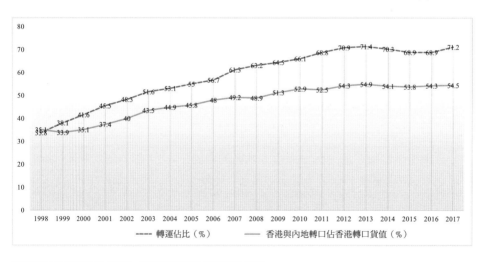

資料來源：根據港府統計處報告、《香港參與國家改革開放志》整理。

桶金」。從 1997 年到 2021 年，港資一直是內地最大的 FDI（境外直接投資），引資規模逐年攀升，從 1997 年 206.32 億美元升至 2021 年 1 057.9 億美元，增長了 5.1 倍，年均值為 519.2 億美元。就其佔內地使用外商直接投資的比例而言，亦呈上升之勢，1997 年佔比為 45.6%，2021 年升至 70.8%，年均值為 49.14%，近五成的外資都是港資。2017 年起，內地就穩居全球 FDI 流入量的第 2 名。當然，港資所帶來不僅僅是資金，還有先進的技術和管理經驗。中國贏得 40 多年的高速發展。「世界工廠」享譽全球，港資貢獻不言而喻！更難得的是，內地和香港還形成了資本的良性互動，內地也成為香港特區最大直接投資來源地。2015-2018 年，香港特區的 FDI 流入位居全球第 3 或第 4 位，2019 年跌至第 7 位。2018 年，FDI 流入香港 9 022 億港元，新加坡才 6 056 億港元。內地乃是香港 FDI 最大來源地，佔比 33%，遠高於位居第二和第三的英屬維京群島和開曼群島，佔比分別為 22%、11%，英國僅佔 10%，美國僅區區 3%。

　　再次，助力「中國製造」全球推廣之長。一是 1999 年起內地貨物貿易總額

圖 4-4　港商在內地 FDI 投資情況（1997-2021）

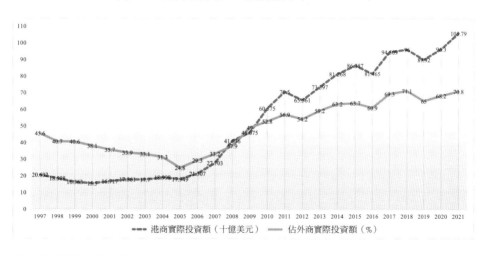

資料來源：根據港府統計處報告整理。

圖 4-5　香港與內地經貿往來（1997-2020）

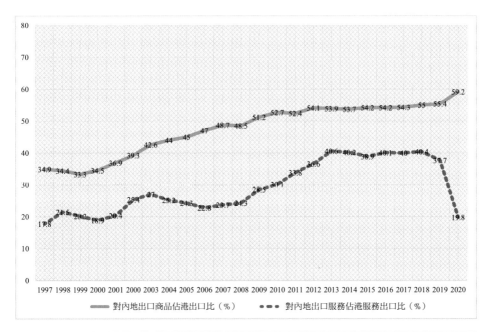

對內地出口商品佔港出口比（%）　　對內地出口服務佔港服務出口比（%）

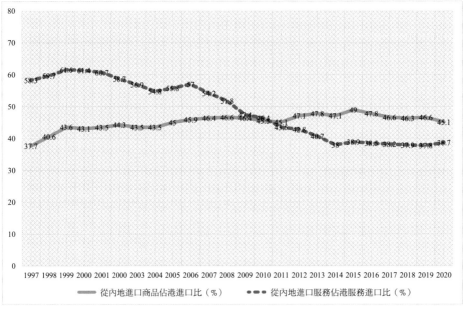

從內地進口商品佔港進口比（%）　　從內地進口服務佔港服務進口比（%）

就超過了香港，並逐步成為全球最大貿易國。而港資佔據外資近比半壁江山，內地對外貿易總額本來就有港資為內地行銷全球的較大份額。二是就香港轉運貿易而言，1998-2020 年，香港港口貨櫃轉運量的年均值為 60.2%，其中轉運內地為 38%。就內地而言，美國是內地對外最大貿易地區，總比佔為 19%；香港位居第 2，佔內地對外貿易總額的 14%，對日本、韓國和德國的貿易總和才勉強達到對港貿易的水平，香港渠道對於行銷「中國製造」貨物的重要性不言而喻。站在香港的視角，無論是從內地進口還是對內地出口，均為其最大來源地。1997-2021 年，香港從內地進口和出口貨物佔香港進口和出口貨物總額比例的年均值分別為 45.2% 和 47.5%，從內地進口和出口服務佔香港進口和出口服務總額比例的年均值分別為 49.2% 和 29.1%（圖 4-5）。相應地，內地與香港人員往來也是最密切的，香港特區的境外訪客最大來源地就是內地。1997-2020 年，內地訪客佔香港特區境外訪客總數比例年均值達到 58.2%，超過半壁江山，2018 年和 2019 年佔比更是高達 78.3%（圖 4-6）。

圖 4-6　香港與內地人員往來（1997-2020）

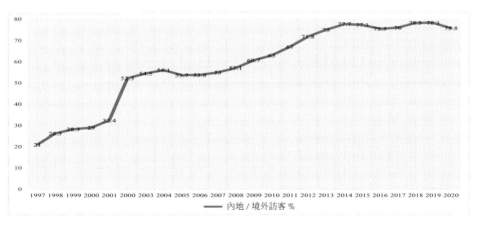

資料來源：根據港府統計處報告整理。

香港何以能為內地撬動世界市場？何以能為內地貨物贏得巨大的轉圜空間？蓋因「一國兩制」下香港享有的自由貿易港地位和自由貿易政策。當初，即使在中國加入 WTO 後，仍「缺席」眾多更自由、更開放的貿易協定，內地即便在 WTO 體系中亦遭遇較高的關稅、受限制的進口配額等問題困擾。而香港早在 1986 年就加入關貿總協定，關稅接近於零。作為眾多國際貿易條約的成員，出口貨物能夠獲得遠優於內地貨物的配額和稅率。基於此，內地貨物經香港中轉，以香港貨物進行出口，就能事實上繞過部分發達經濟體對內地貨物進出口的不合理限制，減輕直接出口的稅負，並合法地規避不必要的貿易限制。2018 年，香港從內地進口貨物 2 743.6 億美元，除少量供港人消費，大部分即為轉口貨物，亦即香港 5 692.4 億美元的出口額中有大半是內地產品「借道」出口。不難想像，世界第二大經濟體的七分之一強貨物經由香港出口至全球市場，作為合法、合理規避貿易壁壘的透明通道，香港特區的優勢不可替代。

最後，就是共享內地高速發展的紅利。香港以「三長」助力內地撬動世界市場，貿易及物流業的持續發展就是最直接的紅利。1998 年，香港貿易及物流產業增加值佔 GDP 的份額為 23.7%，2003 年巔峰時期達到 27.9%，及至 2019 年仍維持 19.8% 的份額，遠高於專業服務及其他工商業支援服務的 11.9%，更是數倍於旅遊業的 3.6%。與金融業相比，貿易及物流業對 GDP 的貢獻份額雖低於金融業的 21.2%（2019），但吸納就業能力顯然更強。2017 年，作為四大支柱產業之一的貿易及物流業為香港貢獻了 22% 的 GDP，直接產生近 72.75 萬個工作崗位。相對於全港 390 萬勞動人口，貿易及物流業吸納就業的貢獻功莫大焉！不僅如此，改革開放以來港商通過合資、合作和獨資的方式進入內地，其份額佔據了外商投資的半壁江山，規模愈來愈大，涉足產業行業愈來愈寬廣。中國高速發展的 40 多年，就是這些港資獲得豐厚回報的時期。姑且不論獨資，基於合資、合作方式，港商亦可按照合作協議以及合資企業、合作企業的章程按章分配紅利。如果說改革開放初期香港主要是擔當轉口港的角色，協助內地出口貨物，

分享之紅利主要體現在本地貿易及物流業發展。2001年，中國加入了WTO，港商不僅助力內地與世界接軌，亦因應內地對外開放服務業市場，不斷拓展內地市場，尤其是珠三角地區的生產服務業，進一步拓寬了香港服務業的市場空間。2013年開始，香港角色再定位為融入國家發展大局，合作發展，搭上內地高質量發展的快車。這樣，香港之所長及用武之地愈來愈寬廣，分享中國發展紅利的路子越走越寬，紅利自然也會愈來愈多！

## 二、肩負離岸融資主力

回歸之後，香港國際金融中心的地位是否保持？是否真的滑落為「唱空論」、「唱衰論」所謂的「死港」、「臭港」？25年來，香港資本市場交出了最閃耀的答卷，資本市場的「兩制」貨真價實，切實可行，堪稱「一國兩制」的典範！無論是在高手林立的國際競爭中的橫向比較，還是縱觀25年的發展歷程，香港資本市場更好了，都是不爭的事實。

表4-2　回歸以來香港的資本市場發展

|  | 上市公司數量 | 證券市值 | 融資額 |
|---|---|---|---|
| 增幅（%） | 390 | 1 320 | 310 |
| 年增速均值（%） | 6.2 | 14.9 | 37.9 |

資料來源：根據港交所報告整理。

就國際聲譽而言，2010-2021年，香港在全球金融中心指數排行榜上穩居全球第3位，惟2020年短暫滑至第5位，與紐約和倫敦並駕齊驅，享有「紐倫港」的美譽。融資無疑是資本市場的核心功能，香港資本市場是全球最活躍的IPO市場之一，融資能力引領全球，多次登頂全球IPO融資總額之首，2009、2010、2011、2015、2016、2018、2019等7個年度IPO總額高居全球榜首。

香港資本市場不僅滿足傳統行業的融資需求，還於 2018 年推動上市新規，呼應新經濟行業的需要，業已成為亞洲最大、全球第二大生物科技融資中心，是內地和海外的生物科技公司的首選上市地，上市效率高，成本低廉。縱觀香港資本市場 25 年發展歷程，從 1997 到 2021 年，上市公司數量、證券市值、融資數額分別增長了 3.9 倍、13.2 倍和 3.1 倍，年均增長率均值分別達到 6.2%、14.9% 和 37.9%（表 4-2）。上市公司數量而言，從 1997 年的 658 家增長到 2021 年的 2 572 家，1997 年、2000 年、2002 年等 3 個年度增速超過 10%，分別為 12.9%、11.6% 和 12.8%。就證券市值而言，從 1997 年的 32 026.3 億港元增長到 2021 年的 423 811 億港元，1999 年、2003 年、2006 年、2007 年、2009 年等 5 個年度增速均高達 50%，分別為 77.6%、53.9%、63.3%、55%、73.3%。至於融資額，從 1997 年年度融資額 2 475.8 億港元增長到 2021 年的 7 707.3 億港元，1997 年、1999 年、2000 年、2003 年、2014 年等 5 個年度增速均超過 100%，分別高達 147.5%、287.2%、204.7%、106.2% 和 150%。

表 4-3　內地赴港上市公司數量、市值和融資增長情況（%）

| | 上市公司 | 證券市值 | 融資額 |
|---|---|---|---|
| 內地赴港上市公司數量、市值與融資額增幅（2003-2021） | 549.4 | 1 990.5 | 228.2 |
| 內地赴港上市公司數量、市值與融資額佔港股份額均值（2008-2021） | 42.7 | 58.3 | 67.1 |

資料來源：根據港交所報告整理。

　　香港特區僅為 1 100 平方公里、700 多萬人口的小型經濟體，何以在高手林立的嚴峻國際競爭之中立足？究竟什麼是其克敵制勝的法寶呢？歸根結底，就是以「兩制」所賦予資本市場的高度自治空間，秉持「立足中國、連接全球、擁抱科技」的核心理念，同時擁抱中國和世界，極大地拓展了其用武之地。這樣，香港資本市場不僅是香港特區本地經濟的晴雨錶，亦是內地經濟的晴雨錶。回歸

25 年來，內地赴港上市公司在港交所份額越來越大，顯示度越來越高。1993 年開始，內地企業首次在港融資，截至 2021 年累積融資額已達 79 492 億港元。從 2003 年到 2021 年，內地赴港上市公司數量、證券市值和融資額分別增長了 5.5 倍、19.9 倍和 2.28 倍（表 4-3），均高於同期港交所市場整體的增長幅度。就上市公司數量而言，從 1997 年 98 家增長到 2021 年 1 368 家，增幅高達 14 倍。2009 年和 2016 年，內地赴港上市公司總數分別突破 500 家和 1 000 家大關，分別達到 524 家和 1 002 家，2020 年新冠疫情下仍保持良好增長勢頭。從 2008 年到 2021 年，赴港上市公司數量佔港交所上市公司份額均值達到 42.7%，2014 年以來 8 個年度絕大多數均超過 50%，佔港交所上市公司半壁江山以上，2017 和 2018 年的份額分別為 49.6% 和 49.5%，也近乎半壁江山。至於內地赴港上市公司的證券市值，從 2003 年的 16 796 億元增長到 2021 年的 334 337.6 億港元，佔港交所證券總市值的份額均值已經超過半壁江山，高達 58.3%。2020 年更是達到 80.1% 巔峰，2021 年為 78.9%，僅 2003-2005 年低於 50%，分別為 30.7%、30.5% 和 39.3%，其餘年度內地上市公司佔港交所份額均在 50% 之上。至於融資額，內地赴港上市公司更是主力軍！2008-2021 年，內地上市公司年度融資額從 2008 年的 2 870 億港元增長到 2021 年 6 549 億港元，佔港交所融資總數的份額遠超半壁江山，均值高達 67.1%。2013 年、2018 年、2020 年和 2021 年等 4 個年度其份額均超過了 80%，分別達到 82.4%、82%、88.1% 和 85%。2019 年亦趨近八成，為 79.5%，2012 年也達到 70.6%。與海外其他渠道相比，香港無疑是內地企業境外最大的融資引擎！赴港上市公司的市值大概為 6.3 萬億美元，佔全部海外中資股總市值的 80%，美國緊隨其後排名第二，佔全部的 16%，在新加坡、倫敦、法蘭克福、多倫多等地有部分上市中國企業，但數量和規模較小。2021 年，內地企業境外上市融資中，通過香港融資佔比在 75% 左

右，通過美國融資佔比 20% 左右。[1] 不難看出，香港特區資本市場服務內地企業融資發展、創新創業，乃是貨真價實的，有作為，亦善作為。

以香港資本市場之所長，服務內地企業創新發展和融資需求，無疑是增強港交所核心競爭力的「利器」。正是通過同時擁抱內地企業和國際資本兩大優勢，香港資本市場贏得了愈來愈寬廣的生存空間，國際金融中心的金字招牌也越擦越閃耀！「十三五」期間，香港金融業年均增速達 4.2%，對香港 GDP 貢獻度超過 100%。2018 年及之前，貿易及物流業作為傳統優勢產業在 GDP 的份額佔比向來高於金融業，2019 年開始金融業就超越貿易及物流業，其 GDP 佔比達到 21.2%，貿易物流業位居其次，下滑到 19.8%。1986 年以來，港交所 IPO 融資額排名前十公司中內地佔 8 席；恒生指數納入的 50 隻股票中 27 隻為內地公司（佔比 54%），而 1997 年僅 3 隻。2006 年恒指納入首隻 H 股時，整個恒指中才 11 家內地公司。港交所對內地公司的吸引力何在？香港資本市場究竟有哪些競爭優勢？歸結起來，可概括為「四強」，港交所以「四強」之長，即市場化機制之強、對大中型國有企業、民營企業和新經濟企業針對性強，贏得國際資本的青睞，亦成為內地企業離岸融資的首選。

首先來看港交所的市場化運行機制。一是港交所不對行業及股權結構作嚴格要求，任何公司均被歡迎上市，申請能否成功視市場及全球投資者的接納程度而定，並根據行業前景與公司基本情況等因素，公正評估公司及 IPO 價值。二是港交所 IPO 估值主要受市場控制，影響因素包括公司基本情況、行業因素和市場現況，2018 年上市新規允許創新行業的新興經濟公司上市。三是上市規則明晰、申請處理效率高、IPO 時間相對明確。只需將申請（連同 IPO）提交港交所上市科，審理後報經上市委員會批准即可，香港證監會僅保留把關權。港交

---

1　李彤：〈關於香港承接在美中概股回流的可行性研究〉，《紫荊論壇》，2022 年第 5-6 月號，頁 18-27。

所上市科一般對上市申請審理作出服務承諾，資料備妥即可預估申請審批及 IPO 所需時間。首次上市 6 個月後，亦可申請股份 / 證券發售。而內地資本市場雖已經推行註冊制，但尚處於探索階段，審批制和核准制的慣性尚存，上市效率難與港交所匹敵。四是香港投資者具有較強的國際性和更高的投資素養，多由專業中介提供技術支撐。與內地資本市場的外資低參與度不同，港交所充分匯聚對內地經濟、產業基礎、行業特性有充分了解的專業人士、中介服務商及全球資本，亦擁有更強勁的全球投資者基礎，能滿足企業對國際資本和全球品牌效應的需求。這樣，港交所成為內地企業最主要的離岸上市地和集資中心，處於內地金融市場競爭劣勢的民營企業更青睞香港離岸融資，及時高效地獲取企業創新創業的融資支持。

其次是針對大中型國有企業上市融資渠道較多。國有企業可選擇以紅籌股和 H 股兩種形式赴港上市。比較而言，H 股是直接上市，愈來愈受到國有企業青睞，無論是證券市值還是融資額，H 股均實現了對紅籌股的超越（圖 4-7 和圖 4-8）。就證券市值而言，2003-2020 年紅籌股從 11 977.7 億港元增長到 45 054.2 億港元，H 股則從 4 081.8 億港元增長到 67 021.2 億港元。2006 年起，H 股的市值就超越了紅籌股。從其市值在內地赴港上市公司總市值的份額來看，紅籌股從最初的絕對領先優勢一路下滑，從 2003 年 71.3% 下降到 2020 年僅 11.8%，H 股也處於下滑態勢，主要是民營企業的崛起，從 24.3% 下滑到 17.6%，顯然下滑幅度較小，自 2006 年超越紅籌股，其絕對份額就一直高於紅籌股。融資額的走勢亦然，從 2008 年到 2020 年，紅籌股年度融資額從 2 238 億港元下滑到 288.6 億港元，其在內地赴港上市公司融資總額的佔比也從 78% 下降到區區的 4%。H 股融資絕對數在增加，相對份額也企穩，融資額從 341.1 億港元增長到 944.9 億港元，其間沒有任何年度 H 股融資額低於 2003 年，其佔赴港上市公司融資總額的比重從 11.9% 增長到 14.4%。可見，H 股逐漸成為國有企業赴港融資的主渠道。

圖 4-7　港股市場中內地上市公司市值佔比的變遷（2003-2020）

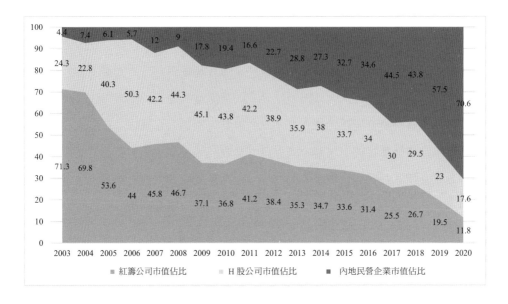

圖 4-8　港股市場中內地上市公司融資額佔比的變遷（2008-2020）

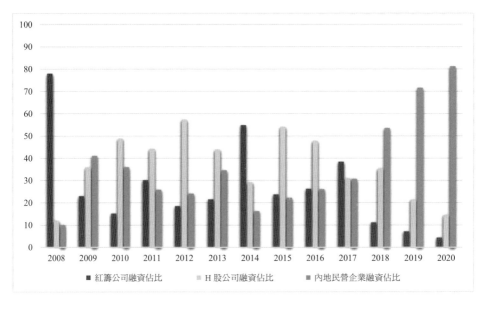

資料來源：根據港交所報告整理。

紅籌股而言，1997 年被譽為紅籌元年，1993 年，首批赴港上市內地公司僅 40 家國有企業。1997 年港交所中內地公司僅 98 家，合計佔港交所總市值的 16.29%。1997 年前為老紅籌，1997 年起為新紅籌。老紅籌主要是規模較小的綜合性國有企業，如上海實業、華潤、中旅、中國海外建設等。早在 1982 年，閩信集團（00222.HK）開啟內地企業以紅籌方式赴港上市融資的先河。上世紀 90 年代後，A 股一級市場恰逢規模控制，國內市場未能滿足融資需要，具有地方窗口背景的國有企業便退而選擇赴港上市融資。1993 年，中國航天工業總公司收購康力投資，更名為航天控股（00031.HK）；粵海投資收購友聯世界（00270.HK）並更名，由此以紅籌方式實現自身的借殼上市，成為國有企業赴港融資的重要渠道。從 1993 年到 1997 年，紅籌股分別有 3、6、2、4、11 家。新紅籌為經國務院特批的大型國企，如中海油、中國移動、中國網通等。1997 年 5 月 29 日，北京控股（00392.HK）在港交所上市，港市才真正注意到內地紅籌股的魅力，愈來愈多內地企業也意識到赴港上市的利益所在，1997 年成為開啟紅籌股上市熱潮的分水嶺。此後，中國移動（00941.HK）、中信資源（01205.HK）、天津發展（00882.HK）、金威啤酒（00124.HK）等相繼上市，內地國企上市公司在港交所市值超過 4 700 多億港元。而當年 H 股與內地民企赴港上市總市值分別不足 500 億與不足 10 億港元，紅籌股一枝獨秀。就港交所主板而言，主要以國有大中型企業為主。紅籌股是除 H 股、N 股外，內地國有企業進入國際資本市場籌資的一條重要渠道。2008 年，中國移動、中海油和中國聯通等 3 家紅籌公司市值就佔到香港總市值的 20.52%。紅籌股對提升香港市場的市場規模、提高香港上市企業整體質量發揮了重要作用。香港證券市場過去一直倚重地產類股份，隨着紅籌股在香港上市，市場結構日趨多元。紅籌股以其強有力的內地背景在香港市場上融資，為金融界及股民提供了更多的投資選擇，逐漸成為國際機構投資者間接參與中國經濟發展的主要投資工具，大量的國際資金注入香港，亦繁榮了香港國際金融中心。

H 股則是內地國有企業赴港上市融資的另一渠道。H 股是經中國證監會批准，註冊地在內地，在香港市場上市，供境外投資者認購和交易的股票。1993 年 7 月，青島啤酒 H 股在香港上市，拉開了國企以 H 股形式赴港直接上市融資的序幕。H 股上市本質是將中國經濟的發展活力引入香港資本市場。截至 2019 年，在港交所 276 家 H 股上市公司之中有 113 家在 A 股和港交所兩地上市。在 H 股的帶領下，港交所成為連接內地和全球市場的橋樑，吸引全球投資者深耕於香港資本市場，鑄就其國際金融中心的地位，H 股赴港上市功不可沒。

再次就是對民營企業融資針對性強。長期以來，融資難和融資貴是內地民營企業發展的痼疾。民營企業普遍面臨外部需求萎縮和資金流短缺的問題，融資難、融資貴更為突出。據中國人民銀行和銀保監會的數據統計，2020 年民營企業貸款餘額在金融機構各項貸款餘額中佔比不足 30%。[1] 國有企業 30% 的投資通過銀行貸款取得，相比之下非國有企業僅為 10%。民營企業在金融資源分配中的劣勢地位與其承擔的經濟發展功能不相適應，給經濟增長帶來了嚴重的效率損失。[2] 基於此，港交所離岸融資契合民營企業發展對資金的渴求。就港交所而言，民營企業上市方式也是紅籌股，即民營企業紅籌股，但港交所為其確立了單獨的統計口徑，不難看出，其對內地民營企業赴港上市呵護有加。正因為如此，無論是上市公司的數量，還是證券市值和融資數額，民營企業均超越了國有企業。以證券市值而言，2003-2020 年，民營企業從 737.4 億港元增長到 268 443.9 億港元，增長了 364 倍之多，比同期港交所總市值和內地赴港上市公司市值增長幅度都要高出數十倍。相應地，其佔內地赴港上市公司證券市值的份額也從區

1 王兵、李琳、武文杰：〈股票市場開放能緩解民營企業融資約束嗎 —— 基於「深港通」開通的證據〉，《金融經濟學研究》，2021 年第 3 期。

2 楊汝岱：〈中國製造業企業全要素生產率研究〉，《經濟研究》，2015 年第 2 期。

區 4.4% 上升到 70.6%，成為內地赴港上市公司的主力軍（圖 4-7 和圖 4-8）。2016 年就是分水嶺，在該年度民營企業佔比同時超越了紅籌股和 H 股，並持續走高。融資額而言，同樣是如此，2008-2020 年，從區區 290.9 億港元增長到 5 317.5 億港元，可謂一馬當先，民營企業一家獨大。其佔內地赴港上市公司融資總額的比重亦然，從 10.1% 增長到 81.2%！就此而言，2009 年是一個分水嶺，民營企業的融資佔比同時超越了紅籌股和 H 股，2018 年超越了 50%，2018 和 2019 年的佔比分別高達 53.5% 和 71.6%！如今，民營企業對中國經濟的貢獻素來有「五六七八九」的說法，[1] 即貢獻了 50% 以上的稅收，60% 以上的國內生產總值，70% 以上的技術創新成果，80% 以上的城鎮勞動就業，90% 以上的企業數量。[2] 顯然，香港特區資本市場的融資支持功不可沒！

最後就是新經濟企業針對性強。為呼應新經濟企業的獨特需求，2018 年港交所推行 25 年來最大的規則變革，出台了上市新規。依據港交所 2018 年 4 月發佈的《上市規則》，第 8A 章允許採用不同投票權架構的公司上市，並對受益人範圍、類別股權利、公司治理及信息披露等內容均有規定。第 18A 章規定了主營領域涉及醫藥（小分子生物）、生物製藥、醫療器械（診斷）研發及生產的生物科創公司上市條件，涵蓋預期市值、業績記錄、主營業務重大變動及基石投資者等事項，並以業界專家組成的生物科技諮詢小組的評估意見保障投資者的利益，不再將主板財務資格測試強加給新經濟企業。第 19C 章新設第二上市渠道接納內地及海外公司赴港二次上市，港交所亦對回港科技公司豁免相關規定。這樣，中概股得以在保留原上市地的基礎上，通過兩地上市規則回歸香港進行二次

---

1　習近平：〈在民營企業座談會上的講話〉，《人民日報》，2018 年 11 月 2 日；張明：〈「雙循環」的宏觀背景、概念內涵與政策方向〉，《四川日報》，2020 年 8 月 27 日。

2　劉鶴：〈中共中央政治局委員、國務院副總理劉鶴就當前經濟金融熱點問題接受採訪 —— 談當前金融熱點問題〉，黨建網，2018 年 11 月 2 日。

上市。京東、阿里巴巴等科技公司即以此返港，相較於以「A+H」形式在港股及 A 股雙重上市，具有效率優勢。港交所通過革新主板上市規則、重構創新版定位，使其成為全球生物科創公司上市的首選之地，在全球新經濟企業「爭奪戰」中拔得頭籌。2018 年港交所新規推行以來，香港已成為全球第二、亞洲最大的生物科技融資中心，2018 年 IPO 融資額達 2 778.5 億港元，不但是 2010 年後最高，連同 2019 年兩度蟬聯全球交易所 IPO 融資額榜首。截至 2021 年 6 月，已有 67 家醫療健康公司、33 家未有收入的生物科技公司在港 IPO，籌資額達 2 090 億港元和 87 億港元。已有 13 家中概股公司「回港」上市，其中 8 家美股 TMT 公司，在港 TMT 公司數量達到 300 家，總市值年均複合增長率達 258%。210 宗新經濟企業在港 IPO 中有 29 宗來自內地，美股則只有 25 宗。在港實行雙重股權的內地公司，2018 年僅為 2 家，2019 年 1 家，2020 年即達 4 家。2019 年第二上市公司僅 1 家，2020 年達 9 家。

通過 2018 年上市新規，有效地吸引了內地和海外新經濟企業赴港上市融資，不僅改善了港交所上市公司結構，也優化了內地赴港上市公司的結構。港交所而言，1997-2017 年，港交所總市值中新經濟企業佔比僅為 3%，軟件行業（剔除騰訊）僅佔 1%。上市新規實施後，146 家新經濟企業來港融資 6 822 億港元，市值超 14.45 萬億港元，佔港交所新近融資額的 61%，總市值的 27%。新經濟企業對港交所成交額貢獻達 21%，2020 年 61% 融資額由新經濟企業貢獻，2021 年第一季度更高達 90%，打破港交所傳統上融資大小年輪轉的慣例。內地上市公司而言，2016 年內地企業在港 IPO 的行業分佈，銀行、金融、電信服務、技術硬件與設備、生物科技分別佔 26.7%、15.7%、12.5%、9.2%、5.8%。及至 2018 年，內地在港 IPO 創新高，內地民營企業佔比 60%，融資額達 1 640 億港元。內地公司上市後融資中 H 股與紅籌股則分別佔比 28%、17.2%，而民企佔比 54%，達 930 億港元。兩者相加，2018 年內地民營企業在港融資額達到 2 570 億港元，佔比達 58.2%，超過 H 股與紅籌股之和。而赴港上市內地民營企

業中，即有眾多主營業務為網絡、創新技術和生物科技的新經濟企業，這些企業的商業週期、風險回報、盈利要求等有別於傳統企業，受益於港交所上市新規，贏得了發展先機。相應地，港交所於 2019 年推出恒生香港上市生物科技指數。2020 年 8 月及 12 月，港交所《上市規則》第 18A 章的生物科技公司被納入恒生綜指和港股通。2021 年 3 月華夏恒生香港生物科技指數 ETF 推出。不難看出，港交所強新經濟，也就是強自身競爭優勢，當下誰贏得了新經濟企業，誰就贏得了競爭優勢。港交所上市新規無疑是成功的，有效地增強了國際競爭力。

## 三、助力人民幣國際化

除資本市場之外，為推進人民幣國際化所發揮的不可替代的作用，無疑是香港回歸以來作為國際金融中心的另一個重要的閃耀點。據國際資金清算系統（SWIFT）數據顯示，截至 2022 年 2 月，人民幣全球跨境支付升至有史以來第 2 高位，正式超越日元，高居全球第 4 位。而在 2010 年，人民幣跨境支付僅位居全球第 35 位。2013 年進入全球前 10 位，2014 年 11 月進入全球最受歡迎支付貨幣前 5 位。時移世易，全球 30 餘國已與中國達成累積金額超 3.53 萬億人民幣（約合 5 300 億美元）的貨幣互換協議，人民幣信用大大增強。在這個過程中，香港作為國際金融中心自然功不可沒！香港就是全球最大人民幣離岸支付樞紐，2017 年佔比達 75.6%（表 4-4），同期倫敦與紐約佔比僅為 5.6%、4.4%。香港作為全球最大離岸人民幣資金池，2004 年為 121.3 億人民幣，2021 年達到了 9 267.97 億元人民幣，2021 年上半年日均結算量達 1.5 萬億人民幣。2004-2021 年，人民幣存款、人民幣賬戶、人民幣債券發行額、人民幣跨境結算額分別增長了 76.4 倍、25 倍、5.9 倍、3 418 倍，年增速均值分別達到 46.4%、30.1%、34.1%、1 858%（表 4-4）。

表 4-4　香港離岸人民幣業務增長情況

| | 人民幣存款餘額 | 人民幣賬戶 | 人民幣債券發行額 | 人民幣結算額 | 人民幣支付佔全球份額 |
|---|---|---|---|---|---|
| 增幅（倍） | 76.4 | 25 | 5.9 | 3 418.4 | |
| 年增長均值 % | 46.4% | 30.1% | 34.1% | 1 858% | 75.6 |

資料來源：根據港府統計處報告整理。

　　為什麼非香港莫屬？蓋因「一國兩制」：香港特區是中國不可分離的部分，「自家人」優先，香港同胞優先，理所當然。同時，「兩制」之下的香港享有高度自治權，在處理跨境支付、人民幣債券發行等方面具有更大的迴旋空間。為此，就推進人民幣國際化而言，無論是貿易結算，還是人民幣投資，還是互聯互通，都是香港喝上「頭啖湯」！

　　一是人民幣貿易結算。2004 年初，香港銀行開辦人民幣業務，成為第一個開展人民幣業務的離岸市場。1993 年前，人民幣不准在內地之外流通，1993 年 3 月起內地准予每人每次出境可攜帶 6 000 元以內人民幣，人民幣自此流入香港。個別香港銀行此時即開辦人民幣兌換業務，但在港人民幣大部分通過民間流回內地，未有銀行體系回流的渠道。2003 年 11 月，國務院批准香港試辦個人人民幣業務，鞏固香港國際金融中心地位。國家改革開放後經濟迅猛發展，成為全球第二大經濟體，加上國際貨幣體系多邊化的需要，人民幣逐步成為區內乃至全球的主要貨幣。2003 年的清算安排，使香港的人民幣離岸市場與在岸市場相互連通，其後人民幣業務發展按照「先經常、後資本；先銀行負債、後銀行資產；先入（內地）後出（國門）」的策略進行。各項人民幣業務漸次開放，2005 年，香港銀行除接受香港居民個人人民幣存款外，還可接受商業零售、餐飲、住宿、交通、通訊、醫療和教育等 7 類行業商戶的人民幣存款；2006 年，金管局和中銀香港推出全新的人民幣交收系統（RSS），2007 年 6 月升級為 RTGS（人民幣結算自動轉賬系統），以實時支付結算方式處理銀行同業人民幣支付項目。香港

人民幣相關基礎設施不斷完善，為更多以人民幣計價的交易奠定了基礎。2009年7月，香港啟動了人民幣跨境貿易結算，成為人民幣業務發展的第一大分水嶺。2008年，全球金融危機爆發，美元、歐元、日元等主要貨幣匯率大幅度波動，內地企業亦可在跨境貿易之中以人民幣進行結算，降低了匯兌成本，便利了貿易融資。2008年12月，國務院再次擴大香港人民幣業務範圍，准予內地和香港合格的企業使用人民幣進行貿易結算。2010年2月，中國人民銀行與香港金管局簽訂清算協議，離岸業務取得新突破，跨境貿易結算迅速增長。截至2017年底，香港就有140多家銀行經營人民幣業務，離岸人民幣存款額達到6 184億元人民幣，2021年達到9 267.97億元人民幣，是內地之外最大的離岸人民幣資金池。香港的人民幣清算銀行獲認可後，內地政府相繼於2012年先後在台灣地區、新加坡、英國等22個國家或地區委任當地清算行，形成了以香港為主，倫敦、新加坡、歐洲及東南亞多點並行局面。

二是人民幣投資。2011年8月17日，國務院總理李克強赴港出席「十二五」規劃論壇，宣佈准予人民幣境外合格投資者投資內地證券市場、允許內地企業在港發行人民幣債券、支持香港企業使用人民幣到內地直接投資，以拓展香港與內地人民幣資金循環流通渠道，支持離岸人民幣金融產品創新。2011年12月，內地金融監管部門發佈RQFII試點辦法，香港成為首個RQFII試點地區，符合條件並獲投資額度的試點機構，可將離岸人民幣匯往內地，投資內地證券市場。初期，RQFII僅限於內地基金管理公司和證券公司的香港子公司，隨後逐步放寬到以香港為基地的金融機構和內地銀行、保險公司等在港子公司。額度而言，初期僅200億元，逐步增至2 700億元；基金資產初期設有股債比例，隨後予以取消，還相繼推出了以RQFII額度設置的A股EFT、國債ETF、貨幣市場基金等產品。繼香港之後，新加坡、英國、法國、韓國等地金融機構於2014年起相繼獲得RQFII額度，2017年底，RQFII試點機構擴展到18個國家和地區。

三是互聯互通。為全面深化改革，2013年國家就提出，「推動資本市場雙向

開放、有序提高跨境資本和金融交易可兌換程度、加快實現人民幣資本項目可兌換」。2014年11月和2016年12月，相繼開通滬港通、深港通；2017年3月，李克強總理宣佈在內地與香港試行「內地與香港債券市場互聯互通合作」，7月即開通債券通北向通，2021年進一步開通南向通，讓境內外投資者可通過香港與內地債券市場互聯互通，買賣兩地債券。2021年，又開通了粵港澳大灣區跨境理財通。

其實，香港金融市場的三大優勢更是肩負推進人民幣國際化的重要基礎。首先是人民幣證券產品多元之優勢。2016年人民幣進入IMF的SDR貨幣籃子，2020年佔比達到10.92%；中國資產自2018年起獲納入MSCI股票指數，其後納入其他全球性債券指數，人民幣於外匯市場的地位不斷提升。全球各地中央銀行、主權基金與外國退休基金等機構和投資者預期都會增加中國資產配置人民幣資產。而香港面向全球投資者提供多種不同的人民幣資產，點心債券（香港發行的人民幣債券）、人民幣投資基金、商品掛鉤產品、交易所買賣基金（ETF）、房地產投資信託基金（REIT）、股本證券及保險產品。全球投資者還可透過互聯互通機制直接投資在岸人民幣資產。通過滬深港通、債券通，香港、國際投資者可直接投資於內地交易所上市的合資格股份、中國銀行間債券市場的債務證券（CIBM為全球第二大債市，2020年6月總值108萬億元）。香港與內地資本市場的互聯互通機制為人民幣提供跨境使用與流通的新渠道，可進一步拓展至更多資產類別，涵蓋貨幣產品、大宗商品。2010年10月22日，港交所首隻人民幣債券上市，2011年人民幣REIT、2012年人民幣ETF（黃金）、人民幣股票與人民幣權證相繼上市。2015年人民幣證券數量達到高峰，共189隻，佔港交所主板證券的2%。2017年大幅下跌，2012年至2015年間上市的人民幣債券已到期而除牌是其主因。2020年底，人民幣證券總數為119隻，佔主板證券約0.7%，是2012年以來的最低。當中大部分是人民幣債券，佔比63%，ETF佔比35%。人民幣債券的上市數目最多，但其成交佔比卻尚低，2019年、2020年佔總交易

額的比例分別為 3%、2%。總之，人民幣證券早年的數目及成交均多有增長，近年則降至相對平穩水平。人民幣 ETF（主要是股票指數 ETF）相對比重較高。有人民幣證券上市的主要離岸交易所包括中歐國際交易所（中歐所）、法蘭克福證券交易所（FWB）、日本交易所、倫敦證交所、新交所和台交所。中歐所是德意志交易所與上交所和中金所成立的合資公司，在德意志交易所旗下的交易平台提供與中國相關的證券買賣（部分以人民幣買賣）。絕大部分產品為人民幣債券。2020 年 3 月，約 800 隻離岸人民幣債券在香港交易所以外至少 25 家離岸交易所買賣，含盧森堡證券交易所、倫敦證交所、中華民國證券櫃檯買賣中心、新交所、斯圖加特證券交易所及泛歐交易所都柏林分部。離岸交易所少有提供其他類別的人民幣證券，只有少數以人民幣交易的 ETF 在中歐所、倫敦證交所及台證所等交易所上市。類似於港交所，新交所、台交所均提供雙幣證券交易櫃檯，新交所股本證券和 ETF 各 1 隻設有人民幣交易櫃檯，而台證所則有三隻 ETF 設有人民幣交易櫃檯。港交所領先全球其他主要交易所，提供最多數目的人民幣 ETF 產品，上市人民幣債券數目眾多。

第二個優勢就是香港離岸人民幣債券提供了人民幣回流路徑。人民幣跨境流動性，不僅在於流得出，支付得通，還在於回得來，而離岸人民幣債券恰好構成迴路，增強了市場流動性，自然有助於優化資源配置。香港一直是發行離岸人民幣債券的首選市場。人民幣債券主要有點心債券和合成債券，發行人包括政府和企業。點心債券以人民幣發行和結算，合成債券則以人民幣發行並以美元結算。2010 年，經香港金管局與內地人民銀行協商，香港於 2010 年 7 月修訂《關於人民幣業務的清算協議》，從而可發揮香港離岸人民幣市場的投資貨幣功能。2007 年 7 月，香港嘗試發行人民幣點心債，國家開發銀行的 50 億元兩年期人民幣債券，其後陸續有內地金融監管參與。在港的人民幣計價證券於 2010 年開始多元化。發改委 2015 年 9 月推出離岸債券發行註冊制，取代每宗作預先審批的制度，外管局則於 2017 年 1 月放寬內保外貸架構下離岸債券集資金額匯回內地

的政策。境內公司的離岸附屬公司向離岸銀行借款，而境內銀行就該離岸貸款提供擔保的借貸。離岸債券發行集資金額可用於支持一帶一路倡議的離岸投資及粵港澳大灣區的發展。在這些政策支持下，香港市場一直是內地企業債券融資的另一資金來源地。港交所採取了不同措施降低在香港發行債券的成本，包括推出債券資助先導計劃，資助發行商首次發行離岸債券並將債券在香港上市。鑑於綠色債券在內地和香港的發行均有增無減，香港政府又推出綠色債券資助計劃，資助在香港發行並上市的綠色債券的認證成本。這些政策有效助推內地企業在香港發行更多的離岸債券，包括離岸人民幣債券（點心債）和離岸美元債券。相對新加坡和台灣地區這兩個另外的主要離岸人民幣中心，香港在非金融企業發行點心債方面佔據主導地位。2018 年 11 月，中國人民銀行已逐步建立在香港發行央行人民幣票據的常設機制。離岸機構透過債券通北向交易，在內地銀行間債券市場可進行二手交易，也可認購境內新發行債券。北向通以來，日益受有意參與內地在岸債券市場的境外投資者歡迎。截至 2021 年 8 月底，來自 34 個地區共 2 700 多名境外投資者已透過債券通登記參與 CIBM，其中包括 78 間全球百大環球資產管理公司。2021 年以來，債券通新增 381 名投資者，投資者總數增至 2 733 名。2021 年前 8 個月，北向通的海外投資及買賣活動持續增加，佔境外投資者參與 CIBM 的總成交金額的 55%。每日平均成交額較 2020 年上升超過 30% 至 259 億元，為債券通開通後首月錄得的每日平均成交額的 18 倍多。至 2020 年底，境外機構持有的內地債券創新高，佔未償還總額約 3.3%，而 2020 年 12 月北向交易日均成交額比 2018 年增長了 442%。北向通 4 年來，境外投資者持有的中央政府債券上升了近兩倍，佔總額一成多。截至 2021 年 8 月底，境外投資者持有的內地在岸債券總值 3.78 萬億元人民幣，較 2017 年 7 月底推出債券通時的水平增加 2.9 萬億元人民幣，增幅達 3 倍多，其中 1.1 萬億元人民幣，即增幅的 36% 來自債券通。

　　第三個優勢就是內地與香港金融基礎設施互聯互通。隨着滬深港通 2014

年、2016 年相繼開通、債券通的北向交易 2017 年推出，香港金融市場處理進出內地的跨境人民幣投資金額的基礎設施亦隨之優化。香港市場引入券款對付（Delivery Versus Payment，DVP）、同步收付（Payment Versus Payment，PVP）等交收方式，通過不同界面與全球各地的實時全額支付結算系統（Real Time Gross Settlement，RTGS）連接。Euroclear 和 Clearstream 等全球系統性機構與全球銀行合作，又將其服務擴展到全球多個市場，涵蓋多種用於金融交易的貨幣。截至 2019 年底，204 家銀行直接參與人民幣 RTGS 系統；2020 年 7 月，人民幣 RTGS 系統的平均每日成交額約人民幣 1 萬億元。可見，對香港「互聯互通」的金融開放模式，可為內地全面融入國際經濟體系提供新渠道。香港正是在不斷推進人民幣國際化的進程中，增強了競爭力，在國際金融市場的中心度穩步提升。

## 四、鞏固提升門戶地位

回歸 25 年來，香港特區發揮門戶樞紐作用是成功的。在新發展格局下，面對新問題新挑戰，國家對其門戶樞紐作用更是寄予厚望。依據國家「十四五」規劃，第 61 章第 1 節就提出「支持香港提升國際金融、航運、貿易中心和國際航空樞紐地位，強化全球離岸人民幣業務樞紐、國際資產管理中心及風險管理中心功能」。第 61 章第 2 節重申「完善香港融入國家發展大局、同內地優勢互補、協同發展機制 …… 深化並擴大內地與香港金融市場互聯互通」。而第 40 章第 1 節強調「加快推進制度型開放 …… 穩妥推進銀行、證券、保險、基金、期貨等金融領域開放，深化境內外資本市場互聯互通，健全合格境外投資者制度」。規劃中涉及香港的定位就有 8 大中心，其中 6 個國際中心（國際金融中心、國際貿易中心、國際航運中心、亞太區國際法律及爭議解決服務中心、國際航空樞紐、國際創新科技中心）、1 個區域中心（區域知識產權貿易中心）、1 個中外中心

（中外文化藝術交流中心），國家對香港門戶的期望之殷切可見一斑。回顧這 25 年，香港特區的成果就在於不因循守舊，善於與時俱進，勇於擔當，善於作為。當下，國際局勢極速演變，貿易保護主義、單邊主義抬頭，美國西方勢力試圖遏制中國和平崛起。要鞏固提升香港的門戶樞紐地位，必須有新的作為，主要是五個更有作為，即「兩制」之間合作更有作為，兩地共商共建更有作為，引入「卡脖子」關鍵技術更有作為，資產管理與風險管理更有作為，參與「一帶一路」建設更有作為。

其一，「兩制」之間合作需更有作為。統一大市場自然需要統一的市場規則，促進人員、資金、貨物、數據等要素自由流動，高效配置資源。在歐盟，27 個不同國家都能夠建設一體化市場，「一國」之下「兩制」更沒有理由成為兩地統一大市場建設的壁壘。當下，兩地市場因規則和制度差異，往往一遇跨境便成了「斷頭路」，無疑是「兩制」融合的「斷點」，是十足的融合「赤字」。未來推進「兩制」深化合作，也是具有有利條件的。一是國家已經將規則銜接和機制對接列為深化兩地合作戰略支點建設。依據中共中央和國務院的《橫琴粵澳深度合作區建設總體方案》，「推進規則銜接、機制對接」，成為豐富「一國兩制」實踐的新示範的重要內容，位列深合區 4 項戰略定位之一。依據中共中央和國務院的《全面深化前海深港現代服務業合作區改革開放方案》，「在『一國兩制』框架下先行先試，推進與港澳規則銜接、機制對接，豐富協同協調發展模式」，被列入合作區建設的指導思想。「深化與港澳規則對接，促進貿易往來」，亦是「深化與港澳服務貿易自由化」的重要內容。二是在推進粵港澳大灣區進程中，大灣區內規則銜接、機制對接正有序推進。內地以莫大尊重和善意不斷拓展商事制度銜接、職業資格認可、標準對接的領域範圍，醫師、教師、導遊等 8 個領域以單邊認可帶動雙向互認，3 000 多名港澳專業人士取得內地註冊執業資格。了不起的是，已經推動制訂首批「灣區標準」清單，涵蓋食品、粵菜等 23 個領域 70 項標準。互惠乃人之常情，相信既有的單邊施惠會推動越來越多的雙向互

認。三是合作本身就意味着「兩制」共同孕育新規。如同夫妻孕育子女，哪有父母計較兒女身上誰的基因多一點，誰的少一點，究竟是誰吃掉了誰。同理，新規乃是「兩制」合作的「作品」，自然就會消除破壞「兩制」、「一制」吃掉了「另一制」等後顧之憂。合作越多越深化，共同的「作品」越多，「兩制」合作被政治化炒作也就越沒有市場！

其二，兩地共商共建需更有作為。如不摒棄「井水不犯河水」的「孤島」思維，仍各自為政，不僅妨礙統一大市場建設，更是直接妨礙資源更有效地配置，會嚴重地制約香港作為門戶樞紐的作用和功能。僅就資本市場而言，內地有上海、深圳和北京交易所，粵港澳大灣區即有港交所和深交所兩間全球具有影響力的「巨頭」。而全球頂級交易所之間競爭是異常激烈的，為了適應競爭形勢的需要，一是 2000 年前後，全球交易所掀起了一股公司制改革浪潮，一大批傳統的會員制交易所紛紛轉變為股份公司，相當一部分交易所成為上市公司。二是交易所巨頭掀起了轟轟烈烈的跨境與跨界股權合作，拓展業務範圍，擴大市場規模，增強核心競爭力。2020 年，在新冠疫情的衝擊下，美股及全球市值先降後升，再創歷史新高。市值前三大交易所佔到全球市值的一半。紐交所和納斯達克的市值分別達到 22.4 萬億美元、16.1 萬億美元，而 2008 年底市值才 9.2 萬億美元、2.2 萬億美元。收購其他交易場所做大市場和做強產品乃是必由之路。洲際所收購固定收益交易平台 TMC Bonds 和 Bond Point 以及芝加哥股票交易所，進一步擴大股票、債券的市場規模；納斯達克建立公司債交易所，加強在債券交易方面的競爭力；德交所收購美國電子交易平台 GTX，拓展外匯衍生品交易；倫交所、德交所和日交所加大在可持續發展領域的產品創新，包括推出新指數、綠色債、各類主題基金等。在結算業務方面，主要交易所通過股權投資、戰略合作等方式繼續擴大結算業務。洲際所增持 Euroclear 股份，加強在歐洲結算業務的競爭力；倫交所、德交所收購保證金公司，加強非清算業務的增長，推出新的交易後產品服務。凡此種種，不一而足。不同國家的交易所「巨頭」都可以跨境、

跨界收購，優化資源配置，強化競爭優勢，「一國」之內的四個交易所沒有理由僅因「兩制」而束縛手腳，自廢武功。兩地之間的共商共建和共享，已有港珠澳大橋和廣深港高鐵等成功的先例，兩地證券市場尤其是大灣區的兩間交易所「巨頭」，完全可以超越現有的互聯互通，更有作為，推動「兩制」之下證券業統一大市場建設。

其三，引入「卡脖子」關鍵技術方面需更有作為。在新發展格局下，國家對香港提供「卡脖子」關鍵技術的期盼，猶如改革開放之初對港商「第一桶金」的期待。難怪國家「十四五」規劃對此重視度前所未有，第 61 章第 1 節明確提出，「支持香港建設國際創新科技中心 …… 區域知識產權貿易中心，支持香港服務業向高端高增值方向發展」。第 61 章第 2 節提出，「完善港澳融入國家發展大局、同內地優勢互補、協同發展機制 …… 深化內地與港澳科創合作關係 …… 高質量建設粵港澳大灣區，深化粵港澳合作、泛珠三角區域合作，推進深港河套等港澳重大合作平台建設」。未來，香港要在引入「卡脖子」關鍵技術方面更有作為，也是蠻有基礎的。一是香港本身具有創新科技的優勢。依據 IMD 國際管理發展學院《2021 年全球競爭力報告》，香港全球競爭力名列全球第 7，較 2020 年的第 12 名提升不少；《2021 年世界數碼競爭力排行榜》，香港位居全球第 2 名，科技一項更是名列全球第 1 名。在創新科技領域，香港具有吸引國際化的創新智力資源，全球標準的市場信息溝通，世界級的資本市場的核心優勢。二是粵港澳大灣區戰略已然推進，廣深港澳科技創新走廊先行一步。集聚香港、澳門、深圳、廣州、東莞等地創新要素資源優勢，有條件構建「資本 — 研發 — 技術 — 人才 — 市場 — 服務」完整的全要素創新鏈網絡，創新兩地合作模式。三是兩地合作先後經歷了「前店後廠」、「廠店融合」、「店駐廠遷」等階段，已有的共享模式就是新型的水平式合作的價值母體。在此基礎上，從「前店後廠」式垂直供應合作框架轉換為一體化供應鏈網絡，形成兩地共享產業價值鏈。這樣，自然會增加香港在產業價值鏈中的份額，獲取深度融入的紅利。

其四，資產管理和風險管理需更有作為。依據瑞信的《全球財富報告》（2021），2020 年中國個人財富總額達到 748 840 億美元，佔全球財富份額為 17.9%，僅次於位居全球榜首的美國的 30.2%，遠遠高於英國、法國、德國、日本等高收入經濟體，其財富總額佔全球份額分別僅 3.65%、3.58%、4.37%、6.44%。就人均個人財富而言，從 2000 年的 4 247 美元上升到 67 771 美元，進入到中上收入經濟體之列，亦更加接近全球均值 79 952 美元了。就財富分佈而言，位居財富前 10% 的群體中國的佔比為 59.9%，已經大幅度高於日本的 49.5%，亦高於英國的 56.2%、法國的 54.8%。基於財富分佈不均的現實，中國需要進入財富管理的資產與日俱增。就此而言，作為亞洲首屈一指的資產管理樞紐，香港自應更有作為，提升及創新人民幣產品及服務，更好地滿足內地乃至全球發行人及投資者的需要，可考慮推出更多涵蓋各類股本證券、定息證券、交易所買賣基金及房地產投資信託基金的人民幣買賣證券，供投資者進行廣泛的人民幣資產配置，搭配用於人民幣投資組合、風險管理的回購工具及人民幣衍生產品等相關工具。現有的內地與香港市場互聯互通機制範圍若能擴大，當可再進一步促進在岸與離岸市場之間的人民幣流通，市場基礎設施配套的持續優化亦可進一步激活香港的離岸人民幣產品市場。至於人民幣風險管理，內地企業在港外匯融資涉及匯率風險，離岸人民幣風險管理乃重中之重。香港市場提供的離岸人民幣產品種類最多，包括各式各樣可用以管理人民幣風險的外匯衍生產品，如可交收美元／人民幣（香港）期貨、期權以及以現金結算的人民幣（香港）兌美元、歐元、日元和澳元的期貨合約。這些都可為投資者提供符合成本效益、能在可控環境下作離岸對沖人民幣貨幣風險，而不太影響境內人民幣匯價的對沖渠道。香港的美元／人民幣（香港）期貨是全球首個離岸市場可交收的人民幣期貨產品，成交量在全球數一數二。美元／人民幣（香港）期權則提供持續報價和高資本效益，與美元／人民幣（香港）期貨互為補足。與時俱進，開拓創新，才能回應日益增長的人民幣風險管理的種種需求。

其五，參與「一帶一路」建設需更有作為。人民幣國際化絕非只是在國外開設銀行發售人民幣那麼簡單，人民幣得有人敢用、敢收才行。中國正推進人民幣跨境支付系統（CIPS，Cross-border Interbank Payment System）以支撐人民幣國際化。CIPS 支持在國際貿易和跨境交易中使用人民幣進行支付和結算，被視為支撐人民幣國際化的「高速公路」，CIPS 是最具戰略格局和發展前景的非美元支付系統，獨立於 SWIFT 系統。CIPS 實際業務範圍已覆蓋「一帶一路」沿線 41 個國家及地區，沿線國家有 661 家銀行業金融機構參與到 CIPS 建設。2018 年 CIPS 處理的人民幣跨境支付規模已達 26 萬億元。CIPS 與 SWIFT 的覆蓋範圍相當，但是業務量仍差距較大，未來將着力解決使用 CIPS 通道的便利性和可獲得性以提升業務量。這些新建立的替代系統還遠不能達到 SWIFT 這種程度的高度互相連接，也無法將全球所有重要的金融機構和企業客戶串聯在一起，它們未來還有很長一段路要走。從哪裡開始培養國際資本、企業使用人民幣結算的信心呢？香港作為人民幣的國際清算中心存在巨大意義，自應更有作為。再就是「一帶一路」建設融資方面，香港亦應更有作為。內地自 2017 年的未來 10 年與「一帶一路」沿線國家的年均貿易額預計將超過 16.85 萬億元人民幣（約 2.5 萬億美元）。項目所需的部分融資會以人民幣計價，將擴大人民幣產品的範圍，吸引企業使用人民幣完成跨境貿易、現金管理及投融資。作為多元化的金融中心，香港可為「一帶一路」提供債券、股權等不同類型資金，把香港打造為「一帶一路」的融資支點和金融放大器。

第五章

# 融入大灣區機遇
# 共譜新發展格局

◎ 陳苗　沈吟

香港是特區，更是大灣區統一大市場的一員。回歸以來，從「加強聯繫」到「融入灣區」，香港與大灣區的區域合作日趨深化。從「前店後廠」到產業鏈相通，從貿易物流到合作研發，從各自為政到共商共建、共治共享，區域合作之利完全可以破除「兩制」之異，兩地機制對接，規則銜接，乃大有可為！

## 一、融入就是競爭優勢

回歸以來，從「加強聯繫」到「融入灣區」，香港特區的選擇可謂水到渠成，順勢而為。這就表明，區域合作之利完全可以衝破「兩制」之異，破除「區隔」兩地的制度性壁壘。

### （一）「前店後廠」模式遇「瓶頸」

香港與珠三角之間地域相連、文化同源，自古以來就聯繫密切，形成具有特定空間關係格局的經濟地理區域。自20世紀70年代末，內地市場的改革開放，開啟了粵港澳區域合作的進程。大量港資企業通過直接投資將製造業和工廠轉移到珠三角地區，在香港與珠三角之間形成了香港接單、管理、融資、出口和珠三角製造的「前店後廠」式垂直產業分工體系，共同構建了全球生產網絡中不可分割的加工貿易鏈條。

「前店後廠」模式既帶動了廣東經濟起飛，也令香港從低成本的製造業中心轉變成為服務業樞紐，對兩地經濟發展都有不可磨滅的貢獻。在20世紀70年代以前，香港並沒有世界級的服務業企業，難以與國際上的大型企業競爭。珠三角作為「世界工廠」對服務業的強大需求，刺激香港的服務業迅速增長，培育了世界級的銀行、地產公司、電訊公司、航空公司等等，有能力進軍國際市場。香港成功地實現了經濟轉型，成為舉世聞名的國際金融中心、貿易中心、航運中心，「前店後廠」的合作模式可謂貢獻良多。香港從「前店」獲得的毛利，

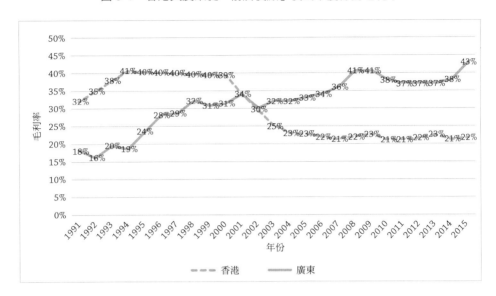

圖 5-1　香港與廣東從「前店後廠」模式中獲得的毛利率

資料來源：根據《香港對外商品貿易》《廣東統計年鑑》《中國海關統計》等整理。

從 1991 年的 66 億美元上升至 2004 年的 336 億美元，佔 GDP 比例從 7.4% 上升至 20% 的歷史高峰，其後逐步下降。至於毛利的絕對值，2011 年更上升到 421 億美元的高峰。廣東從「後廠」獲得的毛利，亦從 1989 年的 24 億美元上升至 2004 年的 461 億美元，佔 GDP 比例從 6.4% 上升至 20% 的歷史高峰。[1]

　　然而，隨着原有的互補性格局及其形成和存在的環境逐步發生變化，「前店後廠」傳統模式面臨一定局限性。

　　其一，粵港之間的互補性格局已發生明顯轉變。「前店後廠」這種產業垂直分工體系，集中反映了粵港之間由於資源稟賦條件不同形成的比較優勢組合，有效地促進了區域經濟發展。隨着珠三角經濟的迅速發展、產業升級以及要素成

---

1　李曉惠主編：《粵港澳大灣區與香港》，香港：商務印書館（香港）有限公司，2018 年。

本的上升，粵港之間的比較優勢格局已經發生明顯變化，「前店後廠」模式開始逐漸衰落。珠三角和內地其他城市生產性服務業迅速發展，廣州、深圳和香港在生產服務領域已經形成競爭。1985 年，香港在廣東的投資佔 92%，這一數據在 1995 年下降到 84%，到 2000 年持續降為 60%。2005 年的調研發現，珠三角廠商中，只有 10% 的內地工廠和 30% 的港資工廠使用香港的服務業。同時，珠三角地區生產性服務業企業的區域內部網絡及跨區域的內部網絡已經形成，不再像 1980 年代時那樣依靠香港。香港從出口廣東加工商品獲得的毛利率，從 1994 年的 40% 下降到 2007 年後的 20% 上下。而隨着廣東服務業的發展，廣東進行的工序日益擴展，獲得的毛利率日益上升，並在 2001 年超越香港的毛利率（圖 5-1）。香港必須不斷發展更高質素的服務，才能維持其服務樞紐的地位。

其二，世界政經環境也發生了巨變。受金融危機的深層次影響，全球經濟增長乏力，貿易保護主義抬頭，金融市場動盪不穩，全球產業格局再次重組，美國等發達國家實施「再工業化」戰略、重塑製造業競爭新優勢，一些發展中國家積極參與全球產業再分工、承接產業及資本轉移。全球新一輪科技革命和產業變革加速演進，科學探索從微觀到宇觀各個尺度上向縱深拓展，以智能、綠色、泛在為特徵的群體性技術革命將引發國際產業分工重大調整，顛覆性技術不斷湧現，正在重塑世界競爭格局、改變國家力量對比，創新驅動成為許多國家謀求競爭優勢的核心戰略。各國紛紛加強對新市場、新技術、新能源和環保節能產業的重視，加大科技創新力度，引領製造方式變革，重塑產業價值鏈體系，製造業的智能化、服務化趨勢明顯，綠色低碳、節能環保成為產業發展的主要方向。為此，以低成本支撐的出口主導型經濟模式難以為繼，需要重塑合作模式，以利在全球生產鏈和價值鏈中建立新的競爭優勢。

### （二）從「加強聯繫」到「融入灣區」

回歸之後，通過強化區域合作以促進香港經濟的可持續發展和全面繁榮，

是特區政府高度重視的問題。特區政府第一份施政報告就強調：「香港的繁榮穩定是與祖國的繁榮和穩定緊密聯繫在一起的，香港的根本利益和國家的根本利益緊密相連。認識這一點，是香港特區政府制訂長遠發展策略的一個出發點。」

梳理歷年政策，不難發現一條不斷深化合作模式的脈絡：第一階段，是回歸初期「前店後廠」主流模式之下，有關區域合作政策尚處於「加強聯繫」層面。比如，1997 年施政報告稱「加強與鄰近省市的經濟合作關係，對香港未來的發展極其重要」。第二階段，是從 2003 年《內地與香港關於建立更緊密經貿關係的安排》（CEPA）簽署開始，「深化合作」愈發受到重視。2008 年施政報告稱「香港在經濟上與內地融合是不可逆轉的大趨勢，而在整合過程中則有兩個重要的工作層次」，其一是配合中央擬定「十二五」規劃，其二是「與深圳、廣東省及泛珠三角省市的合作」。第三階段，是自 2017 年 7 月 1 日粵港澳三地政府與國家發改委簽署《深化粵港澳合作推進大灣區建設框架協議》開始，邁入深度合作的新階段。從此，參與大灣區建設成為重要的施政綱領。2021 年的施政報告以「經濟新動力：融入國家發展大局」作為經濟篇的標題，提出「雙城三圈」的空間格局概念，重點發展北部都會區等等。

從「加強聯繫」到「融入灣區」的政策轉型，絕非個別人士所質疑的「被規劃」，而是香港特區積極主動對接國家政策的理性選擇。粵港澳大灣區從構思、規劃到建設，是各方「互動」的成果，其中特區政府與香港社會各界的討論發揮了重要作用。一個不太為人注意的細節是，將「灣區」概念應用於香港與珠三角區域融合的構思，最早源自香港學者 —— 1994 年時任香港科技大學校長吳家瑋教授就提出對標「舊金山灣區」，建設「香港灣區」或「港深灣區」。雖然彼時條件尚未成熟，但提議本身展現了香港從不缺乏的前瞻性與洞察力。

為什麼香港會選擇融入灣區？公共政策的背後必然有深刻的政治、經濟及社會背景，值得仔細考量和探究。

其一，香港與內地經濟實力業已相對消長。自 1997 年以來，內地經濟年均增速約 9.5%，而香港年均增速只有 2.8% 左右。1997 年香港 GDP 為 1 773.53 億美元，佔全國比重高達 18.4%；2020 年香港 GDP 為 3 465.86 億美元，在全國佔比已下滑至 2.4%。在全國各大城市中，2010 年香港 GDP 僅次於上海，隨後不久被北京超越，2018 年被深圳超越，2020 年被廣州和重慶超越（圖 5-2）。儘管與其他發達經濟體相比，香港的經濟增長仍然相當可觀，但內地的高速發展決定了必須超越「前店後廠」模式，在深度融合過程中重塑合作共贏的新路徑。

其二，香港長期積累的深層次矛盾亟待突破。香港經濟優勢集中體現在金融、地產等服務業，佔地區生產總值比重超過 90%。過早脫離實體經濟，使自身結構性問題的後遺症凸顯，深層次矛盾難以突破，經濟轉型和優勢重塑的難度加大。同時，經濟發展缺乏新的引擎。被寄予厚望的創科產業錯失黃金發展期，未形成一定的產業規模，且創科產業主要集中在產業鏈的上游，缺少將科研成果進行商品化和產業化的能力和創新生態環境。由於經濟增長動力不足，加之人口老齡化嚴重，導致收入差距拉大，年輕人發展空間受限，進而在一定程度上影響

圖 5-2　2010-2020 年香港與深圳兩地生產總值對比

（單位：十億美元）

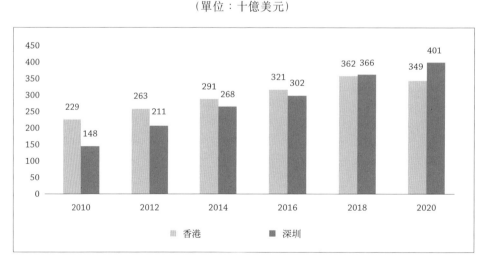

到民眾獲得感與社會穩定。

其三，中央立足全局和長遠，將粵港澳大灣區建設提升至重大國家戰略，為香港發展提供了難得契機。2019 年 2 月 18 日，中共中央、國務院公佈《粵港澳大灣區發展規劃綱要》，開啟了全面推進大灣區建設的新篇章，標誌着大灣區建設實現了從戰略構想到全面實施、加快推進的新階段和新跨越。粵港澳大灣區建設不僅是單個城市間的互補合作，也不限於經貿關係的安排，而是一種更高層次的全方位融合，是從區域經濟發展乃至國家發展大局出發，通過協同發展促進粵港澳三地經濟社會各個層面全方位融合，形成系統整合的整體性效應，推動形成國際一流灣區和世界級城市群。

表 5-1　粵港澳大灣區戰略規劃梳理

| 時間 | 文件 | 有關內容 |
|---|---|---|
| 2008.12 | 《珠三角地區改革發展規劃綱要（2008-2020 年）》 | 到 2020 年，形成粵港澳三地分工合作、優勢互補、全球最具競爭力的大都市圈之一。支持共同規劃實施環珠江口地區的「灣區」重點行動計劃。 |
| 2009.10 | 粵港澳三地政府《大珠江三角洲城鎮群協調發展規劃研究》 | 提出「一灣三區」集聚、「三軸四層」、「三域多中心」發展的整體空間結構。 |
| 2010.4 | 《粵港合作框架協議》 | 實施環珠江口宜居灣區建設重點行動計劃 |
| 2015.3 | 《推動共建絲綢之路經濟帶和 21 世紀海上絲綢之路的願景與行動》 | 深化與港澳台合作，打造粵港澳大灣區。 |
| 2016.3 | 《中華人民共和國國民經濟和社會發展第十三個五年規劃綱要》 | 支持港澳在泛珠三角區域合作中發揮重要作用，推動粵港澳大灣區和跨省區重大合作平台建設。 |
| 2017.10 | 《習近平在中國共產黨第十九次全國代表大會上的報告》 | 要支持香港、澳門融入國家發展大局，以粵港澳大灣區建設、粵港澳合作、泛珠三角區域合作為重點，全面推進內地與香港、澳門互利合作，制訂完善便利香港、澳門居民在內地發展的政策措施。 |
| 2019.2 | 《粵港澳大灣區發展規劃綱要》 | 對粵港澳大灣區的戰略定位、發展目標、空間佈局作出全面規劃。 |

### （三）融入增強競爭優勢

「一國兩制」作為一項前無古人的制度創新和開創性事業，需要在實踐中不斷進行調適和完善。「一國兩制」實施的初期，內地與香港經濟制度差異非常大，為確保香港原有的資本主義制度和生活方式長期不變，在特殊歷史條件下形成「井水不犯河水，河水也不犯井水」的兩地社會「區隔」。時代向前發展，形勢日新月異，如故步自封，必將拖累香港自身的發展。如粵港澳三地間流動的貨物、人員、資金、信息等等受到邊境嚴格限制，更高層次的區域合作將無從談起。

大灣區建設是推動「一國兩制」事業發展的新實踐，給「一國兩制」注入了更為豐富的內涵，不僅終結了一個「割據」與「隔離」性的舊時代，而且開創了一個互動融合的新時代。在「一國」之下，「兩制」不再是沒有交集的平行線，而是相向而行，互通有無，取長補短，合作共贏。粵港澳三地可以解放思想、大膽探索，擴充規則創新權力，拓展制度創新空間，創新合作機制和協調模式，突破區隔、跨越壁壘，實現市場高水平的互聯互通，各類生產要素高效便捷流動，從而為協同發展注入新動能、提供新機遇。

2018 年 8 月，粵港澳大灣區建設領導小組正式成立。中共中央政治局常委、國務院副總理韓正擔任組長，成員包括中央有關部門負責人、廣東省領導以及香港、澳門兩個特區行政長官。在中國的政治體制下，這是一個創新式的安排 —— 香港行政長官首次參與中央高層架構的工作，凸顯中央高度重視對香港在粵港澳大灣區建設中的角色。領導小組為推進大灣區建設進行頂層設計，並加強對大灣區發展的統籌協調，充分彰顯了「一國」優勢對大灣區建設的有力支撐。

「參差多態乃是幸福本源。」英國哲學家羅素（Bertrand Arthur William Russell）的這句經典名言，剛好適合描繪粵港澳大灣區之不同於世界其他灣區的最大特色。「兩制」在相互尊重中長期並存、和諧共處。制度有多樣性、差異性，就有互補性。只要把各自的特長、優勢結合在一起，充分利用不同的制度資源，必將產生「1+1+1 ＞ 3」的效果，將粵港澳大灣區真正打造成為「一國兩制」

實踐示範區。香港作為大灣區的特殊成員，融入之後又有何競爭新優勢？

一是標杆引領。香港過去一直是中國對外開放的引領者，目前內地的對外開放，雖然在某些領域實現了領跑，但與高水平開放經濟體相比，整體仍處於跟跑、並跑階段。破解高水平開放的關鍵，主要在於內部市場的公平競爭規則與世界接軌，實施內外市場統一的制度性開放，這也是國家設立自由貿易區的戰略考慮。香港在涉及競爭力、營商環境、聯通性等多項國際評估中長期名列世界前茅，是大灣區城市群中唯一全面對外開放、與國際接軌，且在商品、服務、技術等領域全面實施國際標準的城市。在新一輪的中國對外高質量開放中，香港在大灣區仍處於領跑地位，是引領大灣區建立全面開放經濟新體系的制度高地。中國（廣東）自由貿易試驗區在建設國際化市場化法治化營商環境、推進粵港澳服務貿易自由化、強化國際貿易功能集成、深化金融領域開放合作等方面承擔着重要國家使命。香港應積極參與中國（廣東）自由貿易試驗區等平台建設，不僅可

表 5-2　香港與內地有關競爭力國際評價指數的排名比較

| 指標名稱（年份） | 評估機構 | 主要內容 | 評估對象 | 排名 |
|---|---|---|---|---|
| 全球競爭力指數（2021） | 瑞士洛桑管理學院 | 經濟表現、政府效率、商業效率和基礎設施等 | 香港 | 7 |
| | | | 內地 | 16 |
| 營商環境（2020） | 世界銀行 | 開辦企業，辦理施工許可證，獲得電力，登記財產，獲得信貸，保護少數投資者，納稅，跨境貿易，執行合同和辦理破產 | 香港 | 3 |
| | | | 內地 | 31 |
| 全球連通性指數（2020） | 德國敦豪與美國紐約大學斯特恩商學院 | 貿易、資本、信息和人員流動量 | 香港 | 25 |
| | | | 內地 | 70 |
| 全球城市指數（2021） | 科爾尼管理諮詢公司 | 對於全球人才的吸納能力、區域數字經濟的發展力、平衡資源的經濟韌性、積極應對氣候變化和提升居民幸福感 | 香港 | 7 |
| | | | 北京 | 6 |
| | | | 上海 | 10 |
| | | | 廣州 | 61 |
| | | | 深圳 | 72 |

資料來源：根據有關機構報告整理。

以在營商環境改善、服務貿易自由化等方面提供具體借鑑，幫助完善相關配套政策措施，也可以在人民幣離岸業務、資本市場互聯互通、金融創新開放等方面發揮「超級聯繫人」的作用（表 5-2），為促進人民幣國際化提供相對可控的試驗平台，助力雙循環新發展格局。

二是門戶樞紐。打造「一帶一路」功能平台是《中共中央關於制訂國民經濟和社會發展第十四個五年規劃和 2035 年遠景目標的建議》對香港的新定位。香港是國際自由港，「一帶一路」建設將大幅拓展中國與沿線國家的貿易規模，為香港帶來大量業務機會。香港不僅在金融和基建融資、專業服務、風險控制方面具有傳統優勢，同時也在人文交流、民間溝通等方面具有獨特優勢，既可以為大灣區內地企業「走出去」提供專業的管理和服務支持，也可以吸引「一帶一路」沿線國家企業來港融資。東盟是「一帶一路」建設的重點區域，而香港位於中國 — 東盟的地理中心，又與東盟主要國家間有着密切的經濟和人文聯繫，因而香港在中國 — 東盟合作中具有重要的節點功能。香港是大灣區中與東盟投資和服務交易最大的城市，也是東盟大型企業進入最多的城市。而跨國企業駐港地區總部和代表處從事東盟業務的數量和分佈，充分表明香港是東盟進入內地、內地進入東盟的最重要城市（表 5-3）。隨着珠三角加工貿易企業向東盟遷移，雖然香港與東盟之間貨物貿易有所減少，但有關企業往往會在香港設立分支機構，將

表 5-3　在港從事東南亞業務的地區總部、地區辦事處數目及佔比（2021）

| 目標地域 | 地區總部數目（佔比） | 地區辦事處數目（佔比） |
|---|---|---|
| 新加坡 | 472（32.4%） | 647（26.1%） |
| 泰國 | 291（20.0%） | 380（15.3%） |
| 馬來西亞 | 289（19.8%） | 374（15.1%） |
| 越南 | 284（19.5%） | 391（15.7%） |
| 印度尼西亞 | 246（16.9%） | 299（12.0%） |
| 菲律賓 | 223（15.3%） | 315（12.7%） |

資料來源：根據香港統計處數據整理。

市場銷售、品牌推廣、融資等功能留港，必將強化香港在大灣區中面向東盟的門戶功能（表 5-3）。至於大灣區建設，香港還可以攜手共同開拓東南亞市場，參與「一帶一路」建設，為經濟發展帶來源源不絕的動力。

## 二、兩地產業鏈相通

### （一）香港強則灣區產業鏈強

產業鏈是生產要素依據生產過程的上下游關係和空間佈局形成的關聯形態。[1] 創新鏈作為原始驅動力，鑲嵌於產業鏈各個環節中，藉助產業鏈上各個環節的價值增值實現循環。在知識經濟時代，打造創新鏈與產業鏈閉環生態成為決定科技競爭成敗的關鍵。2018 年以來，美國西方勢力發起貿易戰和科技戰，產業鏈自主化的重要性日益凸顯，產業鏈不能單純的只考慮性能和價格，也要考慮供應安全。未來，預計還會有很多重大事件發生，我們必須未雨綢繆，準備好應對即將發生的重大變化。美國實施芯片、工業軟件、高精度元器件等禁運，試圖打壓我國高科技企業。其實，就是美國利用其產業鏈「鏈主」優勢對我國高科技產業進行打壓，對我國斷供高科技產品，這充分反映了產業鏈環節缺失、受制於人的危害，產業鏈自主化是新時代世界格局變化使然。作為「超級聯繫人」，香港特區可以更好地發揮門戶樞紐的獨特作用。

---

1　任志寬：〈推動產業鏈與創新鏈深度融合〉，《學習時報》，2020 年 7 月 16 日。

表 5-4　全球科技創新集群、科技活躍度排名前五名

| 科技集群 | | | 科技活躍度 | | |
|---|---|---|---|---|---|
| 地區 | PCT 專利 | 科學出版物 | 地區 | 人均 PCT 專利 | 人均科學出版物 |
| 東京 - 橫濱 | 113 244 | 143 822 | 劍橋 | 584 | 5 796 |
| 深圳 - 香港 - 廣州 | 72 259 | 118 600 | 牛津 | 282 | 5 318 |
| 首爾 | 40 817 | 241 637 | 埃因霍溫（荷／比） | 816 | 602 |
| 北京 | 25 080 | 241 637 | 聖荷西 - 舊金山 | 656 | 1 486 |
| 聖荷西 - 舊金山 | 39 748 | 89 974 | 密歇根安娜堡 | 218 | 4 975 |
| | | | 東京 - 橫濱（26） | 313 | 397 |
| | | | 深圳 - 香港 - 廣州 | 161 | 264 |

資料來源：根據香港科技大學圖書館資料整理。

　　與世界其他著名灣區相比較，粵港澳大灣區的應用研究和面向市場的開發研究創新發展速度驚人。在《2020 年全球創新報告》中，由「深圳 — 香港 — 廣州」組成的科技集群，已經連續三年僅次於「東京 — 橫濱」，遠超北京、上海，名列全球第二位。但是，科技集群的全球排名，是以專利、科學出版物的絕對數量為計算標準的；而以人均計量（每 10 萬人的人均數）的科技活躍度區域中，「東京 - 橫濱」排名僅為 26 位，「深圳 — 香港 — 廣州」則降至 57 位（表5-4）。可見，大灣區雖然科技產出的數量較大，但總體仍然停留在模仿複製階段。創新產出主要表現為數量的絕對值增長，而不是高質量的發展。一是最能代表基礎研究的高水平論文發表數量，粵港澳大灣區處於低水平。2008-2017 年，舊金山灣區和紐約灣區分別是粵港澳大灣區的 2.6 倍和 7.5 倍（表 5-5）。二是在PCT 專利申請方面，粵港澳大灣區專利水平的技術含量不高，核心專利仍然依賴他人。從發明專利的專利施引數與佔發明專利數的比值中發現，除粵港澳大灣區（0.90）外，其餘三個灣區的比值均大於 1（東京 1.21、紐約 2.20、舊金山 4.35）。

　　這就表明，粵港澳大灣區在「基礎研究 — 應用研究 — 市場開放型研究」這

表 5-5　四大灣區高水平論文和 PCT 專利申請數佔比比較（2008-2017）

| 灣區 | 高水平論文數 | 高被引論文數 | 高熱點論文數 | PCT 專利申請數佔比（%） |
|---|---|---|---|---|
| 粵港澳大灣區 | 3 401 | 3 277 | 124 | 5.79 |
| 東京灣區 | 3 631 | 3 516 | 116 | 98.05 |
| 舊金山灣區 | 8 994 | 8 729 | 265 | 21.9 |
| 紐約灣區 | 25 621 | 24 979 | 642 | 31.3 |

資料來源：根據廣東省科技廳情報所數據整理。

樣一個產業鏈中，基礎研究還十分薄弱。要想推動產業鏈邁上全球價值鏈中高端，擁有國際頂尖地位的大學和科研機構是「補鏈」的關鍵環節。各國科技集群和科技活躍地區的形成、發展的經驗表明，在區域創新生態系統和科技密集區中，大學屬於最核心的一層，承擔知識創造與傳授、人才培育的責任；企業則是創新活動的執行主體，以主導型大學為核心的「中心 — 輻輪」式模式，是所有科技創新區域形成、成長的主要特徵。

在粵港澳大灣區中，香港是唯一具有躋身世界前列的大學，掌控着決定科技自主創新原動力的基礎研究這一優勢的城市。[1] 從 20 世紀 90 年代開始，港府重視發展高等教育，並增加本地學士學位的課程學額，以應對社會和經濟發展的人才需要。1991 年，在香港大學、香港中文大學之外，創建了以研究型為主的第三所大學 —— 香港科技大學，開始投放資源在研究工作包括高科技研究，致力於培養高質量的研究人員。1994 年香港理工學院正名為香港理工大學，香港城市理工學院正名為香港城市大學，設立較多工科及科技相關學科的課程。

在 QS 全球大學 2021 年排名前 50 中，中國共有 8 所大學上榜，其中香港就佔了 4 所，密集度超過北京（2 所）和上海（2 所）。在泰晤士 2021 年全球化大學排名中，香港大學、香港中文大學更佔據第一、三位置，內地大學無一上榜前

---

1　陳曉林：《深圳文博會對話灣區高峰論壇》，香港衛視，2018 年 5 月 17 日。

100，這充分說明香港擁有國際標準的科技研究、教學水平，和聚集全球頂級科技資源的能力。

香港在基礎研究方面取得如此成就，與國際化的科研環境以及知識產權保護和法治環境密切相關，更離不開特區政府長年累月對基礎研究的投入，使廣大科研工作者「衣食無憂」地開展工作。與廣東省相比，香港雖然對基礎研究的R&D 開支總量及其佔 GDP 之比有很大差距，但對基礎研究的支持強度則高出許多（表 5-6）。對此，僅僅依靠引進海外科技人才和高技術，一旦海外「斷供」，或對關鍵技術實施禁運，必然影響到大灣區乃至內地整體產業鏈安全，威脅經濟安全。故，最重要的還是要依靠自己，依靠自己大學的培養，依靠自己科研機構的積累，依靠廣大科研工作者長期的努力。而香港在解決大灣區「補鏈」問題上擁有核心優勢，大有可為，助力化解關鍵技術受制於人、對外依存度過高等重大現實問題。

表 5-6　香港與廣東省 R&D 開支構成（2019）

| 香港（億港元） | | | 廣東（億元人民幣） | | |
|---|---|---|---|---|---|
| R&D 總額與佔比 | 263.33 | 100% | R&D 總額與佔比 | 3 098.50 | 100% |
| 高等院校 | 134.32 | 51% | 基礎研究 | 141.86 | 4.6% |
| 工商機構 | 116.16 | 44% | 應用研究 | 247.28 | 8.0% |
| 政府 | 12.84 | 5% | 面向市場研究 | 2 709.36 | 87.4% |
| R&D/GDP | 0.92% | | R&D/GDP | 2.88% | |

資料來源：根據香港政府統計處、廣東省統計局的資料整理。

## （二）香港新機遇：優化灣區產業鏈佈局

生產性服務業就是製造業的服務，是全產業價值鏈的高端增值環節。[1] 美國製

---

1　宣燁、楊青龍：〈生產性服務業助推製造強國建設〉，《中國社會科學報》，2020 年 11 月 4 日。

造中的服務製造比重佔 60%-70%，而中國製造僅有不到 10% 為服務製造，絕大多數為單純的加工環節，這就是中國製造被定為在中、低端鏈條的關鍵所在。隨着珠三角大力推進製造業高質量發展，為生產型服務業集聚的香港，提供了大量市場機遇。

近年來，香港生產性服務業進入珠三角製造的最大突破，發生在香港與深圳的科技合作，香港高校和科研機構開始把科研成果在深圳進行落地，這或許可以稱為香港對大灣區製造業供應鏈的「補鏈」。2006 年深圳市就將建設「深港創新圈」列為戰略目標，2007 年港深兩地簽署合作協議並成立「深港創新及科技合作督導會議」，港深科技合作水平持續提升，涵蓋生物醫學、集成電路、射頻識別、太陽能電池及工業設計等多個領域。隨着粵港澳大灣區建設的縱深推進，深港迎來全新發展機遇。2017 年 1 月，香港特區政府與深圳市人民政府簽

圖 5-3　港深創新科技園示意圖

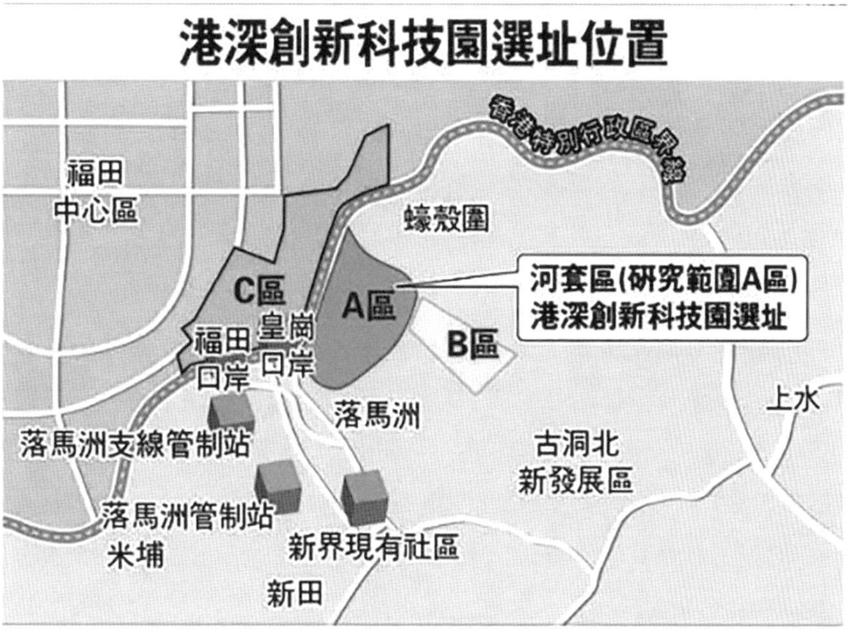

署《關於港深推進落馬洲河套地區共同發展的合作備忘錄》，在佔地 87 公頃的落馬洲河套地區共同發展「港深創新及科技園」，建立重點創科研究合作基地，吸引海內外頂尖企業、研發機構和高等院校進駐。截至 2019 年底，已經有 6 所香港高校在深圳建立了 72 家科研機構，承擔 1 128 項國家、省、市級科研項目，轉化 2 692 項科技成果，註冊企業 79 家。來自香港高校的基礎研究突破已經在深圳孕育了大疆無人機、商湯科技等具有全球影響力的科技企業，處於大灣區全球供應鏈的下游銷售鏈條地位。香港作為基礎研究的上游鏈條，深圳等珠三角地區則作為產業鏈的中下游，兩地合作形成了科技創新的強大組合優勢。

隨着大灣區的科技集群擴散，形成「廣州 - 東莞 - 深圳 - 香港」科技走廊，香港的基礎研究成果逐步向大灣區其他城市延伸。例如，香港科技大學在東莞松山湖設立的機器人研究中心，香港理工大學在深圳建立現代中藥研究所，成為全國首間專門研究中藥藥劑與藥理學的國家重點實驗室，香港科技大學校友創業的雲舟無人船項目在珠海成功落地等等。香港的基礎研發將與珠三角實體產業協同發展，在重塑大灣區製造的高端產業鏈過程中贏得新的機遇和新的優勢。

### （三）灣區產業鏈強則香港強

香港發展的未來在大灣區，這並不僅僅是一句政治宣示，而是經濟邏輯和產業鏈發展規律使然。香港本土的基礎研究和原始創新難以在本土落地，形成科技產業鏈的「短板」，與長期以來的一種誤解有關。傳統觀點認為，香港「寸土寸金」，土地和要素價格高企，不適宜應用研究以及將面向市場的開發放在本地。其實，在科技創新創業活動中，最為重要的並非資本和土地。21 世紀，最貴的應該是人才。匯聚大量高素質人才，讓人才進得來、留得住、無後顧之憂、心無旁騖地開展工作，形成良好的創新創業氛圍。縱觀其他世界級灣區，紐約灣區、東京灣區，其土地價格同樣居高不下，但並不影響其科技創新產業的快速發展。

香港與其他灣區最大的不同點在於，香港科技產業化發展與內地市場、內

地消費存在一定的空間隔離、心理距離，這或許是香港科技創新無法落地本土的一個深層次原因。利用香港目前在大灣區城市群中的高端消費市場地位，可以仿效東京的科技創新產業空間佈局模式。東京都會區圈中的都心（東京都的 3 個區）是日本新產品消費市場的集結地、日本市場的風向標。都心周邊，東京灣區的川崎、橫濱、埼玉和首都經濟圈的山梨、群馬諸縣，三者之間形成了一種「科技產品開發 — 測試市場 — 小規模定制工廠 — 規模化生產」的產業空間佈局，即在研發成果的商品化過程中，以東京都心作為測試市場，在都心周邊設立小規模定制化的母工廠，提供新產品在市場上進行測試，若市場接受則產業化、規模化生產並向東京灣區以及灣區外的山梨、群馬等地區擴散，形成規模巨大的子工廠。日本人將在東京都心區新產品測試市場稱為「天線」，將小規模定制化工廠稱為「母工廠」。「母工廠」圍繞「天線」的風向標，不斷地創新產品，推動外圍「子工廠」規模化生產，從而滿足日本和全球消費需求。

香港十分適合在大灣區城市群的科技創新產業鏈發展，引進東京的「天線 — 母工廠 — 子工廠」模式。將香港市場定位為大灣區科技創新產品與新產品的市場前端，即科技產品市場開發、預測市場需求的「天線」，通過科研成果的商品化，在香港設立小規模定制化的「母工廠」，不斷向市場提供新產品，形成市場的規模需求後，在大灣區建立產業化、規模化的「子工廠」生產基地。這種「天線 — 母工廠 — 子工廠」模式，或許是香港科技創新與新興產業落地本土的一個求解方案。隨着粵港澳大灣區建設深入推進，可為徹底打破香港市場與內地市場的障礙提供了機遇，更為香港科創產業發展和經濟轉型提供了堅實的基礎。

一般認為，科技創新到產業化包括原始創新、科技成果轉化和產業化三個階段。[1] 原始創新是「從 0 到 1」的原創性突破，科技成果轉化則是「從 1 到 10」

---

1　陳曉林：〈科技創新是全面建設小康社會的前提和保障〉，《青年思想家》，2004 年第 1 期。

飛躍，科技成果產業化是「從 10 到 100」躍升。對香港而言，一個前景無限的方向就是，通過從香港高校與科研機構實現「從 0 到 1」的突破，由應用研究、創業企業在本土商業化開發，實現「從 1 到 10」的轉化，孕育本土「獨角獸」企業，在香港股市融資上市後再進入大灣區內地市場實現「從 10 到 100」的規模化、產業化迭代，從而培育出在香港初創並成長，在大灣區市場發展壯大，再進入內地和國際市場的大型科技企業。如是，香港就可以在科技成果產業化的價值增加過程中得到更多的份額，更大的份額，從而超越「前店後廠」模式，更好地造福香港，為港人創造更加美好的生活。

## 三、兩地人才流通

習近平主席在中國共產黨第二十次全國代表大會報告中指出：「培養造就大批德才兼備的高素質人才，是國家和民族長遠發展大計。功以才成，業由才廣。」作為小型開放經濟體，香港面臨較為嚴重的人口老齡化問題，大灣區人才相互流通，乃是聚天下英才而用之的必然選擇。

### （一）內地人才力撐香港

回歸以來，特區政府一直高度重視人才戰略，受到國際人才普遍青睞。在《2021 年世界人才競爭力報告》中，香港排名世界第一。為吸引外來高技術人才來港工作及定居，特區政府推行多項人才入境計劃，包括一般就業政策、輸入內地人才計劃、優秀人才入境計劃和科技人才入境計劃等，內地源源不斷地為特區輸送各類人才自然功不可沒！據港府統計處統計報告，1997 年以來，內地已有超過 107 萬人持單程證赴港，佔全港總人口 13%。2009-2018 年，單程證持有人赴港佔香港人口淨增長的 87%。2002-2006、2007-2011、2012-2016 這三個五年期間，香港人口淨增長數發分別為 17.4 萬、20.52 萬和 26.76 萬，同期單程

證來港人數分別為 24.61 萬、21.01 萬和 23.59 萬。2012-2016 年單程證持有人 23.59 萬人，足以抵銷港人遷居其他國家或地區的數目，2016 年一年單程證輸入額達到 57 400 人，創 15 年來新高。近年來，單程證持有人整體教育水平顯著改善。2019 年，約 25% 達專上教育程度，而 1999 年僅 5.3%。2018 年，單程證持有人專上教育水平比例為 24.9%，仍低於香港整體 33.1% 水平。就勞動人口參與率而言，內地來港定居 7 年以下者從 2006 年的 45.7% 上升到 2016 年 54.2%；每週工作時間中位數 45 小時，高於全港的中位數 44 小時。[1]

在多項人才入境計劃中，一般就業政策並不設配額，主要是為了方便引進外籍人才來港工作。2003 年，特區政府推出了輸入內地人才計劃，也不設配額，旨在吸引來自內地人才來港工作。據香港入境事務處統計，2003-2012 年通過該計劃獲准來港者共有 57 126 宗，其中有 7 033 人在 2010 年至 2019 年期間取得香港居留權，成為香港永久性居民。2020 年、2021 年通過該計劃來港人士分別有 6 995 宗、9 065 宗。2006 年 7 月，特區政府又推出設有配額的優秀人才入境計劃，旨在每年吸引 1 000 名高技術人才或優才來港定居。與一般就業政策及輸入內地人才計劃不同，優秀人才計劃並不以就業為本，而是根據計分制評核申請的簽證計劃。據特區政府公佈的數據顯示，2006-2020 年，共有 7 127 名申請人成功獲分配名額。符合香港人才清單要求的申請人經評核後，可享有優才計劃下的入境便利，以配合香港經濟高增值及多元化的發展。該計劃的人才清單涵蓋 11 項專業均是經濟發展當前至中期最需要的。來源地而言，還是內地人數最多，共 6 179 人，約佔總人數的 86%；來自美國和澳大利亞的人數分別位居第二、第三，分別有 159 人和 130 人。從申請人所屬行業來看，金融及會計服務和資訊科技及電訊兩個行業獲分配名額較多，分別為 1 767 人和 1 625 人，佔優才計劃總

---

1　香港政府統計處：《2016 年中期人口統計主題性報告：內地來港定居未足七年人士》。

表 5-7　香港各類人才輸入計劃

| 人才入境計劃 | 申請資格 |
| --- | --- |
| 一般就業計劃<br>（4週，即28天） | 具備香港所需而又缺乏的特別技能、知識或經驗；來港前申請人必須已獲聘用 |
| 輸入內地人才計劃<br>（4週，即28天） | 具備香港所需而又缺乏的特別技能、知識或經驗；來港前申請人必須已獲聘用 |
| 優秀人才入境計劃（≥6個月）<br>對象：海外及內地高技術人才或優才<br>每年配額：1000個 | 達到最低及格分數；分數根據申請人的學歷／專業資格、工作經驗、年齡及家庭背景、曾否獲得傑出成就等方面計算；申請人無須實現獲得聘用 |
| 科技人才入境計劃<br>（2週，即14天）<br>對象：海外及內地科技人才 | 聘用公司／機構必須向創新科技署申請配額以輸入科技人才 |

資料來源：根據香港入境事務處的資料整理。

配額的 48%。此外，建築、測量、工程及建造、商業及貿易、學術研究及教育和工業製造分別獲得分配名額 535 人、462 人、438 人和 429 人。吸引人才一直是特區政府施政重點，優才計劃一直是吸引世界各地高技術人才或優才來港定居，以提升香港國際競爭力的重要渠道。及至《2022年施政報告》，更是將引才與招商引資並列，以強化競爭力，並成立由政務司司長掛帥的「人才服務窗口」，專責制訂並統籌招攬內地和海外人才的策略和工作，向來港人才提供一站式支援，在各駐內地辦事處和海外經濟貿易辦事處（經貿辦）設立「招商引才專組」，主動接觸目標企業和人才，積極遊說他們來港發展，還推出了「高端人才通行證計劃」，羅致這些人才來港發展，優化現有多項輸入人才計劃，加強其吸引力。力度之大，無疑是空前的！透過優才計劃來港定居的人才擁有國際和內地視野，有助香港充分發揮優勢，緊密連接世界各地和內地，加強亞洲國際都會的地位。

　　為促進創新科技發展，建立國際科技創新中心是《粵港澳大灣區規劃發展綱要》的重點，香港創科產業正迎來前所未有的機遇，而科技人才短缺卻成為香港創科企業發展的一大掣肘。根據港府勞工及福利局此前發佈的《2027年人力資

源推算報告》，創科產業的人力需求在未來幾年內將按年增長 4.6%，增速居各行業之首。預計到 2027 年，香港創科相關行業人力資源需求將達到 5.76 萬人，而補齊人才缺口，內地仍是最重要的源頭地。2018 年 5 月，特區政府宣佈以先導形式推行科技人才入境計劃，為期 3 年。該計劃旨在透過快速處理安排，供合資格公司申請輸入非本地科技人才到香港從事研發工作，成功申請的公司會獲發配額，以輸入相關人才從事研發工作，推動香港創科產業快速發展。該計劃簡化了申請程序，將審批時間由 4 週縮短至 2 週。該計劃首個年度輸入 1 000 人，截至 2019 年 9 月底，創新科技署接納了 291 宗配額申請，已經批出 86 個相關的工作簽證。2020 年，特區政府進一步優化了科技人才入境計劃，將適用範圍由 7 個增至 13 個，涵蓋了人工智能、生物科技、網絡安全、金融科技等時下最具發展前景的創科產業，並計劃將適用範圍擴至全港所有進行有關科技範疇研發活動的公司。依據該計劃已發出的入境簽證中，超過七成為碩士及以上學歷的高精尖專才優才，為創新科技產業發展持續注入活力。此外，特區政府還計劃聯手本地高校推出傑出創科學人計劃，吸引傑出的科創學者及團隊落戶香港，初步名額為 100 名，資助將涵蓋赴港學者的薪金津貼、設立實驗室及其營運開支等。

為配合引進外來人才政策，特區政府積極吸引更多非本地學生來港就讀，鼓勵他們畢業後留港工作。為此，多管齊下，推出了多項便利措施，以發展香港成為粵港澳大灣區教育樞紐。主要政策有三項：一是針對大學教育資助委員會資助院校的招生政策，提高校內副學士、學士學位和研究生院修讀課程取錄非本地學生的限額（在 2005-2006 年，錄取非本地生的限額由課程的核准學額指標的 4% 增至 10%，並從 2008 年進一步增加至 20%，相關限額至今維持 20% 不變）。二是撤銷教資會資助院校錄取非本地生入讀研究生院研究課程的限額。三是在 2008 年推出「非本地畢業生留港／回港就業安排」，容許非本地學生在香港修讀全日制經本地評審課程，獲得學士學位或更高資歷以後，可留港 12 個月以便申請工作。如此以來，內地學生逐漸成為來港升學就業的「主力軍」。據

香港入境事務處統計，在 2018-2019 年度，有 11703 名非本地學生入讀教資會資助的副學士、學士學位和研究生院修讀課程，其中內地學生佔比高達 60%；2019 年向內地學生發出的來港就讀簽證數目達 30 707 宗，較 2015 年的 18 528 宗增加 65.7%，同期，根據「非本地畢業生留港／回港就業安排」留港的內地生人數從 9 541 人增加至 9 757 人。雖然近兩年受社會動盪及疫情等影響，香港社會一度出現「人才流失」的擔憂。特區政府着力提高吸引高層次學術人才的競爭力，2021 年 6 月推出重量級的傑出創科學人計劃，吸引海外重量級學術人才。截至 2022 年 2 月，該計劃已經成功吸引 60 多名國際知名創科學者以及其團隊來香港參與教研工作。他們的到來既增強了創新科技研究的實力，也是對科研學術環境自由開放度的認可。

### （二）大灣區拓寬香港青年的發展空間

為拓寬香港青年的發展空間，特區政府還着力引導更多青年前往大灣區內地城市就業，從事創新創業，大展身手，蓋因香港地理空間狹小，本地市場規模有限，青年向上流動空間狹小，而大灣區幅員遼闊、商機無限為香港市民突破城市邊界提供了更多可能，使其能夠選擇更優質、更多樣的生活及工作環境。

大灣區青年就業計劃就是《行政長官 2020 年施政報告》中的重要措施。特區政府鼓勵在香港及大灣區內地城市有業務的企業，聘請及派駐香港青年到大灣區內地城市工作，為有意願到大灣區內地城市開創事業的港青提供機會，讓港青在大灣區尋求突破、發揮所長，學成回港成為各行業的精英人才。該計劃名額 2 000 個，當中約 700 個專為創科職位而設。參與計劃的企業須在香港按照香港法例及以不低於月薪 1.8 萬港元聘請目標畢業生，並派駐他們在大灣區內地城市工作及接受在職培訓。政府會按企業聘用的每名畢業生，發給企業每人每月 1 萬港元的津貼，為期最長 18 個月。自計劃推出以來，得到商會和企業的積極支持。截至 2021 年 6 月 30 日，已有 377 間企業提供 2 887 個職位空缺，求職人

士經網站提出 9 013 個求職申請，據推算整體求職數目超過 1.8 萬個。《2022 年施政報告》更是將「大灣區青年就業計劃」恒常化，以推動參與企業聘請和派駐香港的大學畢業生到大灣區工作，繼續透過「青年發展基金」兩個資助計劃，為香港青年提供大灣區創業支援及孵化服務，協助他們解決創業初期的資本需要。

大灣區青年創業資助計劃和大灣區創新創業基地體驗資助計劃是青年發展委員會 2019 年 3 月在青年發展基金[1] 旗下所推出的兩項新計劃，以協助香港青年把握大灣區發展的機遇。社會各界對兩項計劃的反應踴躍，共接獲 40 多間非政府機構的申請。大灣區青年創業資助計劃分為兩部分，一是為每個獲資助的香港非政府機構提供最多每年 100 萬港元的資助，支持他們為香港青年創業者提供更深、更廣、更具針對性及更具持續性的創業支持及孵化服務，包括協助他們落戶位於香港及大灣區內地城市的雙創基地。二是為創業青年提供配對資金。每個獲資助機構最多可獲 450 萬港元的政府資助，配以機構提供的 150 萬港元，作為青年創業團隊的種子資金，進一步回應他們在香港及大灣區內地城市創業初期的資本需要。每個創業團隊最多可獲 60 萬港元種子資金，包括 45 萬港元政府資助及 15 萬港元機構提供的配對資金。截至 2022 年 3 月 22 日，特區政府已批出 1.3 億港元，資助 16 個非政府機構推展青年創業的項目，預計為 230 家青年初創企業（涉及超過 800 名香港創業青年）提供資助，以及向約 4 000 名青年提供提供創業支援及孵化服務。而大灣區創新創業基地體驗資助計劃則是鼓勵創業者到內地創業基地進行體驗，加強有意創業的香港青年對位於大灣區內地城市的青年雙創基地的認識，並更好地了解內地相關雙創政策和配套措施。每個體驗項目資助上限為 70 萬港元，獲資助機構可舉辦不同體驗活動，如介紹當地創業

---

1 特區政府在 2016 年設立「青年發展基金」，下設「創業配對基金」，通過以資金配對形式與非政府機構合作，協助青年人創業，為他們提供指導，同時讓青年人從創業過程中累積寶貴經驗。

環境和政策、考察創業基地或有關創業活動、在創業團隊進行短期實習等，幫助打算在內地創業的香港青年作好準備。截至 2021 年底，已批出約 500 萬港元予 15 個非政府機構，預計受惠青年約 700 名。

近年來，大灣區青年創新創業基地更是蓬勃發展，為雙創活動提供了大量軟硬件支持（表 5-8）。成功落戶雙創基地的香港青年除了可受惠大灣區各市政府出台的優惠政策措施，亦可享受基地提供的孵化及輔導服務，減低創業面對的

表 5-8　大灣區青年創新創業基地的分佈情況

| 地點 | 創新創業基地 |
|---|---|
| 廣州 | 南沙粵港澳（國際）青年創新工場 |
| | 天河區港澳青年之家「ATLAS 寰圖・辦公空間」 |
| | 天河區港澳青年之家「TIMETABLE 精品聯合辦公空間」 |
| | 天河區港澳青年之家「專創・眾創空間」 |
| | 「創匯谷」粵港澳青年文創小區 |
| | 華南新材料創新園 |
| 深圳 | 南山智園深港青年創新創業基地 |
| | 前海深港青年夢工場 |
| | 尚創峰（Upper Point） |
| | 深圳福田崗廈深港澳青年創新創業基地 |
| 珠海 | 珠海市大華港澳青年創新創業服務中心 |
| | 橫琴・澳門青年創業谷 |
| 佛山 | 工合空間 — 粵港澳科技展示交流中心 |
| 惠州 | 惠州仲愷港澳青年創業基地 |
| 東莞 | 東莞松山湖（生態園）港澳青年創新創業基地 |
| | 東莞天安數碼城科技企業孵化器 |
| | 常平科技園 |
| | 聯豐創意穀科技企業孵化器 |
| 中山 | 中山市易創空間創業孵化基地（中山粵港澳青年創新創業合作平台） |
| | 澳中致遠火炬創新園 |
| 江門 | 廣東網商時代產業園 |
| 肇慶 | 肇慶新區港澳青年創新創業基地 |

風險。特區政府 2019 年的施政報告宣佈，將成立大灣區香港青年創新創業基地聯盟，邀請粵港兩地機構，包括具實力及有往績支持的雙創基地、大學、非政府機構、科研單位、專業團體、創投基金等加入聯盟，攜手建立一站式資訊、宣傳及交流平台，支持在大灣區創業的香港青年。

可見，人才乃是第一資源，從內地人才力撐香港發展轉型，到香港青年赴大灣區就業創新創業，兩地人才相互流通，互通有無，按需配置，取長補短，無疑有利於構築大灣區人才高地，再創特區人才競爭力的新優勢。

## 四、「連通」撬動機制「對接」

與產業鏈相通和人才流通相比，兩地基礎設施互聯互通、互利合作則邁出了更大步伐。廣深港高速鐵路和港珠澳大橋的建設和運營標誌着「兩制」合作不僅是必要的，更是完全可行的。為促進統一大市場建設，兩地可以超越制度性差異，按照共同的計劃、共同的藍圖和建設進度建設一體化運營的基礎設施，亦可通過「一地兩檢」等方式進行通關合作，大大提升人員、資金、貨物、交通運輸工具等要素的流通效率。

### （一）兩地基礎設施「共建」

廣深港高速鐵路和港珠澳大橋就是兩地共商共建、共治共享的典範。當然，正因為有「兩制」之異，無論是共商還是共建，都並非一帆風順。這就表明，這兩項大型基礎設施的最終完成共建，並成功運營，其重大貢獻之一就是為「兩制」合作探索出了一條可行的路徑。

首先來看廣深港高速鐵路的共建。眾所周知，高鐵是當代最重要的運輸科技發展之一。與其他交通方式相比，高鐵有行駛速度快和乘搭便利的優勢。行車速度而言，一般時速可達 200 公里或以上，在部分路段更可高達 350 公里。

與香港本地軌道交通相比，將軍澳線列車的最高時速約 80 公里，機場快線列車的最高時速約 135 公里，可見高鐵的行駛速度可快逾倍。高鐵車站通常位於市中心，乘客亦無須如乘搭飛機般提早一、兩小時到達並託運行李。如計算「門到門」總時長，乘坐高鐵往中、短距離的城市往往比乘坐飛機更為省時便利。中國已成為世界上高鐵發展最快、系統技術最全、集成能力最強、運營裡程最長、運行時速最高、在建規模最大的國家。香港作為區域交通樞紐，若能連接國家高鐵網絡，將可拓展長遠發展機遇。早在 1998 年，香港特區政府即已提議建設一條連接九龍市區和港深邊界的「區域快線」。國家原鐵道部、廣東省和香港方面此後共同開展相關規劃和研究工作。2004 年，原鐵道部編制國家中長期鐵路網規劃時，決定將廣深港高鐵納入國家「四縱四橫」高速鐵路網絡。

2007 年 8 月，特區政府決定高鐵香港段採取專用通道方案，興建一條全新的全地下隧道鐵路線。高鐵香港段由特區政府出資並採取經營權的模式，委託

圖 5-4　廣深港高鐵線路示意圖

港鐵公司負責高鐵的規劃設計、建設維護及運營管理。2010 年 1 月 16 日，香港特區立法會批准高鐵香港段建設項目撥款，高鐵香港段於當月 27 日正式破土動工。在建設鐵路的同時，港鐵公司通過招標的形式採購香港段高鐵列車。當時的中國南車集團中標，由其旗下的青島四方機車車輛股份有限公司為香港量身定做最高時速 350 公里的高鐵列車。2018 年 9 月 23 日，廣深港高鐵香港段正式開通。

廣深港高鐵全長約 140 公里，其中香港段全長約 26 公里，將香港連接進入國家高鐵網絡，大大縮短了香港往來全國各大城市，尤其是往來大灣區內地城市的時間。據統計，開通第一年內就有超過 1 500 萬人次乘坐高鐵往來香港和內地。

表 5-9　高鐵開通前後香港市中心往來大灣區部分城市時長

| 目的地 | 高鐵開通前需時 | 高鐵開通後需時 |
| --- | --- | --- |
| 深圳 | 約 45 分鐘（東鐵線） | 14 分鐘 |
| 廣州 | 約 2 小時（廣九直通車） | 46 分鐘 |
| 東莞 | 約 70 分鐘（廣九直通車） | 33 分鐘 |

廣深港高鐵香港段為香港帶來巨大的經濟效益。一是直接效益。按保守估計，在 50 年的高鐵營運期內，平均每年乘客節省的行程時間約 3 900 萬小時。由於廣深港高鐵香港段走線全程為隧道，亦可減低對環境及本地社區的影響。假設每日有十萬乘客從跨境巴士轉乘高鐵，估計每年可減少約 4 700 公噸二氧化碳的排放。二是間接效益。加強香港與大灣區內地城市的交通連接，有利於促進人員往來和經貿交流。香港的相關經濟支柱產業，如金融服務、貿易和專業服務，尤其受惠。高鐵快捷舒適的服務，也有助於開拓新的旅遊市場，進一步發展香港及內地之間的旅遊業。西九龍站毗鄰西九文化區，更可與此世界級綜合文化藝術區締造協同效應，推廣香港盛事之都的特色。

再來看共建港珠澳大橋。香港與珠江東岸直接接壤，有便利的陸路交通聯

繫，但長期以來與珠江西岸的交通聯繫相對薄弱，陸路運輸必須繞道虎門大橋，增加了運輸時間和成本。早在 1983 年，香港企業家胡應湘就提出興建連接香港與珠海的伶仃洋大橋。1997 年亞洲金融危機後，香港特區政府認為有必要盡快建設連接香港、澳門和珠海的跨海陸路通道，並於 2002 年向中央政府提出了修建港珠澳大橋的建議。2003 年 1 月，國家發改委與香港特區政府共同委託綜合運輸研究所進行《香港與珠江西岸交通聯繫研究》。該研究認為興建一條香港特區和珠江西岸之間的陸路連接線，具策略上的意義，而且有迫切的需要。隨後，廣東省、香港特區政府及澳門特區政府成立港珠澳大橋前期工作協調小組。2007 年，國家發改委成立港珠澳大橋專責小組。2009 年 12 月，大橋正式開工建設。主橋建設費由三地政府共同融資，三地政府亦負責各自建造、營運和維修保養其境內口岸設施。

然而，大橋開工僅一個月後，就面臨一項重大考驗，東涌一名六旬女性居民在個別投機政客的教唆下，提出司法覆核，聲稱大橋環評報告不符要求。特區政府一度敗訴，經上訴後才在 2011 年 10 月得直。[1] 在官司進行的一年零九個月時間裡，幾乎所有法定程序及撥款程序完全停頓，工程招標工作則多番因應司法覆核進展修改條款而受到延誤。據估算，這場官司使大橋香港段造價額外上升 89 億港元，浪費大量公帑，連港鐵沙中線等其他工程進度亦遭連累。這樣一場波折就折射出「一國兩制」在實踐過程中存在「走樣」「變形」的問題。雖然憲法與香港基本法確立的行政長官制整體上得到比較有效的落實，但仍有人企圖不斷擴大司法機關的權力，使其有更大的政治能量來掣肘行政機關。而司法覆核這項本為確保政府依法行政的制度，往往被異化為阻撓政府施政的政治工具。對此，不少有識之士已有清晰認識。香港終審法院前常任法官烈顯倫（Henry

---

1　案件編號：CACV 84/2011。

Denis Litton）就多次批評司法覆核遭濫用的亂象。[1] 近年來司法機關亦開始反思其處理政治問題的邊界和路徑。

歷經種種阻礙，港珠澳大橋終於在 2018 年 10 月開通，成為粵港澳大灣區建設的重要基礎設施。這是粵港澳三地首次合作共建的超大型跨海通道，全長55 公里，設計使用壽命 120 年，總投資約 1 200 億元人民幣。大橋通車後，香港與珠三角西部的行車時間大幅縮減。取道大橋往來葵青貨櫃碼頭與珠海，由約3.5 小時縮減至約 75 分鐘，可節省六成以上時間；取道大橋往來香港國際機場與珠海，由約 4 小時縮減至約 45 分鐘，可節省八成以上時間。珠三角西部已納入香港 3 小時車程可達範圍內。

一橋通三地，資源融通，動能釋放，為香港帶來巨大的經濟效益。直接效益方面，相關專家研究表明，大灣區城市與香港的距離每減少 1%，製造業、服務業中外資投入金額分別增加 0.12%-0.17%，大橋開通將使西岸城市增加 600-1 000億元的 GDP。香港作為大灣區物流樞紐的地位得以鞏固，促進旅遊、物流、金融和商業服務等產業發展，為香港帶來直接經濟效益約 200 億港元，可見香港為最大贏家。就項目對香港的內部回報率而言，以 20 年期計算為 8.8%，以 40 年期計算為 12%，可謂相當理想。雖然受疫情等多方面因素影響，大橋開通後車流量未及預期，但長遠看香港必將獲得豐厚回報。間接效益方面，珠三角西部有大量較為廉價的人力資源和待開發的土地資源，香港與這個發展潛力巨大的地區連接後，經濟聯繫愈加緊密，不僅大量港資可投入珠三角西部而獲益，當地居民日益提高的消費力也將有利於香港旅遊業增長。靠近香港國際機場的大橋香港口岸，成為便利陸空聯運旅客的交匯點，對於客運、貨運均產生巨大帶動作用。新出現的「香港機場 — 港珠澳大橋 — 珠海機場」的多式聯運，有利於新業態集聚，外

---

1　烈顯倫：〈是時候緊急改革了〉，《明報》，2020 年 9 月 3 日。

貿由此加入發展。珠海有關統計數據顯示，港珠澳大橋開通後，進出口總值達到第一個人民幣 1 000 億元用時兩年，突破第二個 1 000 億元僅用時 7 個月。[1]

### （二）兩地通關機制「對接」

在「兩制」下，粵港澳三地均可自主制訂各自的出入境及關稅政策。香港與內地之間的陸路口岸包括羅湖、落馬洲支線、紅磡、深圳灣、落馬洲（皇崗）、沙頭角、文錦渡、高鐵西九龍站、港珠澳大橋香港口岸、蓮塘／香園圍等十個口岸，近年來出入境人流、貨流節節上升。要實現真正的互聯互通，不僅需要基礎設施硬件本身相互連通，更需要打通「兩制」之下人員、資金、貨物、交通運輸工具等跨境流通的制度性障礙。「硬連通」不易，制度性「軟連通」更不易！回歸以來，在中央大力支持下，香港與內地攜手並進，通關查驗機制創新獲得了重大突破，彌足珍貴！

第一次突破，是深圳灣口岸率先實現內地境內的「一地兩檢」。所謂「一地兩檢」，是指在兩個國家或地區的邊境口岸，在同一地點完成兩地的出入境檢查、檢疫手續。相比傳統「兩地兩檢」模式，這種方式帶來莫大的通關便利，使口岸通關效率大大提升。就國際視野而言，「一地兩檢」並非新鮮事物，加拿大容許美國邊檢人員在境內機場執行任務，法國允許英法兩地邊檢人員一同檢查歐洲之星列車，都是既有範例。在香港與內地之間實行「一地兩檢」，是「一國兩制」下的全新探索，必須解決本地法律在對方境內適用的複雜法律問題。深圳灣口岸地理上位於深圳蛇口，香港特別行政區對深圳的部分區域實施管轄，不能由香港單方面決定，必須由中央對香港進行額外授權。基本法第 20 條規定：「香港特別行政區可享有全國人民代表大會和全國人民代表大會常務委員會及中央人

---

1 〈港珠澳大橋珠海口岸進出口額破 2 000 億元〉，《大公報》，2021 年 6 月 7 日。

民政府授予的其他權力。」該條為授權提供了充足的憲制依據。

2006 年 10 月 31 日，全國人大常委會作出《關於授權香港特別行政區對深圳灣口岸港方口岸區實施管轄的規定》，授權香港特區自深圳灣口岸啟用之日起，對港方口岸區依照香港特區法律實施管轄，並決定香港特區對港方口岸區實行禁區式管理。隨後，香港通過本地立法，將「港方口岸區」視為位於香港以內的地域，並實施香港特區法律；香港工作人員在「港方口岸區」執法，辦理清關、出入境、檢疫等手續，與內地的司法管轄權互不重疊。「港方口岸區」的土地使用權由深方和港方簽訂土地租賃合同，以租賃方式取得。自深圳灣口岸 2007 年開通至今，已順暢運行 15 年，為深港兩地居民、貨物出入境帶來極大便利，也為進一步完善通關程序積累了寶貴經驗。

第二次突破，是廣深港高鐵西九龍站實現香港境內的「一地兩檢」。與在內地實施「一地兩檢」相比，在香港境內實施「一地兩檢」面臨更大挑戰。香港社會曾出現一些反對和質疑的聲音，其憲制背景主要涉及基本法第 18 條的規定，即除列入基本法附件三者外，全國性法律不在香港實施。有人據此聲稱，「一地兩檢」意味着內地法律在西九龍站內地口岸區實施，抵觸了基本法的有關規定。除了輿論炒作之外，反對者還訴諸具體的法律行動，提出司法覆核。

從表面上看，就是一個單純的法律技術問題。但在個別團體和人士的操弄下，「一地兩檢」演變成一個複雜的政治議題。原來相對隔離的國家公權力忽然合法地出現於香港境內，從而打破了反對派關於「完全自治」的想像。儘管人盡皆知「一地兩檢」是香港利益最大化、高鐵效益最大化的安排，儘管高等法院在司法覆核案中裁定「一地兩檢」符合基本法，這種心理上的迷思仍需交給現實去消化、交給時間去解決。[1] 經過特區政府和中央有關部門的反覆細緻研究，具備堅

---

1　案件編號：CACV 8, 10, 87, 88/2019。

實法律基礎的「三步走」方案最終出台：第一步，香港特區政府與廣東省政府於 2017 年 11 月 18 日簽署在西九龍站設立口岸實施「一地兩檢」的合作安排；第二步，全國人大常委會於 2017 年 12 月 27 日通過決定，批准及確認合作安排；第三步，兩地各自進行相關程序，香港立法會於 2018 年 6 月 14 日通過《廣深港高鐵（一地兩檢）條例草案》。根據條例，廣深港高鐵香港段西九龍站地下二、三、四層部分區域及高鐵香港段運營中的客運列車車廂，均視為處於香港以外並處於內地以內，適用內地法律，由內地管轄。

事實勝於雄辯。西九龍站「一地兩檢」安排，是香港特區政府與中央有關部門為了維護香港發展利益、便利香港市民的需要，共同努力作出的一項實踐創新和制度創新。「一地兩檢」的成功實施，使廣大香港市民從親身體驗中增強了對該模式的認同，也成為香港融入大灣區交通網的「潤滑劑」和「加速器」。當前，深港兩地最為繁忙的陸路口岸之一，皇崗／落馬洲口岸正在重建。深港兩地政府已達成共識，將在新皇崗口岸參考深圳灣模式繼續實行「一地兩檢」，以配合兩地日益頻繁的人員交流，無疑是對前述成功經驗的複製。

展望未來，如何在「一地兩檢」之上迎來第三次突破？粵澳之間業已開啟了「合作查驗，一次放行」通關模式，或許可以帶來一定啟發。2013 年在粵澳新通道籌建期間設計出第一張圖紙，經過從法律、業務、技術等多方面論證，經歷數十萬次調試後，現已在港珠澳大橋公路口岸、橫琴口岸和青茂口岸實施。相較於「一地兩檢」模式下的過兩道關口、接受兩次檢查不同，「合作查驗，一次放行」模式只需「在一個大廳、排一次隊、集中接受一次檢查」，即可完成雙方出入境手續，從而將人均通關時間壓縮到 30 秒左右，實現「秒級通關」。在粵港澳大灣區戰略和全國統一大市場發展藍圖下，跨境流動必將持續增長，更加便捷高效的通關合作模式值得期待！

第六章

# 改善社保福利
# 造福香港市民

◎ 孟夏　周代順

無論是社會福利還是勞工政策，香港特區均享有高度的自治。自治空間越大，責任也就越大。回歸以來，香港特區不辱使命，克服了率先進入老齡社會，以及 1997 年亞洲金融風暴、2003 年非典疫情、2008 年國際金融危機誘發的經濟衰退等多重挑戰，打造了養老保障「香港模式」，全民醫療保障和高質素安老服務日益精進，住房保障亦迎難而上。面向未來，還需直面港人的「住房難」、「看病難」、院舍宿位難求、非從業者的「全民」基本養老保險缺失等急難愁盼問題，抓住香港融入國家發展大局和參與「一帶一路」建設的重大機遇，有新的更大的作為。

## 一、打造養老保障「香港模式」

　　2000 年 12 月，香港特區正式實行強積金制度。這是特區養老保障制度發展新的里程碑，意味着特區養老保障從單純補缺型轉換到普惠與補缺有機結合的軌道，形成了獨具特色的養老保障「香港模式」（表 6-1）。在強積金體系下，從業人員養老保險的覆蓋面從以前的 30% 提高到 95% 左右，僅 5% 左右的從業人員沒有任何社會保險覆蓋。相應地，保障功能也實質性提升。截至 2021 年 12 月底，強積金的淨資產總額達到 1.18 萬億港元，每名計劃成員平均累算權益 25.8 萬港元。僅以 2021 年香港入息中位數 1.8 萬元計算，按照年化回報率 4.4% 減去通脹 1.6%，供款滿 25 年後，其強積金的累算權益有 77.7 萬港元；供款滿 40 年的，累算權益預計達到 158 萬港元。這樣，從業人員養老保障就有了第一張普惠性「安全網」。在「香港模式」之下，此前已經有綜援計劃、長者生活津貼和高齡津貼等「托底」的社會救濟，是行之有效的「安全網」。而公務員則有公務員退休計劃，職業退休計劃和個人儲蓄養老保險也在香港養老保險體系中發揮着一定的作用。如是，這「四根支柱」各司其職，共同形成了一個較為完整的養老保障體系。

表 6-1　香港特區退休保障「四支柱」

| | 零支柱 | 第一支柱 | 第二支柱 | 第三支柱 | 第四支柱 |
|---|---|---|---|---|---|
| 世界銀行「五支柱」 | 由公幣支付的老年金、社保計劃 | 公營管理的強制性供款計劃（隨收隨支） | 私營管理的強制性職業或私人退休供款計劃 | 自願向職業或私人退休計劃供款或儲蓄 | 公共服務、家庭支援和個人資產 |
| 香港特區「四支柱」 | 綜援；長者生活津貼；高齡津貼；廣東計劃；傷殘津貼 | 無 | 強積金強制性供款；職業退休計劃；公務員長俸；補助／津貼學校公積金 | 強積金；自願性供款；退休儲蓄保險 | 公營房屋；公營醫療；院舍和社區照顧服務；長者醫療券；公共交通票價優惠；家庭支援；自置物業 |

資料來源：根據香港特區政府《退休保障 前路共建》諮詢文件整理。

　　回歸後，推動特區養老保障完成這一轉型的主要有兩大動因。一是特區亟需率先回應老齡社會的養老保障需求。伴隨着香港自由貿易港的快速發展，香港率先進入到老齡社會，這在回歸之前業已顯示出來。早在 1981 年，香港 65 歲以上老齡人口即達到 7%，回歸過渡期的 1991 年達到 9%，及至 1997 年業已增長到 10.5%，且保持增長之勢。2012 年達到了 14%，2021 年已經高達 20.3%。按照人口學理論，一個國家或地區的 65 歲以上老年人口達到 7% 即宣告該國家或地區進入老齡化社會，如達到 14%，則是進入到深度老齡社會。正是基於香港經濟發展和人口結構的變化，在回歸過渡時期港英政府即推動養老保障改革。1995 年，立法局就通過了強積金計劃的立法。回歸之後，1998 年特區立法會就通過了附屬法例，9 月依據條例成立了強積金計劃管理局（簡稱「積金局」）。為應對香港人口結構進一步老齡化的趨勢，特區還分別於 2009 年、2022 年兩次推動強積金制度修例，回應新問題新情況。二是港英時期的單純補缺型養老保障已經不能適應老齡社會發展的需要。港英時期，在自由主義理念下香港奉行「積極不干預主義」，雖有「積極」之名，而其核心就是「不干預」。就養老保障而言，港英政府旨在以最為低下的成本投入維護其最為有效的社會管治，至於是否

可以縮小貧富差距,是否可以營造更加公平的環境,是否可以提高市民福祉,均不在優先考慮之列。直到 1996 年港英政府仍堅持補缺性福利制度,僅僅照顧那些最不能自助的人和那些求助無門的人,而向他們所提供的亦應該是基本的援助而不是過分慷慨的福利。正因為如此,港英時期並未建立起普惠性養老保障制度,其重心在於社會救濟,養老保障的覆蓋面較小,主要是由社會福利署直接支付的綜援計劃、高齡津貼及各種民辦公助的安老院與長者服務機構提供的安老服務等。回歸以來,隨着市民權利理念的興起,市民對政府的期望較以前有所提高,希望政府在社會福利方面承擔更多的責任。特區政府奉行新自由主義,為了保證某些重要服務的質素並使有需要的人都能受惠,政府會介入某些市場可能失靈的領域。這樣,特區政府對於老齡社會福利從消極責任主體轉變為積極責任主體,不僅通過法律或行政手段強化企業的福利責任,而且在福利政策制訂、福利經費資助等方面扮演着更為重要的角色。

隨着特區政府不斷調適和轉換養老保障供給的角色,香港養老保障體系形成了「政府 ─ 僱主 ─ 僱員」的三方合作機制,不斷增強養老保障能力。首先來看特區政府的角色。相對於後述醫療保障領域的有為政府,特區政府雖然實現養老保障的角色轉變,從消極責任主體轉換為積極責任主體,但是就養老保障而言仍堅持有限政府。一是社會保險與社會救濟區別對待。就強積金計劃而言,政府主要負責對計劃實施監管及建立補償基金,而強積金計劃的管理則交由私營部門,由在積金局註冊的受託人負責,政府並不插手基金旗下計劃的運行。至於社會救濟,綜援計劃、高齡津貼等則由政府主導,肩負「托底」功能。以覆蓋面而論,領取各項社會救濟的長者佔 65 歲以上人士的 74.3%,僅 25.7% 的長者未領取過社會救濟,足見政府「托底」的社會救濟面之寬。根據《2020 年香港貧窮情況報告》,綜援使 18.4 萬人脫貧,長者生活津貼使 16.5 萬人脫貧,貧窮率分別下降了 2.6% 和 2.4%。

二是量入為出，社會福利高支出，與低社會福利係數並存。[1] 歷任特首的施政報告均明確指出：「關心長者是每個家庭應盡的責任」「個人和家庭的責任亦至為重要，不可以過分依賴政府和社會的支持」。特區政府在經濟快速增長的前提下適度增加社會福利支出，同時相繼推行一系列減輕政府福利經費支出負擔的政策。2000 年，香港社會福利署就將福利撥款實報實銷制改為一次性撥款；2003 年，香港社會福利署決定透過自由流失逐步終止長者租金津貼計劃；2004-2005 年，安老服務支出開始由上年度的 33.36 億港元削減至 33.06 億港元。因香港經濟發展水平較高，社會福利支出和人均社會福利支出水漲船高，增速快於 GDP 的增長（圖 6-1）。長者是綜援計劃、公共福利金計劃等社會福利計劃的重點受益群體，特區社會福利支出從 1997-1998 年度的 213.35 億港元增長到 2020-2021 年度的 1 000.66 億港元，增長了 4.7 倍，年均值達到 469 億港元。就人均社會福利而言，從 1997-1998 年度的 3 260 港元增長到 2020-2021 年度的 13 499 港元，增長了 4.1 倍，年均值達到 6 647.9 港元。就社會福利係數而言，社會福利佔 GDP 的比率也是一路走高，從 1997 年的 1.6% 增長到 2020 年的 3.7%，增長了 2.4 倍，均值達到 2.5%（圖 6-2）。由此不難看出，特區政府堅持量入為出，堅持有限政府。與其他國家和地區對比即可發現，特區的社會福利係數一直保持克制，保持在較低的水平。即使 2020 年社會福利係數達到 3.7%，為史上最高水平，仍遠低於瑞典的 34.7%、英國的 22.8%等福利國家，低於 OECD 的均值 14.5%，甚至低於韓國的 5.6%。

　　三是整合政府與社會福利資源，強化與第三部門或私營機構協同。香港社會福利署於 2003 年重新檢討和釐訂了自身職責，劃定了核心業務與非核心業務。據此，政府主要負責福利規劃、服務監管和資源保障等核心業務，直接福利服務等非核心業務則通過公開招標與競投的方式交由非政府組織和私營機構。截

---

1　劉祖雲、田北海：〈老年社會福利的香港模式解析〉，《社會》，2008 年第 1 期。

圖 6-1　香港特區社會福利支出和人均社會福利支出（1997-2020）

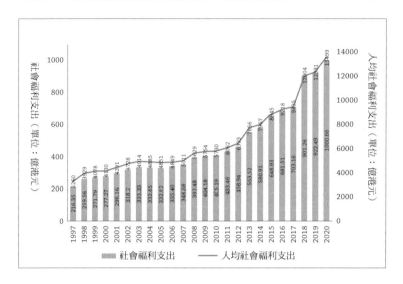

資料來源：根據特區政府統計處歷年《香港統計年刊》整理。

圖 6-2　香港特區社會福利係數（1997-2020）

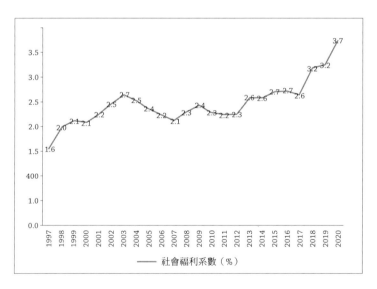

資料來源：根據特區政府統計處歷年《香港統計年刊》整理。

172

至 2005 年底，除少量的醫務服務機構外，香港社會福利署所屬的服務機構已全部移交非政府組織或私營機構。這樣，就有效地避免了機構重疊，消除公共資源浪費現象，更充分調動了非政府組織、私營機構的積極性，促進了政府與非政府組織、私營機構的良性互動。

再來看僱主和僱員的角色。強積金實質上屬於強制性儲蓄，是僱主和僱員共同參與的強制性儲蓄計劃，沒有任何再分配效應，旨在為從業者退休之後的基本生活提供制度化的保障。除非獲得豁免，所有從業者均需參加強積金計劃，從而擴大養老保障的覆蓋面。所謂獲豁免人士主要是指已經參與了其他養老保險計劃的人士。就制度設計而言，強積金計劃與其他養老保險項目一起將覆蓋幾乎全香港的從業者，實現養老保險對象的廣覆蓋。目前，每年僅有不超過 5% 的從業者沒有參與任何養老保險項目。依據強積金條例，僱主和僱員均應參加強積金計劃，按照薪酬的 5% 繳費，薪酬最低和最高分別限定為 7 100 和 30 000 港元，收入低於每月 7 100 港元的僱員無需供款，但僱主仍需供款，積金局每四年對入息水平進行不少於一次檢討（表 6-2）。自僱人士也不例外。僱員和自僱人士均需參加成為註冊強積金計劃的成員，在有關計劃所提供的一系列強積金基金之中選擇有關基金繳費投資。就僱員而言，僱主負責登記參加強積金計劃，僱主可在市場上選擇一項或多項強積金計劃，並為僱員提供該計劃。自僱人士則自行負責登記，並選擇有關強積金計劃。

表 6-2　香港強積金計劃繳費費率

| 月收入（港元） | 僱主的繳費率（%） | 僱員的繳費率（%） | 自僱人士的繳費率（%） |
|---|---|---|---|
| ＜ 7 100 | 5 | | |
| ≥ 7 100, ≤ 30 000 | 5 | 5 | 5 |
| ≥ 30 000 | 1 500 港元為限 | 1 500 港元為限 | 1 500 港元為限 |

資料來源：根據香港相關法例整理。

為調動僱員參加強積金選擇的積極性，強積金制度亦不斷修訂完善。一是增加僱員的選擇自主權。此項改革已於 2009 年完成修例，2012 年正式實施。2009年 7 月，立法會通過《2009 年強積金計劃（修訂）條例》，引入僱員自選安排，2012 年 11 月實施僱員自選機制。據此，每個公曆年內僱員有 1 次機會將其繳費賬戶內僱員繳費部分的累積權益轉移到自選的強積金受託人及強積金計劃（表6-3）。可供轉移的強積金資產佔強積金總資產的 67%，可增強強積金市場競爭，促進強積金費率下調。二是推進取消強積金對沖制度。依據《僱傭條例》，僱主可用強積金賬戶中僱主供款的累算權益全部或部分抵銷應向僱員支付的遣散費或長期服務金。這不僅導致強積金權益的流失，更削弱了其對僱員的退休保障功能。自 2001 年 7 月至 2014 年 12 月底，用以抵消遣散費、長期服務金的強積金總額約為 250 億元，佔該段期間被提取權益總額的 29%。對此，為回應社會各界取消強積金對沖制度的呼聲，政府已於 2022 年 2 月將《2022 年僱傭及退休計劃法例（抵銷安排）（修訂）條例草案》刊憲，擬禁止僱主用強積金計劃中僱主強制性供款的累算權益對沖僱員的遣散費或長期服務金。當然，為平衡各方權益，在積金局的積金易平台於 2025 年全面運行時，實施取消對沖的安排，政府會向僱主提供為期 25 年的資助，以分擔僱主就取消對沖後的遣散費及長期服務金支出。

表 6-3　香港強積金計劃僱員自選安排的範圍 [1]

| 賬戶中累積權益類型 | 可否轉移 | |
| --- | --- | --- |
| | 自選安排前 | 自選安排後 |
| 僱主繳費部分的累積權益 | × | ×（仍需留在僱主選擇的計劃內） |
| 僱員繳費部分的累積權益 | × | √ |
| 以往受僱或自僱所繳費部分的累積權益 | × | √（隨時可一次性轉移） |

資料來源：根據香港相關法例整理。

---

[1]　香港立法會秘書處：《強制性公積金制度概覽》（IN07/12-13）；香港立法會秘書處：《強制性公積金供款最低及最高有關入息水平》（IN09/12-13）。

由此可見，相對於老齡社會的需求而言，特區政府善用有限的財力，聚焦於「托底」性社會救濟，而從業者的基本養老需求則是充分調動僱主和僱員的積極性。依託國際金融中心的獨特優勢，採用私營機構管理，按市場規則運作，無須財政資助即可履行所有付款責任，確保了財政的可持續性。強積金的受託人亦不負眾望，近十年來強積金的權益累積增幅約為 164%，2021 年強積金的回報率扣除通脹後達到 12.4%，位列 OECD 各經濟體之首。[1]

## 二、全民醫療保障「雙支撐」

與養老保障所奉行的有限政府相比，特區醫療保障則奉行有為政府。作為率先步入老齡社會和深度老齡社會的經濟體，近年來香港人均壽命持續登頂全球榜首。男性出生時平均預期壽命 1999 年為 77.2 歲，2020 年為 82.9 歲，增加了 5.7 歲；女性出生時平均預期壽命 1999 年為 82.4 歲，2020 年為 88 歲，增加了 5.6 歲。嬰兒死亡率則是逐年降低，從 1951 年的每千名登記活產嬰兒 91.8 人顯著下降到 2018 年的 1.5 人。2000 年以來，嬰兒死亡率一直低於 3 人，2018 年為 1.5 人，比 2002 年的 2.0 人降低了 0.5 人，遠低於同時期的英國（3.9 人）、美國（5.7 人）、日本（1.9 人）和新加坡（2.1 人），是世界上嬰兒死亡率最低的地區之一。[2] 毫無疑問，特區的全民醫療保障「雙支撐」體系功不可沒！

回歸以來，香港特區的醫療服務覆蓋全民，醫療服務費用主要由政府運用公共資金承擔，具有強烈的福利主義色彩，被譽為世界上最成功的醫療保障制度之一。特區政府何以有為？主要表現為打造高質素的公營醫療供給體系、善用私營醫療供給體系以及推進中醫藥發展等 3 個方面。

---

1 〈強積金持續發展回報勝通脹〉，強制性公積金計劃管理局，2022 年 2 月。
2 〈1951 年至 2018 年香港嬰兒死亡趨勢〉，《香港統計月刊》，2020 年 3 月。

首先來看香港特區的公營醫療體系。在公營和私營雙支撐的供給體系之中，香港的公立醫院無疑居於主力軍。特區政府在醫療保障方面的基本理念，就是不會有市民因經濟原因而得不到適當的醫療照顧。公立醫院不以盈利為目的，面向全體香港居民提供醫療服務。醫務衛生局位居特區政府 3 司 15 局之列，負責統籌管理醫療保障、藥品和衛生方面的事務，是醫藥衛生方面的決策機構，下設的衛生署負責具體執行管理醫藥衛生方面的相關政策。1990 年，即設立醫院管理局（下稱「醫管局」）專司公立醫院統一管理。目前，43 家公立醫院、19 家專科門診、73 家普通門診均由醫管局統一管理。醫管局旗下醫院及門診的病床數佔據全港總數的 95%，按其所屬區域分為 7 個醫院聯網，實行人財物統一管理，各公立醫院採用同樣的財務系統、同樣的人力資源系統、同樣的工資薪酬制度，確保病人在同一個地區內，由發病、療養以至康復和出院後的社區護理等獲取全程的優質的持續治療，大多數居民 30 分鐘左右即可找到一個醫療服務點。醫管局不僅有地位，更有特區政府的雄厚財力為支撐。就經常性補助金而言，2020/2021 年度政府撥給醫管局的經常性補助金為 750 億元，是 1998/1999 年度 250 億元的 3 倍。此外，政府還會針對醫院設施改善、挽留醫生等提供專項撥款。就住院醫療服務而言，政府對住院病人的補貼達到總成本的 95%，成為發達經濟體中補貼程度最高的之一。回歸以來，公共醫療開支佔全港總醫療開支的比例除了 2013 年、2014 年這兩個年度外均在 50% 以上，均值達到 52.9%。公共醫療開支佔 GDP 的比例從 1997 年的 2.5%，增長到 2020 年的 3.7%，增長了 1.5 倍，均值達到 2.9%（圖 6-3）。就政府財政支出而言，公共醫療開支佔 1/4，特區政府對醫療保障財政支持的力度由此可見一斑。

特區如此高強度的財力投入，公立醫院的醫療服務供給自然有實質性改善，主要體現在醫院設施、醫護人員和基層健康中心建設等 3 個方面。其一，更新醫院設施，增強醫療資源供給的均衡性和可及性。政府興建了天水圍醫院和香港兒童醫院，重建了廣華醫院、瑪麗醫院，擴建了基督教聯合醫院。2016 年，

圖 6-3　香港特區公共醫療衛生開支（1997-2019）

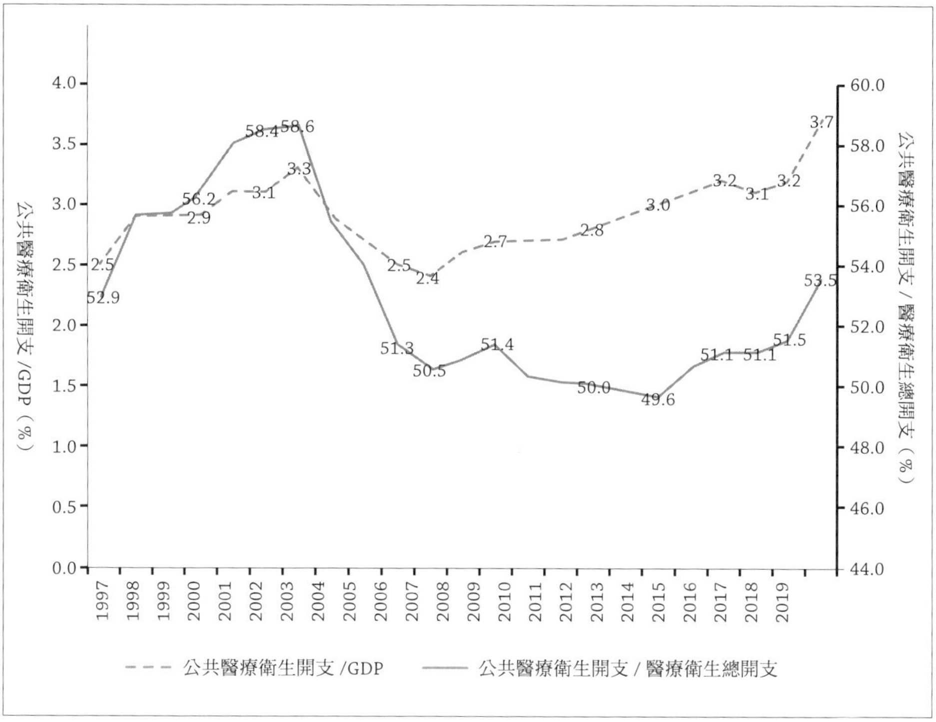

資料來源：根據特區政府統計處資料整理。

政府預留 2 000 億推行第一個十年醫院發展計劃，至今進行了 16 個項目，額外提供逾 6 000 張病床和 94 間手術室，大幅增加了專科和普通科門診診所的服務名額。政府正部署第二個十年醫院發展計劃，涵蓋 19 個項目，還可額外提供超過 9 000 張床位。就病床數、住院服務和門診服務而言，公立醫院所佔份額分別達到 95%、88% 和 29%。其中，普通門診增長幅度最大，從 2001 年 10 間增加到 2021 年的 73 間，增長了 7.3 倍。即便如此，醫療設施增長仍滯後於人口增長。以每千人的病床數為例，1997 年為 4.7 張，此後僅 1998-2000 年 3 個年度有所增長，為 5.2 張，其後便下滑，及至 2020 年下降到 4.2 張，均值為 4.3 張

圖 6-4　香港特區每千人的註冊醫生和病床數

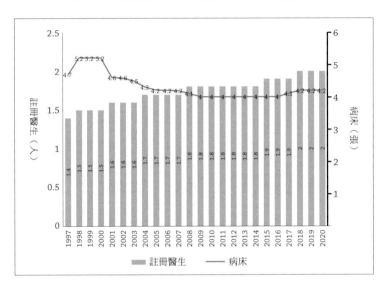

資料來源：根據特區政府統計處歷年《香港統計年刊》中的衛生部分資料整理。

圖 6-5　香港特區註冊醫護專業人士（1997-2020）

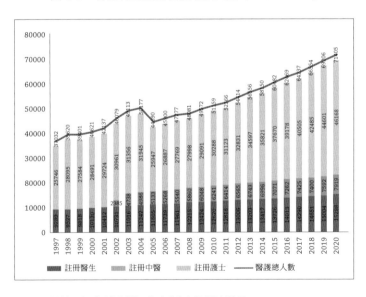

資料來源：根據特區政府統計處歷年《香港統計年刊》中的衛生部分資料整理。

（圖 6-4）。為此，通過醫院聯網優化資源配置便成為重中之重。醫院聯網體系下每個聯網以一個大型三甲醫院為主，輔以五、六個稍小的衛星醫院，從而增加了覆蓋面和居民就醫便利性。其二，增加並優化醫護人員配置。就註冊醫生而言，特區一直面臨人手吃緊的問題。就每千人的註冊醫生資源而言，香港從 1997 年的 1.4 人增長到 2020 年的 2 人，縱向而言增長了 1.4 倍，均值為 1.7 人，均低於新加坡的 2.5 人、日本的 2.5 人、美國的 2.6 人、英國的 3 人和澳洲的 3.8 人。如加上註冊護士和中醫等，醫護人員總數增長比註冊醫生增幅更大，從 1997 年的 36 719 人增長到 2020 年的 74 566 人，增長了 2 倍，均值為 54 732.7 人（圖 6-5）。吸引並留住優秀醫生的辦法就是較高的薪水，公立醫院的醫生薪酬比社會平均水平高 4-5 倍，按照職稱和從業時間獲得統一、固定的收入，無獎金和灰色收入。本土僅香港大學和香港中文大學兩家培養醫科單位，醫生培養和成長的週期較長，即使增加醫學院收生比例，短期尚難以扭轉供給不足的問題。其三，基層醫療實現以健康服務為中心的轉型。回歸初期，香港的醫療以治療為主。為扭轉這種局面，政府大力提倡以社區為本的健康服務，着力改善基層醫療。特首 2008/2009 年施政報告就提出了這種以健康服務為中心的新型基層醫療服務模式。2017 年施政報告提出，率先在葵青區設立嶄新運作模式的地區康健中心，支援長期病患者，減輕專科及醫院服務的壓力。2019 年，葵青地區康健中心正式投入服務，以此為藍本，目前已在葵青、深水埗、黃大仙、屯門、南區及元朗 6 個區設立了地區康健中心，在九龍城、油尖旺、觀塘等 11 區設立地區康健站，為市民提供基層醫療服務。

其次，做強私營醫療服務，充分發揮其支撐作用。就病床數、住院服務和門診服務的市場份額而言，私營醫療體系佔比分別為 5%、12% 和 71%。除門診服務外，私營醫療體系均沒有任何優勢。但是，私營醫療體系可以其高收費、高效率和高質素服務，為具有較好經濟條件的居民提供更多的選擇，對於充分釋放雙支撐體系的分流作用，具有獨特的優勢。事實上，回歸以來，僅就私營

醫療開支而言，確實發揮了近乎半壁江山的作用。2012-2014 年 3 個年度私營醫療開支佔醫療總開支的比例達到了 50%，回歸以來的均值為 47.1%。就私營醫療開支佔 GDP 的比例而言，從 1997 年的 2.2% 上升到 2020 年的 3.1%，也增長了 1.4 倍，均值達到 2.6%（圖 6-6）。為此，特區政府重視發揮私營醫療體系的生力軍作用。一是規範私營醫療機構管理。2012 年成立私營醫療機構規管督導委員會，就私營醫療機構的監管提出建議。根據委員會的建議，政府 2014 年 12 月進行了公眾諮詢。2018 年 11 月，立法會通過《私營醫療機構條例》。據此，醫院、日間醫療中心、診所及衛生服務機構等私營醫療機構均需持牌經營。二是

圖 6-6　香港特區私營醫療衛生開支（1997-2019）

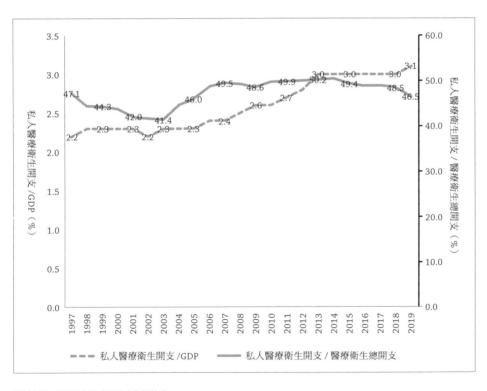

資料來源：根據特區政府統計處資料整理。

實施公私營協作計劃。特首 2008/2009 年施政報告就提出，推動公私營醫療協作，包括向私營醫療界別購買基層醫療及醫院服務、資助市民在私營醫療界別接受預防護理、在兒童專科及神經科學專科設立多方合作的卓越醫療中心等。醫管局 2008 年實施該計劃，撥款 100 億元成立公私營協作基金。據此，政府以購買服務的形式與私營醫療機構合作，讓市民通過支付相關基本費用就可以享受私營醫療服務，實現「錢跟病人走」。目前公私營協作計劃有 9 項，包括普通科門診協作計劃、提供白內障手術的耀眼行動、放射診斷造影計劃、提供血液透析的共析計劃、青光眼治療協作計劃、提供自我疾病管理課程的病人自強計劃等。三是長者醫療券。特首 2007/2008 年施政報告提出，每年額外支出約 1.5 億元試驗長者醫療券計劃，為 70 以上長者每人每年提供五張面值 50 元的醫療券，以資助他們使用私營基層醫療服務。2009 年試行後，2014 年明確為固定政策，額度增加到 2 000 元。目前政府每年向 65 歲以上的長者派發 2 000 元醫療券，用於支付私立醫院的基層醫療服務費用。該券自動存入市民的醫療券戶口，可累積使用，累積額度以 8 000 元為限。四是自願醫保計劃。其目的在於適當增加個人的籌資責任，實現公私營醫療的平衡。2014 年 10 月，政府推出《自願醫保計劃》諮詢文件，2019 年 4 月起全面實施。據此，該醫療保險由政府規管、私人保險公司承保，有別於社會保險和商業保險。其目標客戶為中高收入群體，希望籍此鼓勵其前往私家醫院求診，以減緩公營醫療系統的壓力。

最後，大力促進中醫藥發展。香港同胞都是中華民族的兒女，信賴中醫中藥是自然而然的。但是，回歸以前中醫藥在港並未獲正式認可。回歸以來，特區政府立馬付諸行動，1997 年 11 月就發佈《香港中醫重要發展諮詢文件》，建議在香港設立全日制的中醫藥教育課程、鼓勵和支持中醫藥的科學研究和發展、把中醫中藥納入醫療體系，其中首要的是制訂相關法例。1999 年 2 月，政府向立法會提交《中醫藥條例草案》，7 月獲立法會通過。至此，中醫藥在港取得合法地位。1999 年 9 月，香港中醫藥管理委員會成立，主要負責規管中醫的註冊及

中藥的製造、管有和銷售等事宜。香港大學、香港中文大學和浸會大學提供 6 年制的中醫本科學位課程，每年學額大概 80 人。至於註冊中醫的數量，回歸以來的增長幅度遠遠大於註冊醫師和註冊護士，從 2002 年 2 365 人增長到 2020 年 7 919 人，增長了 3.3 倍，均值達到 6 183.1 人（圖 6-5）。88% 的註冊中醫在私家醫院工作。隨着註冊中醫的不斷增長，從 2003 年起在全港還開設了 18 間公營中醫診所，每間公營中醫診所須聘用兼職或全職高級中醫師和初級中醫師或進修中醫師。特首 2014 年施政報告提出預留將軍澳的土地作中醫院之用，食物及衛生局（現醫務衛生局）成立了中醫醫院發展計劃辦事處，專責中醫院的發展。醫管局在公營醫院住院部開展中西醫協作項目先導計劃，為中醫院營運及規管汲取經驗。2018 年，特首的施政報告提出將中醫藥納入香港醫療系統，資助特定的中醫藥服務。目前政府對中醫門診的資助是和大學、非政府組織合作，並設有籌額，收費每次 120 元。了不起的是，中藥檢測獲得了長足的發展。2011 年 12 月，特區成立了中藥研究及發展委員會，負責推動中藥研發和檢測工作。特區正興建永久性的中藥檢測中心，臨時中心已於 2017 年 3 月建成。中藥材標準計劃從 2002 年起推行，截至 2020 年底業已完成 330 種常用中藥材的參考標準，並進行中藥飲片參考標準的先導性研究。

## 三、安老服務力撐老齡社會

　　香港早在回歸之前，就已步入老齡社會，回歸後更是步入深度老齡社會。回歸以來，健全的安老服務體系交出了閃耀的答卷，社會工作者高專業性、港人高自願性更是享譽海內外。

　　在養老保障「香港模式」之下，安老服務屬於補缺性社會福利。而特區政府為回應老齡社會所需，建構了長者社區支援服務和安老院舍服務兩大服務體系，這種補缺無疑是作為的，也是很有力度的。長者社區支援服務旨在促進養老以居

家為主，提高生活質素。根據服務對象、服務內容及服務覆蓋地域範圍的不同，又細化為長者中心服務、長者社區照顧服務和老有所為活動計劃等其他支援服務 3 種類別（表 6-4）。[1] 其中，長者中心服務又根據覆蓋範圍分層遞進，分別佈局

表 6-4　香港特區長者社區支援服務體系（2021）

| 服務類別 | 服務機構 | 資源供給模式 | 服務機構數量 |
|---|---|---|---|
| 長者中心服務 | 長者地區中心（地區） | 政府主導<br>第三部門為服務供給主體 | 41 間 |
| | 長者鄰舍中心（鄰舍） | | 170 間 |
| | 長者活動中心（居住小區） | | 1 間 |
| 社區照顧服務 | 長者日間護理中心 | | 90 間（3 668 個名額） |
| | 長者日間暫託服務 | | |
| | 改善家居及社區照顧服務 | | 31 隊（9 245 個名額） |
| | 綜合家居照顧服務 | | 61 隊（2 620 個名額） |
| | 家務助理服務 | | 1 隊 |
| | 各類新增服務試驗 | | |
| 其他社區支援服務 | 長者度假中心、老有所為活動計劃、長者咭（卡）計劃 | | |

資料來源：根據香港社會福利署相關資料整理。

表 6-5　香港特區院舍安老服務體系

| 院舍類型 | 適用對象 | 專業人士 | 資源供給模式 |
|---|---|---|---|
| 長者宿舍 | 長者有社交及住宿需要，能照顧個人衛生和起居的 | 註冊社會工作者 | 政府資助私營機構、第三部門為服務供給主體 |
| 安老院 | 長者能照顧個人衛生和清洗個人衣物，但需別人協助購物、打掃等起居活動的 | 註冊社會工作者及護士 | |
| 護理安老院 | 長者因健康、社體技能喪失或衰退而需起居照料及護理，無需深入護理的 | 註冊社會工作者、護士及專業治療師 | |
| 護養院 | 長者不能居於家中，需醫療、護理、康復和起居個人照顧服務的 | 註冊社會工作者、醫生、護士及專業治療師 | |

資料來源：根據香港社會福利署相關資料整理。

---

1　仉楠楠、趙婷婷：〈我國香港安老服務政策的發展歷程與服務實踐〉，《社會政策研究》，2018 年第 2 期。

了居住小區層級的活動中心、鄰舍層面的鄰舍中心以及地區層面的地區中心。長者社區照顧服務又依據服務類別再細分為長者日間護理中心、改善家居及社區照顧服務、綜合家居照顧服務及家務助理服務。安老院舍服務則是為不能居家養老的長者提供住宿照顧服務及設施（表 6-5）。依據長者護理需要程度的不同，又細分為長者宿舍服務、安老院服務、護理安老院服務和護養院服務等 4 種類別。長者有特殊需要的，還可提供長者療養院服務和長者住宿暫託服務。從需求層次理論來看，既可滿足長者的日常生活照顧服務等基本生存需要，又可滿足看護服務等安全需要；可以滿足其社會交往的需要，亦可滿足老有所為等社會尊重和自我實現的需求。更重要的是，兩大服務系統實現有機銜接。當家庭和社區滿足不了長者的服務需要，尤其是長期照護的服務需要時，院舍服務即有效對接社區服務；一旦長者在院舍內狀況好轉且願意回到社區養老時，即再幫助他們順利返回家庭，重新融入所在社區。這樣，家庭首要責任、社區照顧和持續照顧有機融合，以利達成盡量讓長者留在家庭和其熟悉的社區生活環境的安老服務目標。

特區安老服務以政府為主導，第三部門和私營機構積極參與，形成了「政府 — 第三部門 — 私營機構」三方合作的良好夥伴關係。政府有為體現為安老服務項目的制訂、評估、服務經費的資助和服務實施的監管與培訓，社會福利部門的顯赫地位就是明證。勞工及福利局位列特區政府 3 司 15 局行列，負責特區勞工與福利政策，負責安老服務方面的政策制訂和監督執行。社會福利署就是勞工及福利局下執行有關福利政策的行政部門，負責安老服務規劃、資源整合、服務監管、資源保障工作，其所屬的服務機構已全部移交給非政府機構或私營機構。社會福利署下設安老服務科，安老服務科負責老人服務，下設中西南及離島區福利辦事處、東區及灣仔區福利辦事處以及社區照顧及支援服務組、院舍照顧服務組及合約管理組。1997 年，特區成立安老事務委員會，就制訂全面的安老政策、統籌各項安老計劃和服務的策劃和發展工作，以及落實各項安老政策和計劃時進行監察等事項，向政府提供建議。2017 年 6 月，安老事務委員會推出

了《安老服務計劃方案》，提及大幅加強社區照顧服務和減少住院比率、確保知情選擇及為長者適時提供具質素的服務、提升服務效率等建議，有關安老服務設施的建議已經納入《香港規劃標準與準則》。更重要的是，政府承擔了絕大部分安老服務的成本。在社會福利署的開支中，安老服務僅次於社會保障，所佔份額位居第二。就數額而言，2019 年度安老服務的經常開支就突破百億港元大關，2020 年度達到 114.94 億港元，是 1997 年度 16.23 億元的 7.1 倍，年均值達到 47.9 億港元（圖 6-7）。無論是老有所養，還是老有所屬，還是老有所為，特區政府充盈的財力支撐無疑是重中之重。

圖 6-7　香港特區安老服務經常開支（單位：億港元）

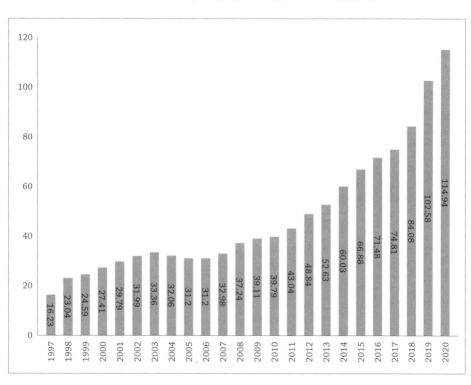

資料來源：根據香港社會福利署相關資料整理。

至於第三部門的積極參與，香港素有非政府組織提供社區安老服務支援的傳統。在政府介入社區安老服務之前，非政府組織就是主力軍，扮演着主要角色。上世紀 70 年代，港英政府開始對第三部門進行撥款資助。及至 80 年代，社聯就社會服務功能界代表的身份取得了立法局的議席，為安老服務發聲代言。1999 年 12 月，社會福利署推出家居照顧服務；2001 年在全港 18 區推行以綜合模式運作的改善家居及社區照顧服務，服務對象為經安老服務統一評估機制評定為身體機能中度或嚴重缺損的長者；2003 年將家居照顧、膳食服務及 138 支家務助理隊理順為綜合家居照顧服務隊。及至 2021 年，全港有長者鄰舍中心 170 間、長者地區中心 41 間、長者日間護理中心 90 間、綜合家居照顧服務隊 61 支、改善家居及社區照顧服務隊 31 支。就服務提供主體而言，幾乎都是第三部門，由非政府組織提供各種類別的社區照顧和支援服務。正是如此完善的社區服務支撐體系，全港 90% 以上長者能夠居家養老，在其熟悉的社區生活環境頤養天年。

　　私營機構則是院舍服務的主力軍。政府部門為合約院舍提供部分津助，並通過「買位計劃」和「改善買位計劃」為私營院舍提供資助，承擔長者暫託和日間護理服務的院舍亦可獲得政府資助。在長者友善社區計劃中，私營機構在建築、交通、住所、社會參與、尊重和社會包容、社區參與和就業、信息交流、社區支持與健康服務等方面都貢獻了力量。1996 年 6 月，《安老院條例》正式實施。據此，所有政府資助安老院舍、自負盈虧非牟利安老院舍及私營安老院舍均需持牌經營或申請豁免。1997 年持牌私營院舍只有 16 間，不足 1%。歷屆特區政府相繼通過津助院舍空間、改善買位計劃向私營院舍購買宿位、興建新的合約安老院舍、在重建項目中加入安老院舍設施等，大力推動增加院舍宿位，還推出私人土地作福利用途特別計劃、在公營房屋項目中供應額外樓面面積作福利用途等措施。及至 2021 年 12 月底，全港院舍宿位增加到 73 406 個，其中私營機構佔據半壁江山以上，佔比 52%，達到 38 171 個宿位。政府資助宿位比例更是顯

著提高，佔比達到 41%，提供 30 096 個資助宿位。其餘 7% 屬於合約、自負盈虧及津貼院舍的非資助宿位。通過政府、私營機構及第三部門的通力協作，院舍服務日益成為安老服務的重要輔助力量，老齡社會對院舍服務的需求日趨改善。

社會工作者的高專業性和港人的高自願性，則為安老服務提供了一支專業化、高素質、數量較為充足的人才隊伍。先看社會工作者的高專業性。全職服務工作人員主要是專業社會工作者，早在 1972 年政府就推動社會工作專業化，要求所有從事社會福利服務的社工都必須接受社會工作專業訓練。依據《香港社會工作者註冊條例》，獲得註冊社工資格必須具備專業性條件，一是持有被認可的社會工作學位或文憑，二是在 1982 年 3 月 31 日以前已擔任社會工作職位，並在此日期之後已擔任社會工作職位 10 年以上，三是沒有認可學歷，但現正擔任或已接納社工職位，打算在一定期限獲取認可學位或文憑。只有滿足其中一項專業性條件，方可取得註冊社會工作者資格。其實，不僅是註冊社工，義務工作者亦有專業化要求。為了保障義工服務的質素，社會福利署義務工作統籌科及香港義務工作發展局常年推出一系列義工培訓及支持計劃。培訓課程與活動為保障義工服務的專業性奠定了堅實的基礎。專業社工和行政、教育、法律及其他專業工作人員一樣都有相應的職級體系，不同職級的社會工作者擁有不同的權責，享受相應的薪酬待遇，專業社工是普遍受人尊重的職業群體。至於港人做義工的高自願性，登記在冊的義工佔全港人口的 7.8% 就是明證。[1] 志願服務已經蔚然成風，還有為數可觀的未登記的志願者。義工志願者遍佈於全港 1 465 個服務機構，涉及各個年齡段和各個階層，其中不乏老年志願者。有的企業為了培養員工的團隊和奉獻精神，會撥出專門的時間讓員工去從事志願服務工作；學校則要求學生做義工，義工服務記錄已被列為學生品德評定與升學的重要依據之一。在安老服務

---

1　劉祖雲、田北海：〈老年社會福利的香港模式解析〉，《社會》，2008 年第 1 期。

的各個環節，從善款籌募到服務實施，從服務評估到決策諮詢，義工都做出了巨大的貢獻。

由此看來，政府主導引領，第三部門和私營機構積極參與，社會工作者高度專業，港人又高度志願投入安老服務，特區安老服務體系經受住了深度老齡化的大考，成就可圈可點！

## 四、住房保障迎難而上

作為小型經濟體，香港經濟高度發達，而住房向來就是港人急難愁盼的問題。回歸以來，特區政府十分重視住房保障問題。首任特首董建華甫一上任就雄心勃勃地畫出住房保障的藍圖，訂下了每年興建公營和私營房屋單位 8.5 萬個以上，在 10 年內全港七成的家庭可以自置居所，以及公屋輪候平均時間縮短至 3 年以內等 3 大政策目標，政府還成立了房屋用地供應督導委員會，專責解決房屋問題。曾蔭權特首重申要確保所有港人都居有其所。梁振英特首強調協助基層市民「上樓」，鼓勵港人自置居所，還成立了長遠房屋策略督導委員會。2014年 12 月，該委員會發佈《長遠房屋策略》文件，是特區政府首份房屋方面的長遠策略性文件，以供應主導的策略，以期扭轉房屋供應失衡之痼疾。林鄭月娥特首亦重申，聚焦供應，增加房屋單位；以置業為主導，致力建立置業階梯。2017年 9 月，又成立了土地供應專責小組，檢視不同土地供應選項的優劣。凡此種種，都是對港人強烈的安居訴求的回應。

不巧的是，這些藍圖和政策實施遭遇挫折。1997 年，亞洲金融風暴使香港經濟遭受重創，為了減少公營房屋對房地產市場的衝擊，政府於本世紀初的幾年連續出台政策，減少居屋供應量，2003 年停建「居屋」，終止私人參建計劃、租置計劃等，減輕政府干預，以挽回市場信心。及至 2008 年，國際金融危機之下，中低收入家庭的住房問題再度惡化。即便如此，回歸 25 年來，公營住房保

障的成效仍是有目共睹的。一是穩住了港人安居的基本盤（表6-6），超過45%的香港公民能夠入住公營房屋，即近半數人口實際獲得了公營保障房的福利。縱向而言，1996年，入住公營房屋的人口比例為49.9%，歷經1997年亞洲金融風暴和2003年非典疫情，2001年和2006年還在48.8%企穩，及至2021年該比例為45%（圖6-8）。其中，處於穩定上升勢頭的就是享受資助出售房屋的人口，該比例從1996年的11.4%上升到2021年的15.7%，其中2006年高峰時期達到17.8%。這表明，公營房屋入住人口略降主要是租住公營房屋的人口有所下降，而真正置業安居者實質上是增加了。二是縮減公屋租住的輪候時間頗有成效。1997-1998年底，平均輪候時間為6.5年，高齡單身人士通常為2到3年。2002

圖6-8　按照房屋類型劃分的人口百分比（％）

資料來源：根據香港政府統計處資料整理。

圖6-9　香港特區公屋輪候時間均值（2011-2020）

|  | 2011.3 | 2012.3 | 2013.3 | 2014.3 | 2015.3 | 2016.3 | 2017.3 |
|---|---|---|---|---|---|---|---|
| 一般公屋 | 2年 | 2.6年 | 2.7年 | 3.0年 | 3.3年 | 3.9年 | 5.4年 |
| 長者一人 | 1.1年 | 1.3年 | 1.5年 | 1.6年 | 1.8年 | 2.3年 | 3.0年 |

資料來源：根據香港政府統計處資料整理。

年為 2.9 年，提前實現了房委會有關 2005 年前縮短至 3 年的承諾，2003-2004 年度及此後 7 年一直較好地維持着該水平，回歸以來共有 12 個年度低於 3 年（圖 6-9），殊為不易。三是減貧效果顯著。根據《2020 年香港貧窮情況報告》，公營住房保障作為非現金福利項目，使 26.6 萬港人脫貧，其減貧效果為 3.8%，勝過綜援的 2.6% 和長者生活津貼的 2.4%。

回頭來看，特區政府對於住房保障還可以做得更好些。但客觀地說，前述成就已着實不易。面對經濟發展的諸多嚴峻挑戰，這些成效主要是依靠分類引導，精準施策，促進港人置業安居，並通過長者優先，細化補貼政策，以及完善准入和分配機制等來實現的。

其一，分類引導，精準施策。如圖 6-8 所示，回歸以來，得益於特區政府的分類引導，精準施策，港人置業安居者比例穩步上升。以下 3 項計劃就是明證

表 6-6　香港特區住房保障的框架

| 保障類別 | 政府機構 | | | 私人機構 | |
|---|---|---|---|---|---|
| | 房屋委員會、房屋署 | | | 房屋協會 | |
| 公屋（租） | 適用範圍 | | 優惠待遇 | 出租單位 | 甲類：低入息家庭 |
| | 一般申請 | 一般家庭 | 租金援助計劃 | | 乙類：較高入息家庭 |
| | | 高齡單身人士 | | | 長者單位 |
| | | 共享頤年優先配屋 | | 郊區公共房屋 | |
| | | 天倫樂優先配屋 | | 長者安居樂住屋計劃 | |
| | 非長者單人 | | | | |
| 居屋（購） | （新）居者有其屋計劃（2011 年） | | | 住宅發售計劃 | |
| | 居屋第二市場 | | | 住宅發售計劃第二市場 | |
| | 置安心資助房屋計劃 | | | | |
| | 租者置其屋計劃（1998-2006） | | 已經停止 | 夾心階層住屋計劃 | |
| | 置業資助貸款計劃（2003-2004） | | | 資助出售房屋計劃 | |

資料來源：根據香港房屋署相關資料及代懋、李若沖：〈中國香港住房保障體系的綜述及評估〉，《北京航空航天大學學報（社會科學版）》，2016 年第 4 期整理。

（表 6-6）：一是夾心階層住屋計劃。該計劃的目標對象為夾心階層，他們以中等
入息家庭為主，剛剛超出申請公屋的入息上限，私人屋宇接連攀升的價格令其無
法承擔。故，大多只能在私人市場上陷於「捱貴租」的惡性循環。1993 年就推
出「夾心階層住房計劃」，並委託房協負責該項目。政府則在背後給予土地、貸
款等方面的支持。政府會給予房協 5 折地價的優惠，作為條件其會保有房屋的
定價權，根據居民負擔能力確定具體售價；而房協負責建造房屋並制訂銷售計
劃。二是新居者有其屋計劃。2016 年起的 4 年內，分批次供應總數超過 1.7 萬
個單位。居屋政策的目標包括綠表和白表兩類申請人。綠表申請人適用於已入住
公屋的租戶和受政府清拆計劃影響以及接受長者租金津貼的人士；而白表申請人
主要針對私營房屋住戶和購買「租置計劃」房屋超過 10 年的人士，一人申請者
的限額為每月 33 000 港元。綠表申請人配屋和選樓享受優先待遇。居屋免除了
地價成本，其售價一般比市價低 3 到 4 成，買房人還可向銀行申請貸款。為了
幫助這些中低收入者取得較為優惠的貸款條件，房委會還可為申請人做抵押貸款

表 6-7　香港特區住房保障的長者優待計劃

| 長者優待計劃 | 適用範圍 | | | 優待事項 | |
| --- | --- | --- | --- | --- | --- |
| | | | | 配屋 | 選屋 |
| 高齡單身優先配屋計劃 | 申請人年滿 58 歲，配屋時年滿 60 歲 | | | 比 一 般 家庭優先 | 可選擇包括市區在內的任何區域 |
| 共享頤年優先配屋計劃 | 兩位或以上高齡人士，同意共住同一公屋單位，非親屬關係須在申請表內共同簽章（年齡，同上） | | | | |
| 天倫樂優先配屋計劃 | 與長者同住 | 一般家庭申請條件 | 最少 2 人，含 1 名年滿 60 歲長者及 1 名年滿 18 歲家庭成員 | 比 一 般 家庭優先 6個月 | 同 一 地 區 內 兩 個就 近 的 公 屋 單位，市區除外 |
| | 分別入住臨近單位 | | 須為核心家庭，最少 1 名年滿 60 歲長者 | | |

資料來源：根據香港房屋署相關資料及代愍、李若沖：〈中國香港住房保障體系的綜述及評估〉，《北京航空航天大學學報（社會科學版）》，2016 年第 4 期整理。

的保證，一旦購房者無力還貸，房委會替其兜底清償欠款。購房人抵押貸款額度分別可以高達房價的 90%-95%，還款期限可長達 25 年。在雙重補貼下，中低收入者最少只需付 0.5-1 成的首付款即可自置居所。三是置安心資助房屋計劃。這是 2010 年針對夾心階層新推出的另一保障計劃，其定位於新居屋計劃之上，主要提供實而不華的中小型單位，以市值租金出租給符合資格的申請者，租約為 5 年，期間租金不會調整，租戶可以先租住置安心單位，第 3 年起可選擇搬離，或等租約滿後 2 年內以市價購買其租住的單位，房委會會將此前繳納的一般淨租金退回租戶，用作支付首期。2013 年，政府提出不再興建任何置安心房屋。

其二，實行長者優先政策。高齡單身人士、共享頤年計劃和天倫樂計劃均屬於優先配屋之列，長者或長者家庭享有選屋配屋方面的優待，主要體現為租金、選屋和配屋（表 6-7），難怪長者輪候公屋的平均時間大幅度低於一般申請人（圖 6-9）。租金優待實行普惠制，所有成功申請的租戶均可享受，選屋和配屋優待則體現長者優先。公屋的租金由房委會確定，價格基本只有私人租金的 1/4，每 2 年政府會對公屋租金進行一次檢討，政府統計處會根據計算出的租戶家庭收入指數對租金進行調整，且其上漲幅度不得超過 10%。該機制保證了租金水平的穩定性及調整的靈活性。在高齡單身人士優先配屋計劃和共享頤年優先配屋計劃下，長者比一般家庭優先，選擇公屋的範圍可以是全港，包括市區的公屋，而在天倫樂優先配屋計劃下，只要是與長者同住，就可以比一般家庭優先 6 個月，選擇公屋的範圍可以是全港，包括市區的公屋；如分別居住，同樣優先 6 個月，只是選擇公屋的範圍排除了市區，其他地區的可任選兩套就近的公屋（表 6-7）。

其三，善用政府補貼政策。歸結起來有「貼人頭」和「貼磚頭」這兩種政府補貼方式。「貼人頭」就是政府通過政策優惠或貸款等方式予以補貼，「貼磚頭」就是政府直接干預房屋建設，進行實物房屋分配。國際住房負擔能力調查顯示，2015 年香港房價平均水平與居民收入中位數已達 17，排在所有被調查國家及地區之首。過於懸殊的差距，使得單靠「貼人頭」的方式難以保障低收入階

層安居置業。故，特區採用了「貼磚頭」與「貼人頭」有機結合的方式。「貼磚頭」而言，政府實物房屋補助予以大量的投入。「貼人頭」則主要有兩種形式，一是與磚頭政策相結合，先「貼磚頭」再「貼人頭」。先興建大量的公屋和居屋，在「磚頭」壘好後，再給予申請人租金或購房優惠。租金援助計劃就是為已經入住公屋，而經濟有困難的租戶提供援助，符合資格的申請者根據困難程度可以享受 1/4 或 1/2 的租金減免。二是常見的購房補貼。房委會曾推出置業資助貸款計劃、長者租金津貼計劃等。單純的「貼人頭」政策已經停止，目前是以「貼磚頭」為主，「貼人頭」為輔，廣貼「磚頭」，再在「磚頭」之上對特殊困難人士重點「貼人頭」，以利中低收入階層真正能夠置業安居。

其四，完善准入和分配機制。公營房屋供不應求，作為法治社會，嚴明規則，嚴格執行規則，是公營房屋系統運行的關鍵環節。一是准入機制的公平。實行申請人資格核查，申請登記和配屋兩個階段均需進行資格審查。二是公屋分配輪候制。所有提交申請的人士在經過審核後會按申請類型登記於房委會的公屋輪候冊，配屋時會嚴格按照登記編號先後順序安排入住。至於居屋，則採取抽籤制。申請人的入選先後次序通過公開抽籤的辦法決定，而非申請的先後。1997年，房屋署還推出特快公屋編配計劃，主要是針對一些房型或朝向差、受歡迎程度較低的單位，為了更合理高效地配置資源，將其納入特快計劃。申請人可自選房屋，並不受地區限制，有些還會酌情減免房租。自該計劃實施以來，申請情況十分火爆，申請量連續數年超額，2012 年超額達 34 倍之多，也表明人們盼安居的心之切。三是抽檢。對公屋申請的深入調查，以打擊弄虛作假者。公屋而言，房屋署每年抽查 300 宗進行個案調查，而「富戶政策」項下每年需抽 3 700 宗進行個案調查。經核查，如租戶入息超過一定限額，要繼續租住公屋的，需繳 1.5 至 2 倍租金。

## 五、新挑戰新作為

面向未來，嚮往美好生活，對社會保障福利充滿新的期待是自然而然的。消除「住房難」，港人自然是翹首以待。即便是令人羨慕的全民醫療保障和安老服務，亦需直面「看病難」和院舍宿位難求等供給不足的難題，港式養老保障僅實現從業者全面覆蓋，而未從業者仍沒有基本養老保險。對此，樹立起發展思維、「兩制」合作思維和新規劃思維，特區社會可作為的空間才會越來越大，路子白會越來越寬廣。

其一，以經濟發展促進社保福利再提升。這既是歷史邏輯，也是現實邏輯。就歷史邏輯而言，無論是全民醫保還是安老服務，社會福利年年提高，港人的獲得感不斷增強，靠的是香港經濟不斷發展，財政收入持續向好，而非任何一個項目去「擠佔」其他項目的份額。以社會福利係數而論，從 1997 年的 1.6% 提升到 2020 年的 3.7%，只是漸進性微升，更主要的是隨着經濟發展而增強了財力，社會福利總額便從 213.35 億港元增長到 1 000.66 億港元，人均社會福利更是從 3 260 元增長到了 13 499 港元（圖 6-1、圖 6-2）。儘管橫向對比起來，特區的社會福利係數仍然低於 OECD 的均值，但是財政實力一年比一年更強大，水漲船高，社會福利自會增長，獲得感就會更強。至於現實邏輯，無論是解決「看病難」、院舍宿位難求的問題，還是將「全民」基本養老保險覆蓋到未從業者，無不需要香港經濟進一步發展，做大做強港府財力。一是特區的熱點話題全民退休保障。依據 2015 年港府的諮詢文件《退休保障・前路共建》，其中不論貧富的惠民方案，即不設經濟狀況審查，年滿 65 歲或以上的長者每月可領取 3 230 元，同時取消生果金、長者生活津貼和綜援等保障，而有經濟需要方案不需市民供款，由公帑負擔，對資產 8 萬元及以下的單身長者或 12.5 萬元以下的長者夫婦每月發放 3 230 元，申請者須通過資產和入息審查。如採用不論貧富方案，須大幅度加稅並開設新稅種；如採用有經濟需要方案，亦需小幅增加企業

和居民的稅收。如沒有經濟發展這個前提，任何方案都難以啟動。港府推算，到2064年，每1 000名15-64歲人士需撫養831名兒童和長者，財政赤字可能高達5 000多億。二是全民醫保下的「看病難」。無論是解決每千人的床位和醫生資源短缺問題，還是縮短公營醫院候診時間過長的問題（專科門診最長輪候時間就已經超過149週），無不需要更多的財政經費投入。而目前公共醫療開支業已佔據1/4的財政開支（圖6-4），靠進一步增加其財政份額可作為的空間極為有限。三是安老服務的院舍宿位難求問題。按照特區社會深度老齡化的進程，政府預計到2030年將需要6.4萬個院舍宿位，2051年將激增至9.8萬個。如是，政府資助的安老宿位更是捉襟見肘。如大幅度增加院舍宿位，財政的可持續性受到嚴峻考驗。凡此種種，只要香港經濟盡快恢復增長，財政實力不斷走強，相關社保福利都是可以在發展過程之中逐步消化和解決的。經濟發展越好，財政收入越多，港人社保福利增收就越多，改善的進程也會越快！

其二，以「兩制」合作推動特區社保福利「走出去」。香港與內地山水相連，人緣相親，而社保福利制度迥異。社保福利本是人才自由流動的「護身符」，如特區社保福利一跨境便是「斷頭路」，必然會妨礙人才自由流動，阻礙國家統一大市場建設進程。隨着粵港澳大灣區戰略的推進，香港日益融入國家發展大局，港人到內地學習、工作、生活已經蔚然成風。據港府統計處的統計報告，截至2020年約有53.8萬名香港永久居民經常在廣東省生活，在廣東省納入就業登記管理的港澳居民就超過8.51萬人。據國務院港澳事務辦公室統計，截至2020年，已有超過23萬香港居民申請了居住證，其中大部分居於廣東省。問題是，除了綜援的廣東計劃和福建計劃，香港其餘的社保福利並未實現跨境可攜。為解決這一現實問題，內地採取了單方施惠的方式，於2020年實行《香港澳門台灣居民在內地（大陸）參加社會保險暫行辦法》。截至2021年底，港澳居民在粵參加養老、失業、工傷保險累計達27.92萬人次。從長計議，必須推動「兩制」合作，實現兩地社保福利銜接，讓香港特區社保福利實現跨境便攜。

一是可以更有效地促進香港社保福利「走出去」，為港人融入國家發展大局，參與大灣區建設，參與「一帶一路」建設護航。二是只有「兩制」合作，相互銜接，才能實現社保福利的公平性。目前，內地單方施惠，兩地社保福利「井水不犯河水」，可能導致社保福利雙重覆蓋和覆蓋「盲點」。雙重覆蓋與社保福利公平性所要求的單一覆蓋目標相悖，而覆蓋「盲點」則有違社保的全民性。三是既為「一國」，「兩制」之間更有合作共贏的條件。比較而言，美國通過國際協議框架，選擇性地輸出保險金，他國的勞動者在離開美國後同樣可以獲得保險金，而他國的勞動者也可以在重返美國並居留滿一個月後重新獲得保險金。美國和歐盟在不同主權國家之間可以達成行之有效的社保銜接機制。歐盟採用成員國按比例分擔的累計模式，轉移就業的勞動者在某一成員國參加養老保險，並保持其參保記錄。勞動者達到該國的法定退休年齡之後，按照分攤規則核定出這個成員國所應承擔的退休金金額。香港與內地有着「一國」之本，社保福利跨境對接，自然可以互通有無，取長補短，進而實現單一繳費、積分累積、參保記錄累計、保險金輸出和延續，為人才跨境流動提供更有力的制度性保障。

其三，以職住平衡新規劃化解「住房難」。入住公營房屋的人口比例雖保持在 45%（圖 6-8），但與港人對置業安居的期望相比有不小的差距，即使與首屆特首董建華的 10 年內 7 成家庭有自置居所的目標亦有距離。「住房難」往往歸結為土地供應不足。其實，土地供應並非真正難點。就住宅而言，僅佔香港土地總面積的 7%，即 98% 的人口居住在全港土地面積不到 4% 的土地上。造成住宅用地嚴重短缺並非沒有土地，而是長期以來香港規劃理念所導致的職住失衡，可用之地沒有被合理地規劃為住宅而已。隨着香港國安法和特區新選制的實施，香港已由亂轉治，迎來可聚焦經濟的新局面，特區政府展示出高瞻遠矚的魄力，根據林鄭月娥的 2021 年施政報告和同期發佈的《北部都會區發展策略》，僅北部都會區而言，如按照新規劃實施完成，總住宅單位數目即可達 90.5 萬至 92.6 萬個，可容納約 250 萬人居住。也就是說，只要轉換規劃理念，僅北部都會區未

來就可以接納 1/3 港人置業安居。更重要的是，新規劃理念注重職住平衡，僅北部都會區就可以大幅增加就業機會，職位數目從目前的 11.6 萬個增加到 65 萬，包括 15 萬個創科產業的職位，增幅達到 5.6 倍。這樣，不僅置業安居不再難，創業就業與居住也會更加平衡，港人的生活自會更加美好！

第七章

# 推進教育事業
# 改革創新並進

◎ 鄧飛　崔劍

回歸以來，香港特區保留了原教育制度，並發揮教育事業的高度自治，因應時代變遷和特區的需要，不斷地推動教育改革創新，教育事業得以進一步發展。反思 2012 年國教風波、2014 年非法「佔中」及 2019 年修例風波等社會運動，特區教育不能再重「兩制」而輕「一國」！展望未來，全面檢討特區教育，撥亂反正，正本清源，強化國情教育和價值觀教育，增強港人國家認同，促進人心回歸，仍在路上。

## 一、大力興教有成效

　　教育為社會的發展培育人才。依據香港基本法第 136 條，特區教育享有高度自治，特區政府可以自行制訂教育的發展和改進的政策。回歸之時，特區保留了原教育制度。回歸 25 年來，特區政府因應時代的發展，契合特區的實際需要，推動了一系列教育改革。1997 年，在特區政府成立後的第一份施政報告中，時任行政長官董建華強調「教育主宰香港的未來；既為市民提供平等競爭的機會，也為香港的經濟發展培育人才。香港的教育制度必須立足香港、貢獻祖國、面向世界；兼收中西文化所長，保持多元化特色。教育，必須能激發起追求卓越的雄心」。除撥款 50 億元成立優質教育發展基金外，宣佈準備以 5 年額外非經常開支約 220 億來推動香港社會進步，而教育則放在第一位。

　　當年，教育統籌委員會（下稱「教統會」）以「優質學校教育」為題，發表《第七號報告書》。建議進一步下放權力予學校，落實校本管理精神，讓學校更靈活自主地管理及運用資源。此外，特區政府亦着力推行母語教育，希望學生能掌握「兩文三語」。1998 年，全面落實母語教學，讓全港約七成多的中學採用母語為教學語言。1999 年，教統會先後發表《廿一世紀教育藍圖 —— 教育制度檢討：教育目標》及《教育制度檢討：教育改革建議 —— 終身學習自強不息》兩份諮詢文件，提出了 21 世紀香港的整體教育目標及各個學習階段目標的

建議。

2000 年，教統會向政府提交了《香港教育制度改革建議》，就香港教育未來的發展目標和改革提出了多方面的建議，讓大多數人普遍能夠「終身學習，全人發展」。行政長官於同年 10 月發表的施政報告中，接納所有由教統會提交的香港教育制度改革建議。教育改革涵蓋幼兒教育至持續教育各階段，重點則在於學制、課程、評核機制以及不同教育階段的銜接機制等問題。基本原則是讓學生們能夠有全面而均衡的發展，培養終身學習的態度和能力。政府就學位分配辦法、學校課程和評核機制進行的多項改革措施，既能照顧學生不同的學習需要，亦能達致拔尖保底的目標。

回歸以來，特區政府推出的改革措施包括教學語言政策改變、校本管理制度、中小學結龍計劃、引進副學士制度等，以下僅聚焦教學語言政策、校本管理制度及增加大專學額等三個方面。

首先來看母語教學改革。就特區教學語言而言，特區政府推動的母語教學，影響深遠。回歸之前，教育在港英政府的管治中扮演重要的角色。在港英政府的教育佈置中，一直存在「重英輕中」的格局。以英文為主的語言政策一直在回歸前支配香港的教育。到 1974 年港英政府制訂的《法定語文條例》，改寫了香港當時殖民社會的教育發展路徑，更是對回歸後香港特區的教育發展都起着重要影響，有人甚至認為是港英政府在語文政策方面所做的唯一工作。該條例旨在訂定中文和英文是香港的法定語文，享有同等地位。1996 年，教統會頒佈《教育統籌委員會第六號報告書：提高語文能力整體政策》，明確指出香港未來語文教育發展路徑，並為語文教育政策進一步發展提供建議與指明方向。該報告書指出教師和教育工作者普遍贊同母語教學的概念，惟不少市民仍抱有誤解，認為母語教學會導致英語水平相應下降。故報告書強調需重申母語教育政策優勢，加強公眾教育工作，讓市民更明白採用母語教學的原因，消除人們對母語教育成效的誤解。

1998 年，母語教學政策全面推行，當時全港有七成多的中學的中一學生在新學年起需接受母語教學，中四開始由學校自行決定。另有百多所中學可保留原有的英文教學。然而在百多年英國的殖民管治下，「重英輕中」的概念根深柢固。教育界和一些學者曾聲勢浩大地支持母語教學，列舉當中的優點，當時一般家長卻強烈反對政策，認為會影響子女的升學就業前途，故每天都有家長到教育署請願。一些傳統英文學校也加入反對行列。在政策推出初期，政府批准 100 間中學以英語授課，其後有學校上訴，最終有 114 間學校獲准以英語為教學語言。從此，114 間以英語授課的中學成為家長心中趨之若鶩的「名校」，而其他的中文中學則被視為「次等中學」。

　　本來母語教學的「初心」是好的，對大多數的學生來說，用母語學習，可以提高學生學習興趣，更易理解課程內容，令他們勇於提問及參與討論，並能培養他們探究的精神、思考和解難的能力，從而增強自信心，達致樂於學習的目標。多項教育研究亦指出，學生如能在早年採用母語學習，日後學習外語及其他學科，也能收事半功倍之效。母語教學亦可使學生對中國語文和文化傳統有更深厚的認識，並奠定更鞏固的語文基礎。配合母語教學而加強英語學習配套，理應不會降低英語水平，在提升中文的同時提升英文水平。可惜家長們聞之色變，認為「母語教學」與「英語教學」就如置於蹺蹺板，一端高另一端就一定會降低，未徹底了解前就一窩蜂反對。當時，教育部門在推行時亦未有盡力詳細說明中英並進的道理，一些傳統的英文中學亦為本身利益而反對。

　　在殖民地「重英輕中」的思想下，母語教學的推動處處碰壁。2010 年起，教育局實行微調中學教學語言的安排，學校可以學生為本，加強校內的英語環境，增加學生運用和接觸英語的機會，但收錄中一新生水平未達標者需要「落車」，不能再以英語進行教學。從表面上看合乎程序理性，也公平客觀。其實，學校收生水平不足就要接受以母語教學的懲罰，根本無助於推廣母語教學。

　　其次，校本管理制度。上世紀 80 年代初，西方國家的學校教育制度出了新

的變化，當時香港亦發表了國際顧問團報告書及成立教統會，推行各項教育新政策。1991 年，教育統籌局成立「學校管理新措施諮詢委員會」，開始推行「學校管理新措施」計劃，即現時的校本管理的雛形。其目的是提供一個管理架構，透過不同持份者共同參與決策對校內教學、學生成長、教師專業發展及其表現等作出有系統的規劃和評估，以及有效地運用資源來提高學校教學水平和教育質素。1995 年 7 月，成立「學校管理新措施工作小組」專責研究，重新訂定「2000 年學校管理新措施」計劃的推行策略。2001 年，教育統籌局正式提出《校本條例草案》，2002 年 11 月將《2002 年教育（修訂）條例草案》刊憲，交立法會審批。2004 年 7 月，《校本條例》法案獲得通過，2005 年 1 月正式生效。

條例旨在讓學校有更大的自主權，可以更靈活地管理校務、運用資源和計劃學校的發展；亦增加學校的透明度和問責性，讓社會人士得知學校的整體表現及其能否善用公帑。為此，全港中小學必須在 2010 年前成立向政府註冊的法團校董會，加入由選舉產生的家長、教師及校友代表。辦學團體代表，將減至佔校董會總人數的 6 成，學校亦必須列明法團校董會的權力和責任。

在條例諮詢期間，不同辦學團體紛紛透過不同的渠道，表達對條例草案的意見，當中有支持立法的，如香港佛教聯合會、嗇色園和教育評議會，亦有反對立法的，如香港天主教會、香港聖公會、香港中華基督教會、基督教香港信義會、香港基督教循道衛理聯合教會等多個團體等。當中，以本港主要辦學團體香港天主教教區的反對聲音最大。天主教教區，以校本條例違反基本法及教育條例為理由，提出司法履核。是次司法覆核在原訟庭、上訴庭俱告敗訴，向終院提出的上訴亦被駁回。終院的判詞明確指出，基本法從來沒有保障教區有 100% 絕對權力，而按《校本條例》成立的法團校董會裡面，教區仍佔 6 成票數，辦學團體不會被架空，其權力更不會被削弱，《校本條例》也無違反基本法保障宗教自由之條款。

主要爭議有「學校控制權」、「持分者的參與模式」以及「推行障礙」等三

個方面，學校控制權的爭議為最大。不難理解反對條例背後涉及的政治盤算。自殖民地以來，天主教、基督教、聖公會等宗教團體是香港的主要辦學團體，主導了不少學校的教學方向。辦學團體推行的殖民地的教育雖然培養了不少人才，但教育的本質就削弱了學生對國家歷史及文化的認識，迴避了對國家民族的認同，使年輕人缺乏對國家的歸感。這正正是影香港年輕人缺乏國家民族認同的關鍵。

最後，增加大專學額。2001 年，前任行政長官董建華宣佈要把香港專上教育的入學率由當時約 30% 提高至 2010 年的 60%，以趕上鄰近國家和地區高等教育發展的急速步伐。為此，政府引入了美國自資式的副學位，當中包括通識教育及職業導向訓練，為中七畢業生提供另一個升學途徑。短短數年間，副學位課程大量擴展，不但幾乎所有大學都提供副學位課程，連一些非牟利慈善組織和其他私營商業機構也開辦相關課程。開設這些課程的費用，則大多是由社區學院自行承擔。社區學院幾乎完全靠市場機制運作，出現了素質參差的現象，副學位資歷的認受性遭到僱主質疑。同時，政府亦鼓勵私立專上學院在通過適當評審後升格為大學，令學生享有更多選擇的權利，推動香港高等教育體系的多元化。近年，自資專上院校逐步通過評審，香港樹仁學院是本港第一所私立大學，後來恒生管理學院、珠海學院等也開始開辦學位課程。但是，政府並未擴充大學學位。受政府資助的學額自 80 年代末就一直鎖定於 14 500 個，即佔適齡人口的 18%。及至2012/2013 學年開始，政府才將每年公帑資助的第一年學士學位課程學額，增加至每年 15 000 個。

自實施教育改革以來，香港學生持續在主要國際評估中表現優秀。其中在OECD 舉辦的「學生能力國際評估計劃」（PISA），主要測試世界各地 15 歲學童的語文、數學和科學能力，香港學生的表現從 2003 到 2018 年穩定保持在前列位置。由國際教育成就評估協會舉辦的「國際數學與科學教育成就趨勢調查」（TIMSS），香港學生擁有良好的科學和數學能力。從 2003 到 2019 年的多次測試中，小四和中二學生的能力水平一直在前沿位置。至於「全球學生閱讀能力

進展研究」（PIRLS），香港學生在 2001 年的 PIRLS 中表現並不理想，位列第 14 位，但 2006、2009 和 2016 年的 PIRLS 資料就顯示學生表現有顯著進步，一直保持在三甲之內。

毋庸諱言，香港教育仍出現一些隱憂。從 PISA 的數據來看，近年香港學生在閱讀能力排名及數學能力排名依然名列前矛，但科學能力排名在 2015 年及 2018 年的調查中，均跌至第 9 位，與之前位列頭 3 位，出現不小的跌幅。香港學生在科學能力的表現不只排名落後，在分數及尖子比例上均明顯滑落。背後的原因，有學者指在新高中學制下，同時修讀 3 科理科（物理、生物及化學）的學生不斷下跌。如是者，新高中畢業生的數理能力較舊制遜色，個別大學需要為學生提供更多支援，才能令他們趕上大學課程的進度。以上種種，需要教育部門留意並作出改善。

## 二、推行「三三四」新學制

2000 年，特區政府接納教統會的建議，採用三年初中、三年高中和四年大學學制（「3+3+4」），以便推行更靈活、更連貫和多元化的高中課程。其後，教統會成立檢討高中學制及與高等教育銜接工作小組。該工作小組就新的課程、評核及考試和大學收生制度之發展，在 2003 年提出進一步建議。政府在 2004 年施政報告中接納了工作小組的建議，並就推行學制改革的詳情諮詢公眾。2009 年 9 月，新學制正式實施。

在新學制下提供「3+3」中學學制，讓所有學生都受惠於六年的中學教育。原有的香港中學會考和香港高級程度會考將由香港中學文憑考試取代。學生修讀的課程內容亦會調整，當中中國語文、英國語文、數學和通識教育為核心科，必須修讀，另設選修科及校本評核機制。新高中課程架構的設計，以課程發展議會制訂的「七個學習宗旨」為中心，讓每個學生都能達成下列全人發展的學習宗

旨，並能發展他們的潛能。根據不同大專院校的研究顯示，對比舊制的學生，新制學生的學習較為積極進取，成績表現亦較佳，反映新學制有一定的政策成效，而當局在這方面所付出的努力無疑是值得肯定的。

新高中課程其中一大特色是寬廣而均衡。學生透過參與其他學習經歷，獲得價值觀教育、體育發展、藝術發展、社會服務及與工作有關的經驗。高中課程為學生提供的知識和學習經歷均較以往寬廣和豐富，學生的升學和就業的途徑亦多元化。課程也能培養學生廣闊的視野和終身學習的能力。

在開放的課程架構下，學校可在 20 個高中選修科目、30 多個應用學習課程，以及六種其他語言中，提供合適和足夠的選修科目供學生選擇。這些選修科目可選自不同學習領域的高中選修科目、應用學習課程及／或其他語言課程。課程打破傳統的文理分流，科目多元化，能配合不同學生的興趣、性向和能力。有關安排既切合學生的興趣和需要，亦能讓學校有足夠彈性，按學校的情況和學生的需要編訂校本課程。

大學則推行 4 年的學士學位課程。在新學制下，學生增加 1 年的大學教育，為日後進修或投身社會工作有更足夠的準備。與過往不同，所有學生完成中學教育之後，都可以透過多元出路，繼續升學。而透過四年制的學士學位課程，各高等教育機構可讓學生得到更均衡、更全面的教育。四年的綜合課程，亦可擴闊學生的知識基礎，幫助他們日後的專科學習。而採用「3+3+4」學制後，香港可以更好地與國家及國際主流的其他學制接軌，為學生的全人發展及終身學習，奠定更廣闊的知識基礎和打下穩固的根基。

新高中學制的理念雖好，但在落實時卻與現實出現一些落差。在新高中學制下，高中各科課程內容廣而深，加上校本評核的要求，令師生不勝負荷。不少人指出新高中課程太多，課時嚴重不足，補課問題嚴重。根據教聯會 2013 年進行的調查發現，在 900 多名高中受訪教師中，近 8 成教師每週平均需補課約 2 小時，補課原因包括學生學習差異大（69%）、進一步提升學生表現（57%）及

課程內容太多（52%）等。學生未能兼顧繁多的課程，加上對所修讀科目無興趣、學科內容與所想的不同及擬退修科目成績不理想等因素，以致退修選修科的情況普遍。部分學校基於人力資源及行政上限制，普遍為選修科設限額，讓好成績的同學先選，成績較差的同學只可選剩餘的選修科，使不少同學失去動力學習，造成惡性循環。按考試及評核局公佈的文憑試報考統計資料，英語文學、音樂、倫理及宗教、綜合科學等五個科目，過去兩年累計至少3成人退修，情況令人關注。

相較舊學制，學生選修科目的空間大不如前。背後的原因，在於過往在舊學制下，考生可報讀4至5科。而新學制下，文憑試的選修科目減至2至3科，導致修讀和報考中史科的學生數目有所減少。有意見認為，新高中各科課程內容繁重，隨着大學收生普遍計算兩個選修科目成績，學生選修科目時偏向功利，特別是內容繁重的人文學科，首當其衝受到影響，正面臨「亡科」的危機。當中，高中中史科的情況尤其嚴重。高中中史科課程內容繁多，考評要求過高一直為業界所詬病。不少前線中史科教師反映，教育局設計的高中中史課程內容深而廣，要學生修讀上自西周封建，下至中華人民共和國的數千年歷史，遠超學生的能力。中史科考核要求過深，例如試卷以長問答為主、卷一必答題要求比較古今，並非一般中學生可應付，令修讀中史科的學生不斷流失。此外，目前高中核心科目過於着重考核學生的語文能力，不利數理成績較佳但語文能力稍遜的學生。不少在數理方面有優良表現的學生，因在公開試語文學科成績不佳，而錯失考入大學機會，甚為可惜。對於香港整體而言，亦不利科研人才的培養。

過去教育局曾先後在新高中課程短、中期檢討，推出了多項優化措施，包括精簡課程內容、簡化和取消部分的學科的校本評核、中國語文科重設範文等等，惟僅屬小修小補，高中師生學與教的壓力依舊未減。過去曾有不少意見提出，教育局應全面檢討高中課程架構，重新檢視高中四科核心及各選修科目的配置和比重，以釋放高中學生選修學科的空間。其中，有建議指應「保留中、英、

數 3 個核心科目，通識科由必修改為選修，學生選修增至 3 科或以上」，亦有意見認為，應「維持 4 個核心科目，降低 4 個核心科目佔整體課時的比重，增加學生選修為 2 至 4 科」。

為此，特區政府於 2017 年底成立了學校課程檢討專責小組，整體檢視中小學課程。經過歷時一年半的檢討，專責小組提出維持高中課程四個核心科目的安排不變，並就其課程和評估作出精簡建議。2021 年，教育局接納了專責小組的建議，對現行高中課程進行大刀闊斧的改革，通過調整 4 個核心科目的課程內容及考評，釋放了 250 個課時，無疑有助拆牆鬆綁，減輕師生追趕教與學進度的壓力。其中在中國語文科，教育局建議融合必修和選修部分，校本評核無須呈交選修單元的分數，日後中文科公開試只保留閱讀及寫作兩卷。英國語文科方面，教育局整合課程核心部分和選修單元，並刪去選修部分之校本評核，使英文科課程更為聚焦。至於數學科，在維持現行高中數學課程及考評設計不變的情況下，容許學校按學生能力，教授所有「基礎課題」及部分「非基礎課題」，有關安排能夠充分照顧不同能力學生的學習需要。最後是通識科，整個學科作出了全面而徹底的改革，一改過往的流弊，容後詳述。

至於騰出的課時，可讓教師有更多時間照顧學習差異，拔尖補底；加強學生的價值觀教育，讓他們在知法守法的基礎上達致全人發展。學生可按個人興趣和能力修讀多一個選修科，拓寬涉獵的知識層面，當中包括創新科技等知識；參與更多「其他學習經歷」活動，發掘個人興趣。長遠而言，除了優化高中核心科目外，當局應同步啟動各選修科目的檢討，特別是企會財科、旅遊與款待科等科目，長久以來在課程及考評出現不少爭議，有待教育局進一步檢視。同時，局方應在各相關學科內加入與「一國兩制」教育、國家安全教育、大灣區發展和「一帶一路」等學習內容，確保各個人文學科與時並進，讓高中生了解目前社會的最新發展。

至於通識教育科，這是 2009 年起推行的「三三四」新高中課程中的四大必

修科目之一，旨在透過探究各類議題以擴闊學生的知識基礎，加強學生對社會的觸覺。其中所選取的單元內容主題，對學生個人、社會和世界具有重要意義，也幫助學生聯繫不同範圍的知識，擴闊視野，學生須運用從三個學習範圍所獲取的知識和角度，並推展至新的議題或情境，進行獨立專題探究。其課程內容涉及「個人成長與人際關係」、「今日香港」、「現代中國」、「全球化」、「公共衛生」和「能源科技與環境」六大單元。各個單元下設不同的主題及探討問題。通識科加強學生對自身、社會、國家、人文世界和物質環境的理解，鼓勵學生對不同情境中經常出現的當代議題作多角度思考。

誠然，通識科開科初衷本是良好，有助培養學生慎思明辨，提升多角度思考能力。然而，這些年來圍繞通識科的爭議不斷，無論是課程設置、評核方式、教材等方面，都備受質疑。個中原因，在於過去通識教科書毋須送審，造成教科書質素良莠不齊。不少通識教科書被發現內容存在問題，包括資料錯漏、取材粗疏、陳述偏頗和不符事實等，容易誤導師生，使其錯誤理解有關概念，影響教與學的成效。再者，教材將具有爭議性的社會議題包括在內，過去有教科書及校本教材採用偏頗的觀點表述內地政治和司法體制。通識科涉獵範圍廣泛，加上要緊貼時事，內容需要不斷更新，不少教師都會自製教材。而備課時間不足，前線教師較多使用傳媒報道作為教材，情況並不理想。個別教師更將政治立場帶入課堂，製作相關教材，以所謂「批判思考」為藉口，向我們下一代灌輸錯誤的信息，刻意誤導甚至故意抹黑國家，以致學生仇視特區政府和國家。更甚者，文憑試通識科考試的試題，將這些課題納入考試範圍。據統計，2012 年至今年通識科的考題中，必答題中有 5 條題目涉及香港政治，內容涵蓋立法會選舉、香港示威遊行、香港民主等，選答部分則有兩題涉及；只有 2017 和 2018 年的考題完全與香港政治無關。學生為求取得高分數，傾向選取社會上的主流觀點，也就是泛民的觀點來論述。久而久之，學生就會更接受泛民的觀點。再者，「現代中國」的試題一直側重討論負面影響，沒有讓學生對國家面對問題所作出的各項對策進

行討論，使學生對內地失去信心。

　　總括來說，由 2009 年通識科設立至今，香港社會出現不少亂象，包括「反國教運動」、非法「佔中」、「違法達義」、「黑暴事件」、「仇警辱警」等。有見及此，特區政府於 2020 年底提出改革高中通識教育科，糾正過去通識科異化之處。2021 年，教育局宣佈將科目改名為「公民與社會發展科」，由六大單元變為三大主題，包括「『一國兩制』下的香港」、「改革開放以來的國家」及「互聯相依的當代世界」，並設有內地考察，有助增強學生對國家的認識，從而提升國民身份認同、培養國家觀念，令其學習重回正軌。

## 三、推進職業教育

　　面對急劇轉變的社會發展，傳統學術教育未能完全滿足到這方面的要求。環顧世界各地，不少政府早於多年前已經推行職專教育，採用與學術並行「雙軌制」，並再向當地企業提供適切的配套推行。不過，香港在職業教育方面仍處於滯後，必須急起直追。

　　回顧香港職業教育，至今已有逾 80 年的歷史。1965 年及 1973 年，政府先後成立行業培訓諮詢委員會和香港訓練局，研究加強青少年職業教育的各項措施，促使本港職業教育在 1970 年代出現首階段的急促擴展，包括成立香港理工學院、建造業議會和制衣業訓練局、成立 4 家新的工業學院，制訂了《學徒制度條例》等。1982 年，政府成立職訓局，推動本港的職業教育。職訓局是常設的法定機構，具有行政權力及政府的財政資助。踏入 90 年代，由於經濟結構轉型，職訓局把培訓焦點由製造業轉向服務業，亦將課程內容由工藝層面提升至技術及高級技術層面。

　　及至回歸後，職訓局將所有工業學院和科技學院合併，成立香港專業教育學院，職訓局提供的職業教育自此擴展至專上程度。1997 年，教育局發表《職

業先修及工業中學教育檢討報告書》，正式解除工業學校及職業先修學校中「工業」與「職業先修」的捆綁。這兩類學校的課程不再側重職業先修或工藝內容，着重跨行業及可廣泛應用的一般技能，可以用文法中學主流課程代替。千禧年後，職訓局加強推動專上教育及專業進修，以配合香港知識型經濟的發展。這些年來，職訓局先後成立了多所學院，2003 年先後成立才晉高等教育學院及高峰進修學院。前者與多所本地及海外大學作出安排，為高級文憑畢業生提供學士學位銜接課程；後者為在職人士提供在職培訓。2012 年，成立香港高等科技教育學院，為本地學生提供以專業為本的學士學位課程。為了促進香港廚藝行業的發展，職訓局先後成立了中華廚藝學院及國際廚藝學院，提供專業廚藝培訓課程。目前，職訓局轄下共有 13 個機構成員，不僅為中三至中六程度的離校生提供職業教育，亦開辦專上課程，方便其畢業生升讀。除職訓局外，建造業議會、制衣業訓練局及僱員再培訓局亦負責提供職業教育及培訓。

至於學生升學途徑，中三至中六程度的離校生，可報讀由青年學院、卓越培訓發展中心及香港專業教育學院開辦的中專教育文憑及證書課程。修畢這些課程後，技術及基礎證書等同於 2008 年設立的本地資歷架構第二級，而中專教育文憑的資歷則為第三級。中專教育文憑畢業生，可繼續修讀職訓局多個機構成員開辦的高級文憑課程，修畢有關課程後所取得的高級文憑等同副學士或資歷架構的第四級，而技術水平則等同高級技術員級別。高級文憑持有人可透過職訓局內的香港高等科技教育學院及才晉高等教育學院繼續升讀學士學位。部分高等教育院校開辦以專業／職業為本的學位課程。合資格的副學位畢業生可升讀大學教育資助委員會資助的學士學位高年級課程，以及修讀自資專上界別提供的銜接學位課程。

就高中課程而言，中學透過應用學習課程及包含於其他學習活動內與就業有關的經驗，推行與就業相關的職業教育。應用學習課程着重實用的學習元素，與寬廣的專業和職業領域相關連。課程共分六個學習範疇，包括創意學習、媒體

及傳意、商業、管理及法律、服務、應用科學以及工程及生產。在報讀專上課程時，香港中學文憑考試的應用學習科成績會獲得認可。部分應用學習科目已在試點下獲得認可資歷（資歷架構第三級），或有助學生於相關行業工作。

就資歷架構而言，2008 年 5 月特區政府即推出資歷架構，鼓勵終身學習，提升本港勞動人口的競爭力。資歷架構是一個 7 級資歷制度，用以整理和支持不同資歷，提供全面的學習途徑網絡，促進學術、職業及持續教育的互通。在資歷架構下，20 個行業培訓諮詢委員會負責制訂《能力標準說明》，列明從業員在有關行業不同工作範疇需具備的技能、知識及成效標準，培訓機構可根據這些資料設計培訓課程。2012 年 10 月，教育局局長宣佈在資歷架構下推出資歷名銜計劃及資歷學分。資歷名銜反映資歷的性質、學習領域及資歷級別的範圍；資歷學分則反映資歷的學習量。資歷學分讓進修人士得知完成學習及取得該資歷的學習成果所需的時間。在香港資歷架構下，一個資歷學分相當於 10 個學時，而學時涵蓋一般學員通過各種模式學習所需的時間，包括上課、網上學習、實習、自修、考試等時數。

為提高《資歷級別通用指標》內文字表達的清晰度及易用性，2017 年教育局進行檢討工作，修訂其內容並加以附註；更為僱主、課程營辦者和設計及評估成效標準者分別編寫參考資料及實務指引。政府亦透過資歷架構基金推出一系列的支援計劃，包括資助教育及培訓機構進行課程評審、資助從業員接受「過往資歷認可」評估，以及進行與資歷架構有關的研究和公眾教育活動等。現時資歷名冊載有超過 8 400 個獲資歷架構認可的學術及職業資歷。政府又撥款成立了資歷架構基金，並先後注資，為資歷架構的持續發展和推行提供穩定的收入。

至於職業教育促進措施，特區政府通過多項措施予以引導，鼓勵年青人在職專範疇升學和就業。政府由 2014/2015 學年起透過職訓局推行先導計劃，旨在結合有系統的學徒培訓及清晰的進階路徑，為人力需求殷切的特選行業吸引和挽留人才。計劃由政府和參與行業合作，鼓勵更多學員透過「邊學邊賺」模式投

身需要專業技能的行業，受訓人士可於訓練期間獲發承諾工資和津貼。計劃已於 2019/2020 學年開始恒常化，培訓名額增至每年 1 200 個。為進一步提升職專教育的學習經驗，政府亦由 2020/2021 學年起向職訓局提供為期三年共約 2 000 萬元的非經常性撥款，資助參加職業教育和就業支援計劃的學員到境外學習及交流，參與當地短期技術及實習課程和參觀當地機構／企業，互相交流技術及擴闊視野。「指定專業／界別課程資助計劃」便是另一項重要的措施。由 2015/2016 學年起資助每屆約 1 000 名學生修讀選定範疇的指定全日制經本地評審自資學士學位課程。其後資助計劃由 2018/2019 學年開始恒常化，並將資助學額增加至每屆約 3 000 名。政府又宣佈，由 2019/2020 學年起透過指定資助計劃資助每屆約 2 000 名學生修讀指定的自資副學位課程。此外，政府已由 2014/2015 學年起，向職訓局提供約 1 800 萬元的經常撥款，每年為約 9 000 名主要修讀政府資助的高級文憑課程及部分職專文憑課程的學生提供工作實習機會。

從宏觀的層面，政府於 2018 年成立推廣職業專才教育專責小組，以更針對性地檢討及考慮如何在香港加強推廣職專教育，專責小組於 2020 年初向政府提交檢討報告。檢討報告重申職專教育是香港教育制度中不可或缺的一環，並提出了 18 項建議，聚焦四大範疇，包括加強在中學推廣職專教育、加強在高等教育推廣職專教育、建立職業進階路徑，以及進一步加強推廣。其後，政府成立督導委員會以加強統籌整體的職業專才教育推廣策略，促進與業界更緊密的合作關係，並履行資歷架構基金督導委員會的所有現有職能。

經過特區政府近年的積極宣傳推動，社會對職專教育的觀感已漸漸出現變化。要徹底改變社會對職專教育的看法，按目前來看，仍有不少路要走。首先是社會較看重大學資歷，成為投身職場的基本資歷要求。如是者，相較學術教育，職專教育給人次一等的印象，只有學業成績不夠理想的學生才會修讀相關課程。事實上，在現行教育制度下，以考試成績為導向。大部分人認為，只有入讀大學，才能有向上流動的機會；而成績好的學生，一定要入讀醫學、法律等學科。

在這種迷思下，學生不論自身條件和能力，都一窩蜂堅持要考入大學，視為唯一的升學路徑。即使未能考入八大，亦會報讀副學士爭取入讀大學機會，又或報讀自資院校學位課程。再者就是家長選擇和學校的取態。個中原因，在於家長選校時，很多時候會參考該校公開試的成績，以及大學的入學率。學校的中一收生人數，又會影響其資源多寡以至生存空間。面對近年生源減少，學校面對更大的收生壓力，教師講授生涯規劃的時候，傾向支持學生循傳統升學路徑，而不是考慮職專教育。

在新學制下，除了四個核心科目及甲部選修科目外，還包括有一定職業導向元素的應用學習科。按教育局的論述，應用學習課程內容實踐與理論並重，與寬廣的專業和職業領域緊密聯繫。學生可以從課程中學習相關的基礎理論和概念，發展入門技能、與職業相關的能力及共通能力，探索自己的事業抱負和終身學習方向。而應用學習科目推出以來，認受性備受質疑。推行之初，應用學習過去只設「達標」和「達標並表現優異」，相等於香港中學文憑第二級及第三級或以上成績。再者，大學普遍不接納以應用學習科為選修科用作計算入學分數，大為影響學生修讀的意願。其後，政府推出多項措施，提升應用學習的認受性，包括把應用學習課程的最高成績等級由原來的三級提升至四級、全數資助學校提供應用學習課程的費用、加強應用學習課程與資歷架構掛鉤等。然而，修讀應用學習科的學生卻沒有明顯增加，似乎成效有限。教育局自 2005 年起推出「商校合作計劃」，推動學校與工商機構合作，帶領學生走出課堂，迎接未來的挑戰，放眼世界，讓他們作好投身社會的準備。計劃推出以來，學界普遍反應正面，未來教育局需要思考如何擴大商校合作計劃，讓更多學生有機會實地參觀不同行業的工作情況。此外，當局需要思考如何將職涯教育進一步融入課程，改變學生的傳統升學就業觀念。

不難發現，要短期內改變各方的觀念恐非易事，還須從完善升學就業路徑着手。根據推廣職業專才教育專責小組於 2020 年提交的檢討報告，建議在香港

發展重點培養應用能力的應用學位。其後，教育局推出「應用學位課程先導計劃」，挑選了四個學位課程參加先導計劃。該措施方向正確，對學生有一定的吸引力，期望局方在先導計劃總結經驗後，再將計劃推展至更多課程，同時完善就業配套，培養更多具備專業能力的青年人才。

## 四、全人發展課程改革

2001 年起，教育局開始推行「學會學習」課程改革，一直推動課程和教學變革，以促進學生全人發展，提升他們學會學習的能力，以達至終身學習為目標。課程發展議會就教育目標和學校課程宗旨，訂定了七個學習宗旨，期望學生在十年內達成，當中包括健康生活方式、廣闊的知識、學習技能、語言技能、閱讀習慣、國民身份認同及責任感。同時，建議在各學習領域及跨學習領域推行四個關鍵項目，包括德育及公民教育、從閱讀中學習、專題研習、運用信息科技進行互動學習，以幫助學生發展獨立學習的能力。有關革新打破過往科目固有框架，加強綜合學習；引入多元化教材，改革課本主導的課堂，由重視知識灌輸，轉向促進學生學會學習。過去十多年來，學校在課程改革中已取得一定成就。大部分學校已發展了一套具校本特色的課程，提升學生自主學習的能力。

承接第一波改革，教育局過去十年先後更新了多份課程指引。其中，當局在 2014 年更新了《基礎教育課程指引（小一至小六）》，協助學校進一步聚焦檢視學與教的過程與效能，深化課程改革的正面影響，持續提升學習的質素。至於於 2017 年推出的《中學教育課程指引》，則取代 2002 年的《基礎教育課程指引》和 2009 年的《高中課程指引》。幼兒園方面，政府於 2017/2018 學年開始落實免費優質幼兒園教育政策，香港正式開展 15 年免費及優質教育。同年，課程發展議會頒佈《幼兒園教育課程指引》。十五年一貫的中央學校課程架構亦隨之更新，反映「學會學習 2.0」已邁進課程持續更新的「學會學習 2+」新階段。

其後，教育局於 2017 年 11 月成立學校課程檢討專責小組，整體檢討中小學課程安排，旨在令學校課程既嚴謹又具前瞻性，提升學生的學習能力，並培養 21 世紀應具備的價值觀和素質，以對應未來的挑戰和社會需要。其後，專責小組於 2020 年 9 月向教育局提交以「優化課程迎接未來、培育全人啟迪多元」為題的檢討報告，報告提出了六大改革方向，包括推動全人發展、推行價值觀教育和生涯規劃教育、創造空間和照顧學生多樣性、進一步推廣高中應用學習課程、提高大學收生靈活性及加強 STEM 教育。經過諮詢後，教育局採納了專責小組的建議，就學校課程進行了優化。下文集中討論 STEM 教育及價值觀教育。

首先來看 STEM 教育。STEM 是科學（Science）、科技（Technology）、工程（Engineering）及數學（Mathematics）四個學科的總稱。特區政府在 2015 年的施政報告中，首次提及要更新及強化科學、科技及數學課程和學習活動，翌年發表的《推動 STEM 教育 —— 發揮創意潛能》報告，針對 STEM 教育提出六大策略，包括更新科學、科技及數學教育學習領域的課程、增潤學生的學習活動、提供學與教資源、加強學校和教師的專業發展、增強與社區夥伴的協作，以及進行檢視及分享良好示例。

財政司司長陳茂波在 2021 年新一輪財政預算案再次提到本港 STEM 教育發展。自 2016 年起，政府開始推動 STEM 教育發展。時至今日，五年過後，STEM 在香港的發展依然未有起色。有人認為政府以外行人管理 STEM 發展自然難有成效，又有人認為香港學術風氣不利創科學習和 STEM 發展。但和一河之隔的深圳相比，深圳科技發展已成為中國乃至世界的一個科技發展中心。到底香港欠缺甚麼，導致 STEM 教育一直停滯不前？

事實上，自特區政府於 2016 年公佈《推動 STEM 教育 —— 發揮創意潛能》報告後，每年政府都會撥款發展 STEM 教育，但政府對 STEM 教育整體發展方向未有明確目標。有工業界立法會議員在立法會發言中提到過多項 STEM 教育面臨的問題，如學校推行 STEM 課程時缺乏明確指引、STEM 課程教授時間不足、

從事 STEM 學科教學的教師未得到足夠支援，以及 STEM 教育的硬件配套與時代脫節等。

過去數年，香港教育局投放大量資源，為學校提供整體 STEM 教育支援，包括更新 STEM 相關學習領域和科目課程、提供 STEM 增潤學習活動、加強教師培訓、發展學與教資源，以及與社會不同持份者以及社區夥伴合辦大型 STEM 學習活動等。

目前，在 STEM 課程設置方面，本地中小學 STEM 教育並非獨立科目，而是透過現行的科學、科技和數學教育學習領域等以跨學習領域／科目形式推行。在校內規劃層面，大部分學校已成立專責組別統籌 STEM 教育工作，訂定發展方向。大部分學校了解 STEM 教育的重點，在於以合適的教學策略，讓學生綜合和應用 STEM 相關學習領域／學科的知識和技能，並培養學生的解難能力和創意思維。不少學校就推行 STEM 教育已有清晰的發展方向，而校內跨科協作，亦正逐步加強。不少學校亦已按其校情、發展重點及學生的學習需要，於不同 STEM 範疇，發展出具特色的 STEM 教育項目。

在 STEM 教學方面，有關科學、科技及數學相關的課堂上，漸見更多以「學生為本」的「動手動腦」學習活動，讓學生有更多綜合運用 STEM 範疇知識和技能的機會，進行探究及專題研習；在課堂以外亦安排多元的全方位學習活動，如校外比賽及參觀項目，延展 STEM 相關課堂的學習，豐富學生的學習經歷，進一步提升他們的學習興趣。現時有不少推行 STEM 教育有出色表現的中小學，已獲邀參加教育局「優質教育基金主題網絡計劃」，成為統籌學校，利用該計劃提供的額外資源舉辦學校網絡活動，就推行 STEM 教育的不同主題與其他學校分享實踐經驗。根據教育局過去的統計數據，過去三年全港分別約有 50、60 及 70 間學校參與上述網絡學校活動。接下來，教育局會繼續加強對 STEM 教育的支援措施，以助學校進一步推動 STEM 教育。繼上一階段完成為校長及中層管理人員而設的進深培訓課後，會推出專為中小學 STEM 統籌人員和前線教師而設的新一輪

進深培訓課程，重點在於提升教師規劃 STEM 教學活動及運用教學策略的能力。

　　STEM 教育的重要一環是與包括科創、企業界在內的不同公司、團體和持份者協作完成。過去兩年，教育局推動香港中小學與大疆創新科技有限公司合辦一系列教師專業培訓課程，以增進教師認識相關科技的新發展和其應用。這些活動都得到參與教師和學生的正面評價，參與者反映工作坊能促進他們為學生安排相關學習活動，發展學生編程及計算思維能力。此外，在疫情之前，教育局也積極牽頭本港學校與內地相關的商業機構合作舉辦教師考察活動，讓教師對內地創新科技及相關業界的最新發展，有較深入的認識，並拓寬眼界，從而對校內規劃及推行 STEM 教育有進一步的反思。

　　眾所周知，本地學生報讀大學 STEM 學科的意願不高，大多數 DSE 考試「狀元」和成績優異的學生都會首選醫療、法律和商科等科目，而工程和理科專業則一直淪為「水泡科」，不少學生甚至在畢業後脫離所學，未能有機會從事相關行業，亦令香港創科研究工作難以進行。就此問題，香港創新科技署設立了「創新及科技基金」的研究人才庫，為進行基金資助的研發項目的機構和公司，以及其他在香港進行研發活動的科技公司提供資助，以聘請研究人才從事研發工作。該基金下設的「創科實習計劃」也資助本地大學 STEM 課程的本科生及研究生參加短期實習，以鼓勵他們在畢業後投身創新及科技行業。隨着粵港澳大灣區的進一步融合，香港青年去大灣區以及內地其他地區發展的機會大大增加，而內地蓬勃發展的科技創新行業和相關工作前景，會進一步為香港青年學習 STEM 相關科目提供充足的動力。

　　再來看價值觀教育。隨着時代的變遷，傳統家庭價值及倫理觀被削弱。互聯網日漸普及，信息泛濫，大眾媒體過度渲染及煽情，亦對學生的價值觀帶來負面影響。加上教育制度以考試為主導，過分重視學術知識傳授，忽略了學生品德價值觀的培育。目前，學校品德教育存在不少問題，包括缺乏系統性、課程內容過時等，以致學生普遍缺乏應有人際溝通、情緒管理及解難能力。而價值觀教育

的缺失，對下一代的影響逐漸浮現。近年，學生輕生個案有上升趨勢，令人關注年青人抗逆力不足的問題。事實上，「港孩」問題近年十分普遍，學生較自我中心，自理能力、個人自信及情緒智商較低。部分人甚至欺凌同學，對當事人造成深遠的影響。因此，近年社會開始重視價值觀教育，以培養學生具備良好的品格，應對未來的挑戰。

根據現行政策，教育局以「多重進路、互相配合」方式推動價值觀教育，培育學生正面的價值觀、態度和行為。自 2001 年推行課程改革至今，德育及公民教育一直列為學校課程的 4 個關鍵項目之一。教育局持續透過更新課程指引、發展學與教資源、提供教師培訓，以及組織學生活動等，支援學校推動價值觀教育，於課堂內外培養學生良好品德，懂得關心社會、國家和世界，認同國民身份並珍視中華文化，對社會和國家具責任感和承擔精神。

為回應《學校課程檢討專責小組最後報告》對優先推行價值觀教育的相關建議，以及配合近年科技與社會的急速轉變，課程發展議會成立「價值觀教育常務委員會」，跟進學校課程檢討專責小組提出優先推行價值觀教育的建議，參考 2008 年《德育及公民教育課程架構》，並結合世界、社會和網絡世界的急速轉變，編訂《價值觀教育課程架構》（試行版），為學校於課堂內外規劃價值觀教育提供建議和示例，幫助學生從小建立正確的價值觀，以積極的態度面對在學業、生活和成長中遇到的挑戰。

新課程架構以中華文化為主幹，貫通中小學 4 個學習階段、各學科及課程範疇。教育局向中小學提出一系列應首要培育學生的價值觀和態度，包括堅毅、尊重他人、責任感、國民身份認同、承擔精神、誠信和關愛；並配合社會轉變和學生需要，納入首要培育價值觀及態度的「守法」、「同理心」，以及「勤勞」。課程架構亦新增重點「培養學生媒體及信息素養」，同時強調從小加強學生國家觀念、生命教育、性教育及禁毒教育。價值觀教育課程架構推出後，學界普遍反應正面，期望教育局為學校提供更多支援，做好價值觀教育的工作。

## 五、國民教育再出發

回歸之後，香港學校陸續開展國民教育，逐漸上了軌道。大部分學校都會組織學生到內地訪問，以及與內地學校締結成姊妹學校。其餘推行國情教育的方式包括在校內進行展板展覽、班主任課、週會專題講座、結合國情開展學科教學，以及讓學生進行專題研習等。

十年前，政府本來擬推出德育及國民教育科，設三年的「開展期」，逐步在全港中小學全面推行該科，有系統地培育學生品德及國民素質。2012 年立法會選舉前，國民教育議題遭受政治炒作，反國教組織先後成立，發起遊行、集會、絕食，甚至罷課等呼籲學校不要推行德育及國民教育科。最後，政府於 10 月接納國教科委員會的建議，擱置該科課程指引並取消開展期。目前，基本上只有愛國學校堅持開辦這科，實際上已名存實亡。回首國教風波，德育及國民教育科課程經過廣泛諮詢，社會亦無甚異議，可惜被有心人藉此進行政治炒作，大肆抹黑為「洗腦」，經過傳媒的大肆渲染，不少學生信以為真，走上街頭抗爭。事實上，當中大部分人根本卻連該科的課程內容包括哪些範疇也不清楚，只根據部分傳媒偏頗片面的報導就作出判斷。

自「反國教」一役後，整個社會的氛圍徹底改變。在反對派勢力的推波助瀾下，校園日趨政治化，國民教育屢遭妖魔化。礙於政治壓力，香港學校慶祝國慶及國情教育活動較以往明顯少，教育界在推動國民教育方面舉步維艱，寸步難行。部分學校甚至停止推行國情教育，反映了國教風波的遺禍甚深。此後數年，反中亂港勢力肆虐，本土意識抬頭，「港獨」思潮不斷蔓延。在不少遊行集會中，年青人高舉港英旗幟，並提倡「香港建國」。這些年來，社會充斥着濃厚的政治氛圍，年輕人變得愈來愈激進，在 2014 年「佔中」及 2019 年的「黑暴」，他們均扮演積極的參與者，帶頭破壞社會秩序，挑戰執法者的權威，衝擊法治的底線。

在 2014 年「佔中」一役，最先由前港大學者戴耀廷發起，最終演變成以學聯為首的大專生，主導整場社會運動。歷時 79 日的佔領行動，為本港社會帶來不少負面影響，包括影響市民日常生活、路面交通癱瘓及衝擊社會秩序等。更有甚者，在「佔中」初期，有團體發起全港師生罷課罷教，作為表達訴求的激進手段，嚴重干擾學校辛苦建立的校園常規和教學秩序，而且亦對學生的價值觀產生極其負面影響，埋下 2019 年出現「黑暴」事件的禍根。2019 年，反中亂港分子藉着《逃犯條例》，引發一場歷時半年的嚴重社會動亂。「黑暴」期間，暴力事件持續發生，破壞社會安寧，經濟民生大受影響。激進分子鼓吹「港獨」、「自決」、「公投」等主張，屢屢挑戰國家主權，衝擊「一國兩制」的原則底線，意圖在港策動顏色革命。年輕人走到最前線，參與各種違法行為，被捕者眾多。在這場暴動中，總共有逾萬人被捕，當中有約 4 000 名學生，佔總數 4 成。隨着被捕年輕人陸續面對審訊及被判刑，應當如何處理這些留下案底的年輕人，值得深思。

究其原因，過去基本法教育重「兩制」輕「一國」，令學生對國家的概念模糊，削弱他們的國民身分認同。有鑑於此，在過去兩年施政報告中，特首用了不少篇幅提到特區政府要全面準確貫徹「一國兩制」，並提到教育局會透過多元化活動，加強學生對憲法、基本法、「一國兩制」及國家安全等概念的理解，培養正面價值及對國家歸屬感。同時，施政報告亦提出糾正過去通識教育科被異化的問題，加強學習國情教育的元素。除了通識科改革外，當局現正全力推展國家安全教育。當局先後編訂的《香港國家安全教育課程框架》和 15 個中小學科目的國安教育框架。當局又先後為學校提供了國安教育的學與教資源，以及逐步開展國安教育教師培訓課程，加強教師掌握相關概念及教學法。在香港國安法實施後的首個國家安全教育日，在教育局的推動下，學界均十分重視，舉行多元化的學習活動，加深學生對國家安全的認識，反映了推行國安教育初見成效。為了讓相關教育做得更到位，教育局對學校的支援仍有待加強。

經過特區政府一連串改革後，撥亂反正，近年社會氣氛恢復平穩，學校比過往更積極推行國情教育，國民教育不再被視為禁忌，而是要理直氣壯地大力推行。根據 2021 年底教聯會的調查報告，學校慶祝國慶活動的情況有所回升，其中國慶節升旗禮錄得逾 1 成升幅，懸掛國旗的升幅更多達 2 成半。愈來愈多教師認為國情教育應包括國家歷史與發展、國歌、國旗、國徽，以及《基本法》與「一國兩制」等課題。下一步，教育局及學校需要進一步思考如何做好香港國情教育，培養學生的家國觀念及國民身份認同。至於教師專業操守方面，教育局亦作出了一些新舉措。在社會動亂期間，個別教職員的言行引起爭議，當中涉及參與違法活動、在網上散佈仇恨言論，以至將個人政治立場帶入課堂及製作不當教材等。有鑑於此，教育局經深入調查後，先後取消了數名涉事教師的註冊，以維護學生、家長及學校的利益，亦有助教育界重新樹立專業形象，挽回公眾對教育的信心。當局又為新入職教師提供核心培訓課程，以及為在職教師提供培訓課程和資源，當中涵蓋「教師專業身份」、「教師專業角色」、「價值觀與操守」等課題。過去大學師資培訓，集中教學策略等範疇，相對較為忽略教師操守的重要性。教育局對現職教師加強相關培訓，讓教師在工作時更能彰顯專業。當局又規定，下學年起公營學校的新聘教師必須通過香港基本法測試方可獲聘。以上舉措，相信能讓教師正確認識香港基本法，有利課堂教學及引導同學。

除了在課程層面外，要加強師生對國家的認同感，莫過於他們親身到內地體驗。過去十年，雖然香港陷入「泛政治化」的漩渦，但整體上兩地仍有序開展多項教育交流活動。在學校層面，經過十多年的發展，姊妹學校締結深受學校歡迎，而且交流愈來愈有規模，目前已有近千間學校參與締結姊妹學校，除了廣東省外，亦遍佈各個省市。受到新冠肺炎疫情影響，姊妹學校實體交流活動雖受影響，但卻阻隔不了兩地姊妹學校交流的熱誠。在這段時間，不少學校努力克服種種困難，通過在線交流、遠程教室、在線專業分享等方式，與內地學校保持聯繫，形式多元化，值得參考借鑑。目前，本港學生前往內地升讀大學的人數亦大

幅增加。自 2012 年起，中國教育部公佈「2012 年內地高校免試招收香港學生」政策，試行對香港學生豁免聯招考試，只需要通過香港中學文憑試 DSE 考試成績，就可以申請內地高等院校。計劃自推行以來，港生一直反應熱烈，內地的接收院校從最初的 63 所增至 2022 年的 132 所。2014 年起，香港教育局推出「內地大學升學資助計劃」，資助有經濟需要並已通過免試收生計畫到內地修讀學士學位課程的香港學生。這些舉措更進一步推升了香港學生升讀內地大學的熱情。此外，多間本港大專院校在內地設分校，錄取大灣區的學生，兩地教育交流日趨頻繁。為了吸引大學畢業生北上就業，特區政府此前推出「大灣區青年就業計劃」和「大灣區青年創業資助計劃」，其成效有待觀察，期望政府加大力度推動，鼓勵年輕人到內地就業及創業，提供更多向上流動的空間和機會。

要真正做到人心回歸，眼前還有大量工作，尚需教育局、學校、教師及家長放下歧見，攜手合力，引導學生樹立正確的價值觀，培養對國家的歸屬感。在未來很長一段時間，加強教師操守的審核，更新教師操守的標準，強化國情教育、價值觀教育以及基礎的法制教育，向學生傳遞正確的國家觀念和行為準則，推動國情教育撥亂反正，正本清源，切實增強國家認同感。

# 第八章

# 多元文化共存
# 中西文化交流

◎ 劉蜀永　嚴柔媛

回歸 25 年來，香港在「一國兩制」的保障下維持繁榮穩定，不僅法治、經濟和生活方式維持不變，而且以中華文化為基礎，結合中西文化交匯的特色，維持與世界各地的緊密聯繫，連結不同文化，匯聚人才，促進文化事業發展。特區政府是促進文化發展的推手，大力建設文化設施，資助演藝團體，發展文化項目，活化歷史建築，其中回歸以後最大型的文化項目就是西九龍文化區的建設。在政府和民間的推動下，香港文化事業整體上有長足發展。寄望未來，香港不僅是閃耀的國際金融中心，還能獲得文化藝術都會的美名。

## 一、力促文體事業

無論是文化事業，還是體育事業，均屬於香港特區高度自治的領域。依據《香港基本法》第 140 條和 143 條，文化政策和體育政策概由特區政府自行制訂。香港素來以健全的金融制度、優越的營商環境聞名於世，是世界上舉足輕重的國際金融中心。與此同時，香港擁有獨特的歷史文化背景，糅合東方和西方的文化特色，形成了以中華文化為基礎、中西合璧的香港文化。在特區政府的推動下，繼續實施對民間文化和體育機構的資助政策，充分調動了社會方方面面發展文體事業的主動性和積極性，回歸以來香港的文化和體育基礎建設與經濟發展「比翼雙飛」，許多文娛設施伴隨着香港經濟起飛而陸續建成，眾多文化、體育、藝術人才運用香港自由、開放和包容多元文化的特點，扎根香港，面向世界。

回歸以前，香港政府的行政架構一直沒有文化藝術的專責部門，欠缺宏觀和長遠的文化政策。香港的文化設施分散在不同的部門和公營機構，如大會堂、博物館、圖書館等文化場所，交由市政局管理，而新界的同類文娛康樂設施則交由區域市政局管理，沒有一個整體的文化藝術政策，也沒有一個部門能夠具體統籌香港的公共文化服務。回歸以後，首任特首董建華展示出特區政府對文化發展

的重視。在他的前兩份施政報告中，對香港提出了與英治時期截然不同的要求和標準，目標要令香港可「享有類似美洲的紐約和歐洲的倫敦那樣的重要定位」，將香港建設成為「國際文化交流中心」。

為達致這一目標，香港的法定機構香港藝術發展局於 1998 年資助香港政策研究所進行相關研究，發表了《香港文化藝術政策研究報告》和《香港文化藝術政策的釐定、推行與資源開拓》兩份研究報告。報告分析肯定政府的總體文化藝術政策，即維持創作和表達自由、保持中立、促進藝術多元化等。然而，當時的文化行政方面仍有不少地方需要改進，例如主導和權力分配仍然含糊不清，出現各自為政、不相往來的局面，容易產生官員各自演繹、無從問責的情況，因此報告認為文化政策有全盤檢討的必要。

為了解決政出多門的問題，特區政府決定重組文化行政架構，自 2000 年取消了市政局和區域市政局，並成立了由民政事務局負責統籌的康樂及文化事務署，負責兩個市政局有關文化藝術方面的職能，務求令香港的文化發展由昔日的地區分工，改為由特區政府統籌和管理，令行政運作和資源運用更為集中。

除了改革市政架構，特區政府亦着眼政策層面的檢討。2000 年 4 月成立的文化委員會，是一個高層次的諮詢組織，負責就文化政策及資源分配的優先次序向政府提出建議，推動香港長遠的文化發展。文化委員會於 2000 年 5 月進行了首次會議，並於 2003 年 3 月 31 日遞交了《文化委員會政策建議報告》。2012 年，政府擬新增文化局，集中統籌事務，但因各種原因，計劃胎死腹中。近年，設立文化局的建議再獲得大眾討論。2022 年 7 月，文化體育及旅遊局正式成立，統籌香港特區內的文化體育及旅遊事宜。

在文化體育及旅遊局尚未成立時，香港政府仍然透過各種渠道支持各式各樣藝術機構、藝術團體、個人藝術家、藝術行政人員等發展，建立充滿活力的文藝生態，令香港進步成一個有能力吸引本土及全球藝術家前來的舞台。政府推動香港體育精英化、普及化、盛事化，除了大幅興建體育設施，奠定基礎，亦透過

體育學院及運動員基金向本地運動員提供援助，並推行各式各樣的體育活動，供市民大眾參與。回歸後，香港與內地在文博、流行音樂、電影、電視劇上的交流和合作越來越頻繁。不少香港的文化及演藝界人士選擇北上發展，探索更為廣大的內地市場，兩地聯合製作電影、電視劇蔚然成風。香港持續與世界各地區進行文化交流，舉辦國際級展覽及文化盛事。此外，各種宗教在香港繼續和諧共存，保持良好的溝通。

## 二、中華文化在香港的延續

香港是個既現代又擁抱多元文化的社會，亦非常重視傳統的中華文化。傳統民間習俗、節日在香港仍然得以流傳，共 480 項的非物質文化遺產得到確立和保護，地方志工程順利展開，這顯示回歸後，中華文化在香港得到傳承並發揚光大。

### （一）民間習俗

香港文化以中華文化為基礎，與中國內地一脈相承，有密不可分的關係，而且與內地多處地域，尤其是廣東地域有相同的文化根源。在不同的歷史時期，大量人口從內地遷入香港，不但使香港的人口與日俱增，更將中華文化傳統帶到香港，形成了各式各樣的民間習俗。

香港居民的民間習俗，如祭祖、神誕、打醮、盂蘭勝會等在回歸以後得以傳承，部分更名列國家級非物質文化遺產名錄；春節、清明、端午、中秋、重陽等中國傳統節日，依然在香港佔據重要地位，反映中國傳統文化在回歸以後繼續發揚光大。春秋二祭、天后誕、打醮和傳統節日就是明證。

首先來看春秋二祭，體現了中國人「慎終追遠」的傳統美德。港人重視孝道，崇敬祖先，每逢清明、重陽等節日，前往拜祭祖先的人潮總是絡繹不絕，

以表孝道。在高度城市化的社會裡，傳統的春秋二祭於新界的原居民村落依然盛行，歷年不變。春秋二祭一般是在每年的春分和秋分當天，舉行莊嚴而隆重的祭祀儀式。隨着香港的城市發展及時代變遷，祭祀的儀式已有所簡化，祭祀日亦不再限於春分和秋分當天。不同宗族舉辦春秋二祭的過程大同小異，但亦因應各宗族的客觀情況而有所不同。春秋二祭在香港已經歷數百年的傳承，不但反映香港宗族慎終追遠的傳統，更可以加強族人之間的聯繫，具有重要的社會功能和意義。2017 年 8 月 14 日，香港特區政府公佈首份「香港非物質文化遺產代表作名錄」，將「宗族春秋二祭」歸類為「社會實踐、儀式、節慶活動」並列入該名錄中。

其次，天后誕。和中國沿海其他地區居民一樣，香港的漁民及沿海聚居的農民視天后為守護神。香港現存規模較大的天后廟超過 50 座。雖然今日香港漁民所餘無幾，但新界原居民仍視每年農曆三月二十三日的天后誕辰為重大節日，各區天后廟均有地區團體舉行隆重慶祝活動。例如元朗十八鄉每年舉行天后寶誕會景巡遊，是慶典中的重頭戲，至今已有超過 50 年歷史。2018 年，東華三院更首次復辦九龍區最大型的天后誕活動 ——「油麻地天后誕」，傳承本土傳統文化，慶祝活動包括舞麟麟、醒獅、粵劇、長衫街舞等多項精彩表演，現場設有書法、拉糖畫等非物質文化遺產攤位，宣揚傳統技藝。[1]

再次，打醮。「打醮」即舉行求福禳災的法事活動，與香港其他民間習俗一樣，體現出家族與族群的凝聚力，是源遠流長的中華文化在香港民間落地生根的表現。除沙頭角的吉澳、西貢的高流灣及塔門等地的醮稱為「安龍清醮」外，大部分的醮都稱為「太平清醮」。「太平清醮」和「安龍清醮」均為祈求地方平安的「祈安醮」。長洲太平清醮有「飄色」巡遊和搶包山活動，近年漸成香港極具

---

1　〈油麻地天后誕復辦〉，《香港商報》，2018 年 5 年 9 日。

特色的民間風俗活動。「飄色」巡遊是香港傳統習俗中的祈福儀式之一，相傳在清朝中葉，因瘟疫為患，居民為消除瘟疫而舉行「飄色」巡遊，後保留成為民間文化習俗。搶包山是極具特色的傳統民間活動，1978 年後曾因安全事故被港英政府禁止舉行。回歸後長洲居民申請重辦，特區政府在確保活動安全的前提下，於 2004 年底與主辦單位太平清醮會景巡遊值理會開會商討，最終接納申請，促成搶包山活動在 2005 年重現。[1] 出於安全考慮，活動細節與原來的搶包山民俗不同，但仍然大受歡迎，每年吸引大量港人及外國遊客前往觀賞，萬人空巷。

最後，便是傳統節日。港人每年都會慶祝傳統節日。在眾多中國傳統節日中，農曆新年最為重要。家家戶戶都趁這個吉祥日子，到親友家中拜年送禮，小孩和未婚的成年人還會收到「利是」（紅包）。大大小小的商場每年都舉辦新年主題活動，例如佈新春裝飾、安排舞獅表演、財神巡遊、新春美食市集等，吸引人流。二是農曆五月五日端午節。這個節日為紀念中國古代詩人屈原投江自盡以明志的事蹟而設。時至今日，吃粽子、觀賞龍舟競渡是港人每年過端午節的傳統活動。龍舟競渡近年已發展為國際化的體育運動。香港早於 1976 年首次舉辦「國際龍舟邀請賽」，是最早的國際性龍舟活動及同類活動中最具代表性的比賽之一。自 2010 年以來，該項賽事成為香港龍舟嘉年華的一項活動。龍舟嘉年華由香港旅遊發展局籌劃，融合了娛樂和美食元素，讓這項運動變身為一場絢爛的夏日派對，希望藉此向遊客宣傳這個競技性運動項目及其背後的文化內涵。[2] 三是農曆八月十五日中秋節。親朋戚友會在這個彩燈高掛的日子，在圓月下一邊賞月，一邊吃月餅。不少公園、露天平台、休憩場所會舉行慶祝佳節的活動，展現

---

1 〈太平清醮活動受訓健兒表演　長洲搶包山料五月復辦〉，《太陽報》，2005年 1 月 1 日。

2 〈世界各地數千龍舟健兒將奮力比拼，激戰香港龍舟嘉年華〉，《美國商業信息》，2019 年 5 月 31 日。

各具特色的彩燈。中秋節前後的晚上，大坑區居民會在街頭「舞火龍」。這一習俗已在 2011 年被列入國家級非物質文化遺產。[1]

### （二）非物質文化遺產

回歸後，政府和民間對非物質文化遺產的保育和傳承的重視，體現出中華文化在港充分延續。香港非物質文化遺產內容豐富。2014 年，特區政府公佈了香港首份涵蓋 480 個本地非遺項目的清單。經過四次申報，國家文化部將 12 個香港本地項目列入國家級非物質文化遺產代表性項目名錄，即粵劇、涼茶、長洲太平清醮、大澳端午龍舟遊涌、香港潮人盂蘭勝會、大坑舞火龍、全真道堂科儀音樂、古琴藝術（斫琴技藝）、西貢坑口客家舞麒麟、黃大仙信俗、香港天后誕、香港中式長衫製作技藝。2017 年 8 月 14 日，康樂及文化事務署公佈首份「香港非物質文化遺產代表作名錄」，涵蓋 20 個項目。除已納入國家級非物質文化遺產代表性項目名錄的 12 個項目外，還有南音、宗族春秋二祭、中秋節薄扶林舞火龍、正一道教儀式傳統、食盆、港式奶茶製作技藝、紮作技藝、戲棚搭建技藝。2009 年，聯合國教育、科學及文化組織（UNESCO）將粵劇列入「人類非物質文化遺產代表作名錄」，令其成為廣東、香港、澳門三地共同擁有的世界級非遺項目。

政府在推廣香港的非物質文化遺產上不遺餘力。聯合國教科文組織於 2003 年 10 月 17 日的大會上通過《保護非物質文化遺產公約》（《公約》）。中國於 2004 年認可《公約》，香港政府同意《公約》應適用於香港，由 2004 年 12 月起生效。隨着《公約》於 2006 年 4 月正式生效，特區政府於同年在康樂及文化事務署香港文化博物館內設立了非物質文化遺產組，以執行《公約》要求的具體

---

1 《香港 2020》，香港：政府印務局，2021 年，頁 298。

工作。2015 年 5 月，康樂及文化事務署將非物質文化遺產組升格為非物質文化遺產辦事處，是香港非遺保護的重要里程碑；又於 2016 年 6 月把荃灣三棟屋博物館改用為「香港非物質文化遺產中心」。

非物質文化遺產辦事處負責舉辦活動，深化在確認、立檔、研究、保存、推廣和傳承非物質文化遺產等方面的工作。該辦事處轄下的香港非物質文化遺產中心通過舉辦專題展覽、同樂日、講座、傳承人工作坊、研習班等活動，使傳承團體和市民大眾能互動和交流，增進公眾對非物質文化遺產的認識。由 2016 年至 2019 年，該中心每年平均錄得入場人數超過十萬人。[1] 非物質文化遺產辦事處分別於 2019 年及 2020 年推出首兩輪「非物質文化遺產資助計劃」，鼓勵社區參與保護和推廣非物質文化遺產的工作。該計劃在 2020 年撥款 3 636 萬元，資助 39 個項目。

在確認、立檔、研究方面，自 2006 年起非物質文化遺產組積極籌劃進行第一次香港非物質文化遺產普查。政府於 2008 年中成立了「非物質文化遺產諮詢委員會」，委任約十位本地學者、專家和社區代表為委員，向政府提供保護非遺的意見，並督導普查的進行。2009 年政府委聘香港科技大學華南研究中心開展普查工作。該中心的普查隊，採用了人類學「參與觀察」的田野調查方法，對每項非遺活動進行詳細記錄，包括文字、攝影、錄像、口述歷史訪問，記錄活動的源流、發展、傳承譜系和現狀，建立起香港首份較完整的非物質文化遺產檔案。2013 年，華南研究中心提交了普查報告和一份草擬清單，涵蓋了 400 多個項目，供非物質文化遺產諮詢委員會審議。經公眾諮詢、委員會審訂、立法會討論後，

---

1　2016 年：102 770 人；2017 年：102 992 人；2018 年：111 265 人；2019 年：91 000 人。以上數字擷取自每年香港年報，及後兩年因新冠疫情影響，該中心多次因收緊防疫措施停止開放。

政府最終於 2014 年 6 月正式公佈了首份「香港非遺清單」，涵蓋 480 個項目。[1]

除普查之外，政府也對本地重要的非物質文化遺產開展專項研究，以加深對遺產的認識。康文署委聘香港中文大學歷史系進行「太平清醮與長洲地方社會文化的發展」口述歷史研究計劃（2011 年），又委聘嶺南大學群芳文化研究及發展部，進行《中國戲曲志》及《中國戲曲音樂集成》〈香港卷〉（戲曲志及戲曲音樂集成）的編纂計劃（2011 年），並開展了「香港武術非物質文化遺產調查和研究」計劃（2016 年）。這些研究計劃的成果皆公開讓市民及學者參考，或建成數據庫，豐富非遺的論述。[2]

在推廣與傳承方面，賽馬會「傳‧創」非遺教育計劃是目前一個較大型的推廣活動，將年青人、大眾和傳統工藝聯繫起來。該計劃在 2018 年推出，由香港賽馬會慈善信託基金捐助，嶺南大學及香港藝術學院（香港藝術中心附屬機構）合辦，結合研究、教育及活化三大元素，致力於社區推廣、重新定義及活化香港非物質文化遺產。該計劃走進學校及社區，重點在於「傳承」與「創新」，課程首先講授非遺項目的源流與轉變、手藝的承傳過程，然後請師傅或導師傳授傳統手藝技巧，讓學生親身製作，最後利用習得的傳統手藝技巧和概念配合當代藝術創作，設計新作品，為非遺項目注入創新元素。計劃透過體驗式學習，讓學生認識傳統工藝的特色，達致傳承的目標。計劃另外設立「導師培訓課程」，專為對傳統工藝有濃厚興趣的公眾人士而設。除了學習非物質文化遺產項目的歷史、背景及技藝，學員亦會被訓練成為非遺項目的傳承人。學員於課程中需要接受正式技藝訓練，亦可嘗試結合傳統工藝與當代藝術的應用。表現佳的學員將會被邀請

---

1　鄒興華：〈香港非物質文化遺產保護工作十二年：回顧與前瞻〉，《香港博物館期刊》，第 2 期，2019 年，頁 7-8。

2　鄒興華：〈香港非物質文化遺產保護工作十二年：回顧與前瞻〉，《香港博物館期刊》，第 2 期，2019 年，頁 8-9。

於計劃下一階段擔任主講導師的助教。

　　非物質文化遺產是一個國家和民族歷史文化成就的重要標誌，是優秀傳統文化的重要組成部分。回歸 25 年來，官方與民間共同致力於加強非物質文化遺產的保護及推廣，讓這些遺產一代傳一代，成為日常生活重要的一部分，更好地繼承和弘揚中華民族優秀傳統文化。

### （三）地方志

　　編修地方志是中國獨特的文化傳統。在古代中國大致是「國有史，地有志」。地方志相當地方的百科全書，系統地記錄地方上有關自然環境與社會狀況的方方面面，側重於資料的保存。香港回歸 25 年，在中央政府和特區政府的支持下，愛國愛港人士始終不渝推動香港修志，這一文化傳統終於得到傳承。

　　香港在明清時期隸屬廣州府新安縣。新安縣在明清時期曾數次編修縣志，但目前僅存清康熙與嘉慶年間的兩個版本。此後，英國佔領香港，新安縣大部分領土被佔領。在英國佔領香港的 156 年間，沒有進行任何修志工作。1997 年回歸時，一些有識之士已開始呼籲香港修志。2003 年 3 月，香港文化委員會在《文化委員會政策建議報告書》中提出：「我們必須先了解自己的歷史，才能向別人介紹香港的文化遺產。我們建議政府編纂《香港地方志》，讓更多人更有系統地認識香港的人文和風土歷史。」2004 年 6 月 9 日，嶺南大學主辦「香港地方志座談會」，這是香港學術文化界關於編修地方志的第一次會議。2006 年 5 月 26 日，「香港地方風物志座談會」於嶺南大學舉行。會議期間，廣東省地方史志辦公室與嶺南大學香港與華南歷史研究部聯合舉辦了「廣東省新編地方志展覽」。2007 年 4 月 3 日，香港地方志籌備委員會通過成立香港地方志辦公室，並推舉劉智鵬博士為主任兼《香港通志》主編，丁新豹博士與劉蜀永教授出任副主任兼《香港通志》副主編。2009 年 6 月 1 日，香港地方志基金會在特區政府註冊為有限公司，港區全國人大代表陳智思、馬豪輝先後出任主席。

十餘年來，香港地方志基金會及其下屬機構香港地方志辦公室為推動香港修志做了大量準備工作。一是使香港市民對修志從一無所知到有所了解，使香港學術界和傳媒普遍支持修志；二是根據海峽兩岸修志經驗和香港實際情況，編制了詳盡的《香港通志》篇目，為正式開展修志奠定了良好的基礎。香港地方志辦公室編寫出版了香港地方史志書籍近四十種，包括屬於「香港地方志系列」叢書的《香港問題談判始末》《展拓界址：英治新界早期歷史探索》《香港達德學院：中國知識分子的追求與命運》等三本專著，根據英國陸軍部檔案編寫的《日軍在港戰爭罪行》，深港兩地方志界合作編寫的《中英街與沙頭角禁區》，以及香港第一本村志《蓮麻坑村志》等等。《蓮麻坑村志》已列入中國地方志指導小組的中國名村志系列。

　　2019 年，香港修志取得重大實際進展。在國家主席習近平的關心下，中央政府及特區政府的支持下，董建華先生創辦的團結香港基金接手地方志編修工作，成立了香港地方志中心，正式開展《香港志》的編修工作。該中心理事會28 人，陣容強大，由原特首林鄭月娥和香港中聯辦主任駱惠寧擔任中心名譽贊助人，全國政協副主席董建華親自出任理事會主席，陳智思擔任執行委員會主席，團結香港基金總裁鄭李錦芬出任理事會常務秘書長，林乃仁出任香港地方志中心總裁，孫文彬任編輯部總監。劉智鵬、丁新豹、劉蜀永分別在地方志中心擔任理事、編審委員會召集人和事務顧問等職務，他們還在《香港志·總述》中擔任主編。2020 年 12 月，《香港志》首冊《香港志·總述·大事記》出版。該志總述介紹七千年來香港的自然環境和社會發展特色，釐清了香港是怎麼來的、香港人是怎麼來的、香港與國家的關係等問題，體現出地方志「存史、資政、育人」的作用。香港和內地的媒體和學者紛紛發表報道和書評給予很高的評價。全國政協副主席、國務院港澳辦主任夏寶龍也發表談話，充分肯定了《香港志》編修的重大意義。

## 三、體育事業發展

### （一）推動體育事業

香港運動風氣盛行，不少市民都有運動的習慣，例如健身、長跑、瑜伽、球類活動等。香港回歸以後，政府在推動體育發展的投入越來越大。民政事務局、康文署等不同部門和機構長期在不同範疇內推動體育事務，舉辦體育活動，讓社會大眾參與。根據基本法第143條，香港特區政府可以自行制訂體育政策。政府於2002年曾就香港的體育政策進行檢討，為香港五至十年的體育發展制訂詳細的策略性政策，提出以精英化、普及化與盛事化為本港體育發展目標。

培訓運動員方面，在回歸初期，政府每年撥款予香港康體發展局，資助香港體育學院推動精英運動員培訓計劃。體育學院為重點發展項目的精英運動員提供全面的獎學金計劃，包括提供全職教練、訓練設施、體能訓練、運動科學及醫學服務、教育及職業輔助等。撥款數字由1998年的8 740萬元，逐年遞增至2002/2003年度的1.2214億港元。[1] 康體局於2004年解散，香港體育學院成立有限公司，繼續負責發掘、培訓及發展香港具體育潛能之運動員。2012年，政府成立70億元的精英運動員發展基金，2018/2019年度又注資60億元，為體育學院的營運提供長遠和持續的財政支援。[2] 除了培訓以外，政府又透過運動員基金及資助計劃，包括1996年成立的香港運動員基金、2013年推出的學生運動員資助計劃等，在財政上支援本地運動員，並努力改善運動員退役安排，解除運動員的後顧之憂。2020年，政府向香港運動員基金注資2.5億元，支援運動員雙軌發

---

1 《香港1998》，香港：政府印務局，1999年，頁273；《香港2003》，香港：政府印務局，2004年，頁330。

2 《香港2012》，香港：政府印務局，2013年，頁317；《香港2020》，香港：政府印務局，2021年，頁282。

展，增加獎學金及全職運動員退役時可獲得的現金獎勵。[1]

政府又致力於體育普及化。為提高市民對運動的興趣和鼓勵市民定期做運動，康樂及文化事務署與衞生署在 2000 年合辦為期一年的「普及健體」運動。參加者逾七萬人，參與活動約 1 500 項。[2] 康文署在 2001 年 7 月推出社區體育會資助計劃，資助體育總會轄下的社區體育會舉辦體育培訓活動年內，共撥款 44 萬元，資助 52 項社區體育活動，參加人數超過 2000 人次。[3] 上述兩項活動及計劃至今仍每年推行，每年均提供逾千項活動給公眾參加，藉此鼓勵市民經常運動。另外，康文署又繼續舉辦工商機構運動會（1990 年創辦，專為在職人士而設）、先進運動會（1993 年創辦，以 35 歲或以上人士為對象）及香港體育節（1958 年創辦），把運動推廣至全港不同年齡層、不同職業階層人士。即使在疫情下，2021 年的體育節仍集合不同體育總會，推出一系列的全新網上及實體活動供市民參與，於新常態之下鼓勵市民積極參與運動，以運動凝聚社區，拉近人與人之間的距離，維持身心健康。[4]

2007 年，香港舉辦第一屆全港運動會，慶祝香港特區成立 10 週年。這是全港首次大型多項目運動會，由 18 個區議會參與，以後每兩年舉辦一次，以期在香港推廣熱愛體育的文化。全港運動會不但鼓勵市民參與體育活動，還加強地區的歸屬感。該屆共有 1 287 名運動員參與田徑、羽毛球、籃球及乒乓球四個比賽項目，另有逾十萬人參加了在四月及五月舉辦的全港運動會推廣活動。[5]2010 年，康文署舉辦「全民運動日」，以響應國家的「全民健身日」和在社區推廣普

---

1 《香港 2020》，香港：政府印務局，2021 年，頁 282。

2 《香港 2000》，香港：政府印務局，2001 年，頁 318。

3 《香港 2001》，香港：政府印務局，2002 年，頁 329。

4 〈第 64 屆體育節正式揭幕〉，香港體育節新聞稿，2021 年 4 月 14 日，https://fos.hkolympic.org/zh/whats-new/event-highlight/441-event-highlight-fos

5 《香港 2007》，香港：政府印務局，2008 年，頁 329。

及體育，在 18 區的指定體育館舉辦連串免費活動，並開放大部分體育設施予市民免費使用，活動錄得超過 19 萬人參與。[1] 因反應良好，「全民運動日」往後在每年 8 月舉辦。

政府在回歸後建設了不少體育設施（表 8-1），配合推廣全民運動，支援香港舉辦國際體育賽事，讓本地運動員有更多機會在香港作賽，並加強學界體育發展，為精英體育發展奠定基礎。2014 年開放的香港單車館，為香港首座擁有單車賽道的室內體育館。2019 年動工的啟德體育園設主場館、室內體育館、公眾運動場。其中主場館可容納約 50 000 名觀眾，配備開合式上蓋和靈活的草坪系統，在任何天氣情況下，都能舉辦不同類型的國際體育盛事及文娛活動，符合多項國際體育賽事的場地要求。體育園預計在 2023 年落成啟用。回歸 25 年來，政府大幅興建公共體育設施，惠及社區。這些設施的使用率長期高企，反映政府推行普及運動的豐碩成果。

表 8-1　香港公共體育設施增長情況

| 公共體育設施 | 1997 | 2022 | 增幅 |
|---|---|---|---|
| 室內運動場 | 41 | 102 | 149% |
| 游泳池場館 | 16 | 44 | 175% |
| 網球場 | 136 | 252 | 85% |
| 壁球場 | 185 | 292 | 58% |
| 運動場 | 9 | 25 | 178% |

資料來源：《香港年報：邁進新紀元》、康文署統計數字報告

（二）發展競技體育

通過積極資助培訓精英運動員及推動運動普及，香港體育事業不斷前行，

---

1 《香港 2010》，香港：政府印務局，2011 年，頁 335。

競技體育成績優異。回歸後，在基本法及「一國兩制」的制度保障下，香港的體育事業在競技體育領域可以單獨保留、獨立開展，並以地區身份參與世界級比賽；體育民間團體和組織，可與世界各國和地區，以及國際性團體和組織保持和發展關係，例如組織交流和集訓。這無疑是高度自治的體現，增加了香港運動員在國際賽事的參賽機會及經驗，保持運動員的競爭力，讓港隊能在國際賽及奧運會中取得佳績。

劍擊、單車和乒乓球就是典範。劍擊而言，長期是香港體育學院重點發展的體育項目之一。戰後，回流的留學生把劍擊引進香港。早在 1960 年，香港已開始舉辦校際劍擊比賽。劍擊在香港穩步發展，不論是一般劍擊，還是傷殘人士的輪椅劍擊比賽，都獲得優秀的成績。2012 年天津東亞運動會中，香港男子花劍隊在男子花劍團體項目摘金。[1] 近年，男子劍擊手張家朗在多個國際比賽勇奪冠軍，包括 2016 亞洲劍擊錦標賽、2017 年世界青少年劍擊錦標賽。[2] 2021 年，張家朗在 2020 東京奧運男子花劍決賽中，擊敗衞冕的意大利劍手加路素勇奪金牌，為回歸後首面奧運金牌。[3] 香港殘疾運動員在 1998 年及 2002 年的世界輪椅劍擊錦標賽中合共奪得 11 面金牌、7 面銀牌和 4 面銅牌。[4] 鍾婉萍、吳舒婷、湯雅婷及余翠怡於 2017 年國際輪椅及截肢體育聯會輪椅劍擊世界錦標賽，贏得女子重劍團體賽金牌。[5]

單車而言，曾遭遇不少困難，而受中國國家體委外派到港的單車教練沈金

---

1 《香港 2013》，香港：政府印務局，2014 年，頁 304。

2 《香港 2017》，香港：政府印務局，2018 年，頁 287。

3 〈東京奧運今閉幕　港隊創歷史以 6 面獎牌畫上完美句號〉，《東方日報》，2021 年 8 月 8 日。

4 《香港 1998》，香港：政府印務局，1999 年，頁 288；《香港 2002》，香港：政府印務局，頁 407。

5 《香港 2017》，香港：政府印務局，2018 年，頁 287。

康，於 1990 年代着手重建當時缺乏資源、甚至只有業餘車手的香港代表隊。隨着沈金康與徒弟黃金寶二人漸創佳績，回歸後單車項目成為香港代表性的精英體育項目。[1] 獲譽為「亞洲車神」的黃金寶先後三次於亞運會勇奪金牌（1998、2006、2010）。2007 年世界錦標賽，黃金寶由公路賽轉戰場地賽，更一舉拿下 15 公里捕捉賽冠軍，首度獲得世界冠軍。2012 倫敦奧運會中，單車手李慧詩在女子場地單車凱琳賽中奪得銅牌。[2] 2019 年，李慧詩在世界場地錦標賽的女子凱林賽及爭先賽奪得金牌，並取得該兩個項目的世界第一，為單車隊創下歷史佳績。[3] 2020 東京奧運，李慧詩在場地單車女子爭先賽奪得一面銅牌，刷新香港奧運歷史，成為香港第一位連續兩屆奧運奪得獎牌的運動員。[4]

至於乒乓球，在香港有一定的社會基礎。國家第一位乒乓球世界冠軍容國團就來自香港。回歸後，香港隊聘任前世界冠軍、前國家隊教練惠鈞及其太太李惠芬，分別擔任港隊總教練及女隊教練，以自身技術、經驗、人脈帶動香港乒乓運動發展。2004 年，香港的乒乓球手李靜和高禮澤在雅典奧運會男子雙打項目中破天荒贏得首面銀牌，在香港掀起一股乒乓球熱。自 2010 年代起，香港乒壇冒起不少土生土長的「本土小將」，漸漸改變過往以內地移民球員為主的局面。乒乓球混合雙打組合杜凱琹及黃鎮廷在 2018 年韓國仁川舉行的國際乒聯世界巡迴賽總決賽為香港奪得該項目的首面金牌。[5] 乒乓球混雙組合黃鎮廷和杜凱琹及

---

1　朱兆麟、蔡柏熙：〈從香港單車運動看體育項目發展〉，《星島日報》，2013 年 2 月 1 日。

2　《香港 2012》，香港：政府印務局，2013 年，頁 317。

3　《香港 2019》，香港：政府印務局，2020 年，頁 288。

4　〈東京奧運今閉幕　港隊創歷史以 6 面獎牌畫上完美句號〉，《東方日報》，2021 年 8 月 8 日。

5　《香港 2018》，香港：政府印務局，2019 年，頁 286。

男雙組合黃鎮廷和何鈞傑曾在 2019 年內名列世界第一。[1] 女子乒乓球隊成員蘇慧音、杜凱栞及李皓晴於 2020 東京奧運團體賽銅牌戰以場數 3 比 1 反勝德國，繼雅典奧運後，香港乒乓球手再登上奧運頒獎台。

此外，香港運動員在游泳、羽毛球、桌球、保齡球、拳擊等其他項目都獲得優秀的成績。其中女泳將何詩蓓更在 2020 東京奧運女子 200 米自由泳決賽，以 1 分 53 秒 92、打破香港及亞洲紀錄的時間，勇奪銀牌，為香港史上首面游泳獎牌。其後再於女子 100 米自由泳，以破亞洲紀錄的時間 52 秒 27，再度收穫銀牌，成為香港首個在一屆奧運會奪得兩面獎牌的運動員，開創歷史。[2]

## 四、兩地文化交流合作

### （一）文博交流

上世紀 80 年代以前，基於政治原因，香港與內地文博界幾乎沒有任何聯繫。踏入 80 年代，隨着內地改革開放及《中英聯合聲明》簽署，政治環境逐漸改變，為香港與內地文博界的合作交流創造了條件。回歸後，兩地文博合作漸趨頻繁。內地與香港的文化交流從互派團體參加活動，更多地向聯合製作文化內容、携手培養文化和旅遊人才、共同開發和推廣旅遊產品等方向發展，交流機制日趨成熟穩健。「十三五」期間，經文化和旅遊系統審批的內地與香港文化交流項目達 5 011 項，兩地文化交流呈現出全方位、寬領域、多渠道的格局。1997 年為慶祝香港回歸中國，香港藝術館與國家文物局合作，推出國寶展，展出大量一級文物珍品，讓港人大開眼界，全城轟動。翌年，香港歷史博物館新館落成，

---

1 《香港 2019》，香港：政府印務局，2020 年，頁 288。
2 〈東京奧運今閉幕　港隊創歷史以 6 面獎牌畫上完美句號〉，《東方日報》，2021 年 8 月 8 日。

與中國歷史博物館合辦了「天工開物：中國古代科技文物展」。[1] 同年香港藝術館舉辦「國寶 —— 中國歷史文物精華展」，共展出 163 組新石器時代至清代的國家級歷史文物，其中包括南丫島大灣遺址出土的牙璋。考古方面，1997 年 11 月，香港古物古蹟辦事處與中國社科院考古研究所組成的聯合考古隊完成在馬灣東灣仔北的搶救性考古發掘工作，出土 20 座新石器時代晚期至青銅器晚期的墓葬，其中 15 座發現人類骸骨。是次考古發掘獲中國內地專家評為 1997 年度全國十大考古發現之一。

2000 年，沙田的文化博物館開幕，展場面積為全港博物館之冠。在 2000 年代，它先後與內地文博單位舉辦過少數民族服飾、四川三星堆及新疆文物等大型展覽，廣受好評。在文化館開幕後不久，該館總館長嚴瑞源獲北京首都博物館禮聘上京當顧問，為首博新館之籌劃出謀獻策，又不時為文博同人講課，介紹西方先進的管理及策展理念。

2001 年，籌備多年的香港歷史博物館常設展開幕，內地多個友好博物館的館長來港出席了開幕式。這個常設展摒棄了傳統的展示方式，以聲、光、電的特殊效果栩栩如生的介紹香港歷史，力求達到雅俗共賞的目的。自開幕後，內地文博界同人紛來觀摩學習，影響頗大。香港藝術館在 2000 年代舉辦了不少來自內地的大型展覽，包括山東青州佛像、齊白石作品、上博藏畫等。其中吳冠中藝術歷程展更使畫家深為感動，陸續分批捐贈其畫作予香港藝術館。至今，香港藝術館成為全球擁有吳冠中作品最多、最豐富的藝術機構。2007 年，為慶祝香港回歸祖國 10 週年，香港藝術館與故宮博物院合辦「國之重寶：故宮博物院藏晉唐宋元畫展」，共展出國寶級書畫名跡 32 幀，是故宮早期書畫最為集中的一次出宮，盛況空前。[2]

---

1　丁新豹：〈香港與內地文博界的合作與交流〉。

2　丁新豹：〈香港與內地文博界的合作與交流〉。

2008 年 1 月 10 日至 3 月 15 日，第一屆香港・深圳城市 / 建築雙城雙年展於香港前中區警署舉行，該展覽由深圳市政府、香港建築師學會、香港規劃師學會及香港設計師協會聯合舉辦，為藝術家、建築師、設計師與公眾創建一個展示地方營造概念的交流平台。

踏入 2010 年後，文化博物館先後舉辦了兩個敦煌展，掀起本地的一片敦煌熱潮。香港文博界與故宮博物院的合作大大加強。2012 年，康文署與故宮簽訂文化交流合作意向書、接着與故宮合辦了多個大型展覽，包括清代宮廷服飾、清宮帝后誕辰慶典，清帝大婚慶典、故宮養心殿文物等。2017 年，康文署與故宮再次簽訂文化交流與合作意向書，雙方進一步建立更緊密的交流合作關係。此外，康文署在近年先後與國家文物局及上海博物院簽訂合作協議，據悉該署將陸續尋求與內地各大文博機構簽訂合作協議。展望將來，香港與內地的博物館的合作和交流將更為深化、常規化、多元化，讓彼此可互相學習，互補不足，携手向前，更重要的是更好的向廣大香港市民介紹博大精深，多彩多姿的中華文化。

2016 年底，特區政府與故宮博物院共同宣佈，在港設立香港故宮文化博物館，選址西九龍文化區，佔地約一萬平方米。博物館於 2022 年開幕，長期展出故宮珍寶，兩地合作又更上一層樓，港人可長期近距離欣賞到故宮的珍藏的中華文化瑰寶，加強對中國歷史文化藝術的了解，開拓視野，提升藝術素養和文化認同。[1]

### （二）香港中華文化促進中心的交流活動

香港中華文化促進中心是一個香港註冊慈善團體，於 1985 年成立，宗旨為提倡、介紹和弘揚中華文化以促進各地文化交流。該中心在視覺藝術、表演藝

---

1　丁新豹：〈香港與內地文博界的合作與交流〉。

術、學術研究、民族文化、民間藝術、歷史考察等範疇上舉辦過逾千項活動。形式多樣，如：講座、展覽、課程、工作坊、座談會、校際比賽、錄像欣賞會、導賞參觀、戶外考察、文化旅遊等，務求透過舉辦多元化的活動，在文化推廣方面達到學術與普及並重的目標。

香港中華文化促進中心於 2001 年開始與康文署合作邀請國內崑曲團來港演出，該年邀請了浙江京崑藝術劇院來港演出《牡丹亭》（上、下本），由浙崑著名表演藝術家汪世瑜與王奉梅領銜主演。[1] 演出本由該中心學術總監、崑曲研究家古兆申動筆整編，重視傳統戲曲舞台演出特點的方法，演出十分成功。該中心與康文署維持緊密合作至今，先後邀請全國六大崑劇院團來港演出，其中尤其重要的是於 2004 年與白先勇教授合作，成功整編《青春版牡丹亭》上中下三場的演出版本，在台北和香港首演後，至今巡迴各地演出超過 700 場。[2] 中心又多次邀請國內名家到香港授課及演講，例如「上崑名旦」梁谷音、「浙崑老生」張世錚及「上崑名笛師」褚德榮。[3] 這些表演、活動加深了港人對崑曲的認識，大大促進兩地的文化藝術交流。

該中心旗下的文化旅遊委員會經常組織香港學生到內地遊學。2004 年，文化旅遊委員會協助組織為期 3 天的「走進近代史」東莞體驗之旅活動，是東莞市青少年聯合會、香港中華青年交流中心、東莞教育局、外事僑務局、少工委聯合主辦的一次大型交流活動，也是東莞、香港在當時歷史以來規模最大的一次小學生交流活動。[4] 該中心在回歸以來舉辦了過百個這類型的遊學活動，讓香港學生在

---

1　〈浙崑青年團週內訪港 演繹《牡丹亭》上下本〉，《大公報》，2001 年 10 月 8 日。

2　李焯芬：〈永懷古兆申先生〉，灼見名家，2022 年 1 月 26 日。

3　〈梁谷音來港授課〉，《大公報》，2001 年 3 月 16 日。

4　〈三千港澳台學童聚虎門 接受愛國教育 海戰博物館前齊簽名〉，《文匯報》，2004 年 12 月 23 日。

遊歷中增強對中國傳統文化的認識，加強愛國主義和民族精神教育，培養香港學生對祖國的歸屬感、認同感和自豪感，增強民族自尊心、自信心和自豪感，同時也進一步增進兩地學生的交流和友誼。

## （三）影視音樂交流合作

回歸以來，影視音樂產業一直承擔着促進香港與內地文化交流的重要角色。中港文化同根同源，香港的音樂、電影、電視在內地一向大有市場。2003年簽訂 CEPA 後，兩地合拍影視作品、合制音樂大行其道，大大改變了香港影視音樂的製作模式。香港演藝界不少人士以放眼大灣區、北上發展，走進內地市場作為發展路途。流行音樂、電影和電視劇等大受裨益。

首先來看流行音樂。兩地自回歸以來就加強了行業上的合作，不少兩地的唱片公司及經理人公司結成策略聯盟，或在內地以合資形式，設立音像製品分銷企業，共同開拓內地及海外市場。2003 年香港金牌經理人公司與內地 21 東方唱片公司結成策略聯盟，金牌經理人公司旗下藝人在內地的演藝活動，交由 21 東方唱片公司負責；2004 年 2 月，環球唱片與上海文廣集團於香港簽署合資協議，成立上騰娛樂有限公司，開拓內地娛樂製作事業。[1]

不少香港的流行歌手獲邀到內地節目上演出，得到充足的演出機會，為進軍內地市場創造有利的條件。2000 年至 2010 年，央視播映《同一首歌》節目。節目為當時內地最大型、播放時間最長的音樂表演節目，不少香港歌手出席該節目在內地、香港、澳門以至海外的演出。踏入 2010 年代，內地地方電視台相繼創立或引進外國音樂真人秀及音樂表演節目，全國播放。節目包括《我是歌手》《中國最強音》《中國夢之聲》《快樂男聲》《中國好聲音》《粵唱越響》等。香港

---

1 《香港參與國家改革開放志》下冊，香港：中華書局（香港）有限公司，2021年，頁 805。

歌手和藝人參加這些節目成為參賽者、導師和評委。較著名的例子有女歌手鄧紫棋，2014 年參加中國大陸湖南衛視「我是歌手（第二季）」歌唱節目後，在內地爆紅。香港及內地歌手亦經常跨越兩地舉辦演唱會等活動。2001 年 9 月，那英在紅館舉辦一場演唱會，為首位在紅館舉辦個人演唱會的內地歌手，其他在紅館開演唱會的內地歌手包括周筆暢（2015 年）、丁噹（2014 年、2017 年）和李榮浩（2015 年、2017 年）等。[1]

2000 年後，兩地在音樂創作的交流亦越來越頻繁。隨着內地流行音樂商演市場迅速發展，部分香港作詞家、製作人往內地（尤其是北京）發展個人事業，與內地流行音樂界合作。香港音樂人陳少琪等在內地成立公司，為內地舉辦的音樂活動擔任監製及音樂總監。這些公司為香港和內地大型活動創作國語主題歌曲，以及在全球推廣內地及香港歌手的國語歌曲。不少香港填詞人獲邀為內地歌手填詞，例如黃偉文、周耀輝等。2015 年，周筆暢音樂專輯《翻白眼 III》中，其中兩首歌曲《翻白眼》及《愚公移山》（粵語）由黃偉文填詞，為他首次為內地女歌手填詞。[2]

其次為電影業。回歸以後，香港的電影業界探索進一步開拓內地市場，合拍片的出現改變了香港電影製作的模式和方向。1998 年 6 月，香港電影界組成 48 人訪京團，參加第 18 屆金雞百花電影節，並向內地政府成功爭取適度放寬對香港電影的合拍限制和審查標準。香港業界嘗試利用這個優勢，製作一些打入國際市場的電影類型。以武俠動作電影《臥虎藏龍》（2000 年）為例，該電影由台灣導演李安執導，香港影星周潤發、楊紫瓊和內地演員章子怡主演，在香港、內地的票房成績理想，在西方世界大獲好評，贏得奧斯卡最佳外語片獎。合作拍片

---

1 〈李榮浩香港開騷〉，《東方日報》，2015 年 4 月 4 日。
2 《香港參與國家改革開放志》下冊，香港：中華書局（香港）有限公司，2021 年，頁 802、819。

帶動內地電影透過整合香港、內地和台灣地區優質電影資源和美國荷李活式電影創作經驗，發展出一套商業大片製作模式。[1]

2001 年 12 月，中國加入世界貿易組織，承諾開放市場，電影業進一步走向市場化和國際化。內地透過與香港合拍商業大片，引進國際電影製作模式。2002 年上映的合拍片《英雄》就採用荷李活式商業大片的製作，由香港和北京的電影公司聯合出品，內地製片公司協助拍攝，香港負責發行。影片武術指導為香港武指程小東，攝影師為杜可風。影片採用國際影星主演的商業影片模式，由國際影星梁朝偉、張曼玉、陳道明、李連杰、甄子丹和章子怡主演。《英雄》耗資 2.4 億元人民幣制作，打破內地影片製作費的紀錄，該電影在內地上映首七天，票房已超過 1 億元人民幣，打破荷李活電影《鐵達尼號》的紀錄。《英雄》的內地總票房逾 2.5 億元人民幣，超過 2001 年 80 多部國產片在內地票房的總和。[2]

而純港產電影在同期陷入低潮。電影業總產值由 1994 年的 62.3 調低至 1999 年的 42.8 億；本地市場票房收益由 1992 年高峰期的 11 億元減至到 1999 年的 3.5 億，同期海外市場收益更由 18.6 億暴減至 2.5 億，反映電影業出口市場迅速萎縮。香港電影工作者總會在 2002 年 9 月 18 日召開「振興香港電影工業會議」，並在 10 月向政府提交政策報告。當中建議吸納國內的資金，開拓國內市場，成立一個以粵港兩地為中心的文化區域，加強區內的文化投資和聯繫，以至技術、文化訊息和產品的流通，並加強合拍片的支援，規限更具彈性。[3]

2003 年，受非典疫情打擊，香港百業蕭條，電影業更見慘淡。幸好當年訂

---

1 《香港參與國家改革開放志》下冊，香港：中華書局（香港）有限公司，2021 年，頁 847。

2 《香港參與國家改革開放志》下冊，香港：中華書局（香港）有限公司，2021 年，頁 847-848。

3 香港電影工作者總會：《振興香港電影工業政策報告》，2002 年 10 月，頁 6-11。

立了 CEPA 協議，為電影業界的復興奠下穩固基石，亦帶動內地電影工業的發展，共創雙贏的局面。2003 年 9 月 29 日，中央政府與特區政府簽署 CEPA 六份附件。其中附件 4〈關於開放服務貿易領域的具體承諾〉列有四條關於香港與內地合拍片的條款：第一，香港拍攝的華語影片經內地主管部門審查通過後，不受進口配額限制在內地發行；第二，香港拍攝的華語影片是指根據香港特別行政區有關條例設立或建立的製片單位所拍攝的，擁有 75% 以上的影片著作權的華語影片。該影片工作人員中，香港居民數目不少於人員總數的 50%；第三，香港與內地合拍片視為國產影片在內地發行，該影片以普通話為標準譯製的其他中國民族語言及方言的版本可在內地發行；第四，香港與內地合作拍攝電影，香港方的主創人員，即導演、編劇、攝影、主角和主要配角人數不受限制，惟內地主要演員的比例，不得少於影片主要演員總數三分之一。影片故事發生地沒有限制，故事情節或主要人物應與內地有關。10 月 21 日，國家廣電總局電影局根據 CEPA 協議附件 4 制訂及頒佈《關於加強內地與香港電影業合作、管理的實施細則》，允許在廣東、廣西和海南省等粵語地區，為內地和香港合拍片特別製作以普通話為標準的粵語拷貝作放映。經國家廣電總局批准，兩地合拍片的電影底片、樣片的沖印及後期製作，可不受特殊技術要求限制，可在港完成。

CEPA 推動了香港電影業與內地電影業的交流合作，香港許多電影公司從此將大部分資金用作投資中港合拍片，成為香港回歸後電影發展的一個轉折點。CEPA 為一眾香港電影業打開龐大的內地市場，緩解了當時電影業的困局。一方面，香港的投資、製作經驗、電影人才和產業平台，擴展了內地電影在本土和國際的市場競爭力，另一方面，內地越來越擴展的電影市場和資源，則為香港電影提供了開闊的發展空間和生存空間。香港著名編劇、前金像獎主席文雋在 2007 年金像獎特刊中撰文表示：「回歸祖國，香港片依然是香港片，不會變成國產片。但內地市場的開放與國家廣電總局和電影局領導們審度時勢的開明，卻使得這十年的香港電影，逐漸向內地靠攏，甚至有融為一體的趨勢」、「香港電影的

前途，肯定北靠神州，由中國這個母體來決定他的生死存亡」。[1]

　　兩地合作拍片數量自 CEPA 後大增，由 2004 年前每年約 10 部逐漸增至每年 30 部以上，最高峰的 2018 年開拍了 38 部合拍片，佔全年香港電影 65.5%。2003 年至 2019 年，香港與內地合拍影片共 530 部。[2] 大製作的電影包括《功夫》（2004 年）、《滿城盡帶黃金甲》（2006 年）、《十月圍城》（2009 年）、《寒戰》（2012 年）、《美人魚》（2016 年）、《紅海行動》（2018 年）等。其中《紅海行動》票房收入 36.52 億人民幣，《美人魚》票房 33.97 億人民幣，分別位列內地歷史最高電影排名第九及第十一位。[3] 一些合拍片榮獲多個內地電影獎，例如陳可辛執導的《中國合夥人》獲得 2013 年金雞獎「最佳故事片」及「最佳導演」獎、2014 年第 32 節大眾電影百花獎「優秀故事片」獎等。近年，香港亦出現一些以香港本土為題材的合拍片，在內地及香港都獲得不錯的口碑，如《桃姐》（2012 年）、《五個小孩的校長》（2015 年）、《黃金花》（2018 年）、《麥路人》（2020 年）、《媽媽的神奇小子》（2021 年），均入圍香港電影金像獎，當中《桃姐》《黃金花》更獲得多個獎項。

　　左派電影體系曾經是香港電影的重要組成部分。1950 年，原香港長城影業公司改組為長城電影製片有限公司，標誌着新中國成立後左派電影公司正式在港確立；1952 年，新興粵語片公司新聯影業公司在港成立，同年，在整合原 50 年代影業公司和龍馬電影公司的基礎上，鳳凰影業公司也宣告成立。至此，香港左派電影製片體系 —— 「長鳳新」電影體系在港形成。再加上稍早成立的中國電影發行公司的香港派駐機構 —— 南方影業公司和群眾團體一一華南電影工作者

---

1　尹鴻、何美：〈走向後合拍時代的華語電影：中國內地與香港電影的合作／合拍歷程〉，《傳播與社會學刊》，第 7 期，2009 年，頁 46-47。

2　統計數字擷取自中國電影合作製片公司統計及各年《香港電影業資料彙編》。

3　資料截至 2022 年 3 月 25 日。

聯誼會，1950 年代初便在香港形成了較為系統、完整的左派電影體系。至 1983年，「長鳳新」體系出現了新的格局，其被整合為香港銀都機構有限公司。之後，南方公司又被納入其中。[1]

「長鳳新」在 1960 年代形勢大好，不但有多部賣座電影，鳳凰公司的《金鷹》（1964）更創下了香港電影票房首部過百萬的紀錄。國家改革開放之後，銀都的成功之作《少林寺》《少林小子》令香港觀眾耳目一新，打入香港電影主流市場。1992 年銀都出品的《秋菊打官司》一舉創下香港電影之前從未曾獲得過的一系列榮譽：第四十九屆威尼斯影展最佳影片金獅獎、最佳女演員獎；第十六屆百花獎最佳影片；第十三屆金雞獎最佳影片、最佳女演員獎等。回歸期間和回歸以後，銀都與中央電視台合作拍攝慶祝香港回歸的電視劇《香港的故事》（1997），以合資的形式拍攝了《非常警察》（1998）、《極度重犯》（1998）、《星願》（1999）、《流星語》（1999）、《戀之風景》（2003）、《少年阿虎》（2003）、《自娛自樂》（2004）等影片。2007 年，是香港回歸 10 週年。銀都出品了《老港正傳》，以一種特別的懷舊角度回顧了香港近半個世紀以來的變遷，生動地反映了香港與內地、與兩岸密不可分的關係。

這些影片事實上在香港電影業低迷期起了重要作用，甚至還為部分電影人解決了就業問題。有些影片並非是由銀都主創或作為主要出資方身份介入，由於銀都擁有的資源是其他機構不可能有的，尤其是 CEPA 之後，銀都的資源優勢便更明顯了。這些影片有相當一部分還進入內地市場，為香港電影開拓了一個更廣闊、擁有更多觀眾的市場。銀都體系對華語電影產業的首要貢獻，在於對香港電影產業的促進，促成了新興粵語片工業。開啟建國後香港和內地電影產業互動的

---

1　本章關於香港左派電影體系的敘述，資料來自趙衛防：〈銀都體系六十年的產業和文化貢獻〉及列孚：〈艱難險阻擋不住，繼往開來又一春，且道銀都六十年〉兩篇論文。

通道，則是另一重要貢獻。回歸以後，銀都體系在兩地電影互動中依然舉足輕重。

至於電視劇，自回歸後，國家逐漸允許香港傳媒進入內地，無線電視開始在內地發展業務。2004 年，無線電視獲內地政府給予廣東省的落地權，旗下翡翠台和明珠台可合法地在廣東省 9 個城市的有線電視網絡播出，與大陸各電視台攤分插播之廣告收入。互聯網尚未普及時，電視是大眾娛樂的精神支柱，港劇的題材元素新穎，製作水平高，在國內吸引了一班忠實的追隨者。

自 2004 年至 2007 年兩地訂立 CEPA 四個補充協議後，兩地影視機構在內地取景合作拍攝電視劇趨頻密；香港電視業在內地投資合作項目不斷增加。在內地持續對視聽服務作出市場開放承諾下，TVB 加強參與內地電視業務的投資和合作，其在內地的營業額自 2004 年起普遍持續增加，由 2004 年的 1.04922 億元，升至 2020 的 8.03 億元，升幅近七倍。[1] 早期的兩地合拍劇集以香港為主導，內地則扮演一個協助的角色。以《碧血劍》（2000 年）為例，該劇由 TVB 提供製作班底、演員、拍攝器材，而中國國際電視總公司協助提供內地的拍攝場地和部分內地演員。CEPA 簽訂後，允許香港電視製作單位以「合拍」電視劇形式進入內地市場。有別於過往的「協拍」模式，合拍電視劇經審查後可視為國產電視劇播出和發行，由此在播出安排上受較少限制，毋須把劇集版權售予內地單位。在 CEPA 補充協議生效以前，只有經內地廣電總局批准的進口電視劇和合拍電視劇，方可於黃金時間（即晚上 7 時至 10 時）在內地電視台播放。此後，香港的電視台開始與內地電視業界合作製作電視劇，例如 2007 年 TVB 與央視合拍的《歲月風雲》、2009 年 TVB 與上海文廣新聞傳媒集團合拍的《摘星之旅》。隨着內地網上影視平台興起，香港電視台亦積極尋求與這些平台建立戰略合作關係，例如 TVB 在 2013 年與優酷土豆集團合作，讓該平台成為唯一獲得全部 TVB 正

---

1 《香港參與國家改革開放志》下冊，香港：中華書局（香港）有限公司，2021 年，頁 864。

版版權的內地視頻企業，2016 年又同愛奇藝簽訂長期戰略合作關係，雙方聯合制作《再創世紀》，作為香港回歸 20 週年、TVB 成立 50 週年獻禮。[1]

## 五、中外文化交流合作

香港自開埠就是大陸對外的門戶，亦是西方了解中國的窗口。香港坐擁亞洲的重要航道，北通中國內地及東亞，南至東南亞，在與世界各地通商的歷史中，累積與不同地區、不同文化交流的深厚經驗，養成對各種新事物開放的習慣。回歸以後，香港繼續聯繫亞洲各個不同的文化地域，同時作為接連東西方的橋樑，促進中外文化交流合作。

### （一）西九文化區

西九文化區是香港回歸後最大型的文化項目，但規劃及建設西九的路途可謂一波三折。1998 年，香港旅遊協會和規劃署先後分別委聘顧問公司進行有關興建新表演場館和香港文化設施需求的研究。研究結果不同而同顯示，香港有需要興建適當的場地來舉辦世界級的表演活動。時任香港行政長官董建華分別在 1998 年及 1999 年兩次施政報告中提及在西九龍填海區興建一個設備先進的表演場館，並舉行公開設計比賽。1999 年 11 月，行政長官會同行政會議決定把西九發展成一個世界級藝術及文娛綜合區。2002 年，政府公佈西九龍填海區的概念規劃結果，「天篷」的設計獲得冠軍，同年政府成立西九文娛藝術區發展計劃督導委員會。2004 年，政府就入圍的建議書展開公眾諮詢，2005 年 10 月 4 日，

---

1　《香港參與國家改革開放志》下冊，香港：中華書局（香港）有限公司，2021 年，頁 872-873，876-878。

行政會議通過西九龍文娛藝術區的未來路向。[1]

不過，社會上對該發展計劃爭議不斷，例如流線型天幕實際用途不大，但建築及維修成本高昂；最令人關注的是計劃採用單一招標，加上商住項目比文娛藝術項目多，令公眾擔心文娛藝術區項目最終變成地產項目。最終，政府於2006年宣佈放棄原有發展框架。2008年，政府成立西九文化區管理局（西九管理局）並注資216億港元，該局負責規劃、發展及營運西九文化區。2011年，西九管理局公佈全新概念設計，並向城市規劃委員會呈交發展大綱。2012年3月，城市規劃委員會公佈發展圖則草圖；2013年1月，行政長官會同行政會議批准發展圖則，計劃啟動，於2013年起分階段展開工程。至2022年，西九藝術公園、竹翠公園、M+展亭、西九自由空間、戲曲中心、M+博物館等第一批設施已告落成。

西九肩負起促進香港文化藝術發展的使命，包括促進香港作為國際文化藝術大都會的長遠發展；促進並加強中國內地、香港與其他地方之間的文化交流及合作；促進並加強香港及海外任何團體或組織與藝術機構之間的合作；提升香港作為國際旅遊城市的地位；鼓勵本地社區廣泛參與各類文藝活動；鼓勵社會、商界和企業支持及贊助文藝活動；維護及鼓勵藝術表達及創作自由；發展文化藝術的創新及實驗作品；發掘及培育本地藝術人才、團體及相關從業員；提升及推動文化藝術上的卓越表現；提升觀眾對種類廣泛而多元化藝術的欣賞。[2]

近年來，因應國家層面的規劃方針出台，西九文化區的定位變得更加着重其促進中外文藝交流的作用。《粵港澳大灣區文化和旅遊發展規劃》提及香港成為藝術及文化樞紐的角色，向大灣區其他城市推廣香港的文化藝術和旅遊。中央

---

1　劉靖之：《香港音樂史論：文化政策‧音樂教育》，香港：商務印書館（香港）有限公司，2014年，頁63-64。
2　〈西九文化管理局2016/2017週年報告〉，頁3。

政府在《十四五規劃綱要》提到要「支持香港發展成中外文化藝術交流中心」。西九文化區的機遇應運而生，政府多次強調西九文化交流的作用，把西九定位成傳統及國際文化藝術集中地。2017 年施政報告提到「西九文化區是香港的重大文化建設，現正發展為一個糅合地方與傳統特色，並加入國際元素的世界級綜合文化藝術區。」[1] 行政長官林鄭月娥在 2021 年 7 月 21 日出席高峰論壇的演辭，強調要進一步發展香港成為中外文化藝術交流中心會推動的策略性工作和採取一系列具體措施。第一點提到西九文化區：「三所博物館會積極與內地和海外藝文機構加強合作，推動文化藝術教育，培育藝術人才和行政人員，令他們的視野更寬更廣，令香港的人才庫更豐盛。」[2]

實際運作上，西九文化區內各個設施一向積極與國際與國內機構建立聯繫與合作。不論在館藏展覽、活動表演、人事合作上，各個設施的管理及觸覺都展現出充分的國際視野，朝着打造香港成為國際文化大都會的目標前進。M+ 博物館、故宮文化博物館和戲曲中心就是主要的交流平台和載體。

首先來看 M+ 博物館，其開幕展覽就展出逾 30 個國家和地區、逾 770 位藝術家共 1 500 件展品。除展出香港藝術家的作品外，亦匯集了中國內地與日本、韓國等地藝術家的作品，將亞洲豐富的文化藝術資源呈現給全世界。展覽的藝術形式也多種多樣，包括水墨畫、油畫、塗鴉，亦有雕塑、建築設計及流動影像等。該博物館於 2021 年 11 月起舉行的主題展覽「博物館之夢」以馬塞爾・杜尚、約翰・凱奇、小野洋子、白南準四位來自西方及亞洲的先驅藝術家的藝術創作為引首，匯聚來自不同地域和世代的 27 位藝術家，對偶然性與拾得之物進行妙趣橫生的探索。另一個主題展覽《安東尼・葛姆雷：亞洲土地》展出英國雕塑家安東尼・

---

1　林鄭月娥：《一起同行，擁抱希望，分享快樂》（香港特區行政長官施政報告），第 229 條，2017 年 10 月。

2　〈發展香港為中外文化藝術交流中心〉，香港政府新聞網，2021 年 7 月 21 日。

葛姆雷（Antony Gormley）連同逾 300 位廣東村民製作的大型裝置藝術。[1] 這些展覽融合了傳統和現代，連結東西方的藝術家及作品，產生了跨國界、跨文化的交流。M+ 博物館亦廣納來自世界各地的賢才，引入國際視野，加強與外國的人事合作。2022 年，該館邀請前美國西北大學芝加哥藝術學院藝術科學研究中心聯合總監 Marc Walton 加盟，擔任藏品修復及研究主管，為館內藏品制訂修復方針。

其次，故宮文化博物館。2022 年 3 月至 5 月呈獻「故宮文化講座系列」第三部曲。講座以古代中外文化交流為主題，來自香港、北京與台北的故宮文化專家將與公眾分享他們的學術研究成果，並介紹燦爛多姿的故宮文化。[2] 網上活動「故宮對談」中，香港故宮文化博物館館長吳志華表示，博物館會和外國博物館合作，明年會展出來自歐洲皇室的收藏，並計劃在 2023 年與法國、中國和中亞的博物館合作舉辦展覽，也收到美國大都會博物館的合作邀請。[3] 由此可見，故宮文化博物館將積極展開對外交流，充分利用香港這個平台，讓故宮文化在國際上傳揚得更好。

最後，戲曲中心。其以弘揚本土粵劇和推廣其他劇種為使命，為戲曲的當代發展創造新平台。隨着東西文化交流越來越頻繁，用中國戲曲演繹外國文學作品逐漸成為熱潮。2021 年，戲曲中心邀請上海崑劇團演出實驗崑劇《椅子》，表演改編自荒誕派戲劇之父、法國劇作家尤內斯庫（Eugène Ionesco）1952 年的同名話劇，透過演員行當轉換的設計，以經典崑曲曲牌演繹 20 世紀歐洲劇本。[4] 中心又引入海峽兩地流行的「小劇場」演出模式，並加入西方舞台劇科技來創作

---

1  M+ 網站：https://www.mplus.org.hk/tc/exhibitions/
2  〈香港故宮 3 月至 5 月推「故宮文化講座」〉，《香港經濟日報 -TOpick》，2022 年 3 月 9 日。
3  〈西九故宮館明年開幕外國有意合作〉，《星島日報》，2021 年 5 月 22 日。
4  〈上海崑劇團：實驗崑劇《椅子》〉，西九文化區網站：https://www.westkowloon.hk/tc/thechairs#overview

自家粵劇如《霸王別姬》（新編）和《文廣探谷》。[1]2021 年 11 月在戲曲中心首演的《大鄉下話》是城市當代舞蹈團新任藝術總監伍宇烈的最新作品，在跳舞之餘，請來音樂劇鬼才劉榮豐創作廣東話、潮州話、上海話、泰文及澳洲英文等歌詞對白，盧宜均操刀原創音樂，探索語言和身份的關係。[2] 這些演出足以證明戲曲中心重視當代嶄新、融合不同文化的創作，同時提供平台予本地、內地及其他地方的劇團來港演出，促進傳統戲劇的現代化並推廣至國際層面。

## （二）大型展覽

香港坐擁的地理優勢及配套確立了亞洲藝術市場的重要地位。拍賣行、藝術機構、環境配套、免稅、優越的地理位置、物流樞紐等有利因素，吸引不少國際級的藝術博覽會選擇在香港定期舉行，為中外藝術圈所帶來交流與機遇。2008 年，香港舉行首屆國際藝術博覽會 ART HK，迅速在國際藝術界取得一席之地。2013 年，巴塞爾藝術展收購了 ART HK，往後定期在香港會展舉辦香港巴塞爾藝術展（Art Basel），成為全球矚目的年度藝壇盛事。2013 年首屆共有 245間來自全球 35 個國家的頂級藝廊參展，展品包括油畫、繪畫、雕塑、裝置、版畫、攝影、影像及多媒體藝術等。Art Basel 的亞洲總監 Adeline Ooi 認為，自從Art Basel 在香港逐年舉辦，很多變化亦隨之發生，更多外國收藏家關注東南亞當代藝術，西方藝廊也多了代理亞洲藝術家，中國收藏家也擺脫着以往只買西方藝術品的刻板印象。Art Basel 帶來的並不單是商機，更重要的吸引世界各地的藝術家、策展人與藝術行政人員來香港，伴隨而來的場內和場外交流與互動。這些活

---

1 〈西九破格「小劇場」載譽重演　引入西方舞台設計故事更緊湊〉，《香港01》，2021 年 9 月 28 日。
2 〈伍宇烈及城市當代舞蹈團《大鄉下話》〉，西九文化區網站：https://www.westkowloon.hk/tc/homesweathome#overview

動正正能提供一個中外藝術交流的平台，並促進本地藝術圈的發展。

回歸後，香港仍經常與外國文博機構合作舉辦的大型展覽活動。大英博物館是世界上規模最大且最著名的博物館之一，每當藏品借來香港展出，總吸引社會大眾的廣泛興趣。回歸後，香港的博物館多次與大英博物館合作籌劃藏品展覽。例如 1998 年香港藝術館舉辦「大英博物館藏埃及珍寶展」，展出 105 項古埃及文物；2007 年香港藝術館舉行的「世界文明瑰寶：大英博物館藏珍展」，展品包括雕塑、繪畫、珠寶、玻璃、金器、銀器、銅器、石器、木器和陶瓷器等藝術作品與歷史文物，皆選自 1753 年創館的大英博物館；2017 年香港科學館舉行的「永生傳說 —— 透視古埃及文明」，當中的重點展品為六具木乃伊；2019年香港文化博物館舉行的「百物看世界 —— 大英博物館藏品展」，展出約 100件來自世界各地的展品，述說地球橫跨二百萬年的人類文明發展。

### （三）宗教交流合作

香港宗教相當多元化。開埠初期，不少傳教士視香港為在華南傳教的跳板，在香港開拓宗教事業；大量信奉中國傳統的儒、佛、道宗教的華人來港謀生；一些內地僧、道等亦隨之移民來港建設寺廟、道觀。多年來，香港政府對宗教發展實行自由包容的政策，回歸以後仍保持該政策。宗教自由是香港居民享有的基本權利之一，香港大約有 43% 的人口有宗教信仰，當中約有逾 200 萬名佛教徒和道教徒、38 萬名羅馬天主教徒、48 萬名基督教新教徒、30 萬伊斯蘭教徒、10 萬印度教徒、1.2 萬名錫克教徒。[1] 佛教、道教、孔教、天主教、基督教、伊斯蘭教、印度教、錫克教和猶太教等源自世界各地的宗教均在香港和諧並存，擁有不少信眾。除了宣揚教義外，香港一些宗教團體還提供教育、醫療等社會福

---

1 〈香港便覽：宗教與風俗〉，2016 年 5 月。

利服務。

　　不同宗教在人口密集的環境中和平相處、互相尊重，早已成為香港社會生活的組成部分。不論是西方傳入的宗教，還是中國傳統信仰，在香港都能和諧共存，其中一個重要因素是維繫良好的溝通對話，這可說是香港的一個重要文化特色。宗教合作和交流業已走進社會，宣揚宗教、種族、文化包容等理念。2003 年，香港中文大學宗教系聯同崇基學院宗教與中國社會研究中心，共同推展一項支持全港中學的宗教、倫理、生命教育的計劃，名為「和而不同」計劃。該項計劃得到香港六大宗教領袖的支持，在計劃的啟動儀式中，香港六大宗教領袖身穿各具特色的教服飾，共同拼合一個巨型拼圖，象徵着「和而不同」精神的圖畫。往後數年該計劃一直延續，主題分別為：「和而不同 —— 種族、宗教融和共處之道」（2004）、「和而不同 —— 具世界文化與宗教視野的新生代」（2005）、「和而不同 —— 香港文化及宗教的探索」（2006）、「文化價值與心靈培育」（2007）。[1]

---

1　〈和而不同 —— 種族、宗教融和共處之道〉，《香港公教報》，2004 年 10 月 31 日；Peter Tze Ming Ng, *Sinification of Christianity: The Case of Christian Higher Education in China*, New York: IIHSD Press, 2021, p.37.

第九章

# 優化親商法治
# 護航國際樞紐

◎　朱羿錕　張盼

營商自然最講究規則，國際營商樞紐無不是國際法律服務中心。回歸以來，國家重信守諾，以最大的誠意尊重普通法，留用香港普通法。中華優秀文化「和為貴」，更是在特區實現創造性轉化，港式 ADR（Alternative Dispute Resolution）享譽中外，香港法治閃耀全球。未來，特區法治應超越單純的國際符號價值，回歸特區之需要，造福港人的美好生活。

## 一、親商法治護航

回歸之前，香港早已成為國際貿易中心、航運中心和金融中心，法治聞名中外。回歸 25 年來，香港特區的法治是否真的保持了？是否真如「唱空論」、「唱衰論」所預言，「兩制」因回歸而淪為「一制」呢？事實勝於雄辯！回歸以來，國家以最大誠意踐行「兩制」，尊重普通法，特區有作為，善作為，香港特區的法治同樣交出了最為閃耀的答卷。這可以從權威性國際法治排行榜和國際資本的選擇來加以印證。

首先來考察香港特區在各種國際法治權威性排行榜的地位，這就包括世界正義工程（WJP）的「法治指數」和全球競爭力評價體系中的專項法治指數排行榜。一是世界正義工程的「法治指數」排行榜。香港法治的核心價值與競爭力均獲得正面肯認。2006 年，美國律師協會（ABA）與泛美律師協會、國際律師協會等共同發起 WJP 項目，評價體系廣泛參考世界銀行「全球治理指標」、自由之家「世界自由指數」等，旨在以法治指數推進全球法治合作與法治研究，[1] 且因發起單位的廣泛性、評估體系的科學性、評估範圍的綜合性，在全球具有較強的權威性、參考性與指引性作用。2008 年法治指數開始測試，2011-2014 年僅對

---

1　孟濤：〈法治的測量：世界正義工程法治指數研究〉，《政治與法律》，2015年第 5 期，頁 16。

圖 9-1　世界正義工程「法治指數」中香港與主要經濟體地位對比（2015-2021）

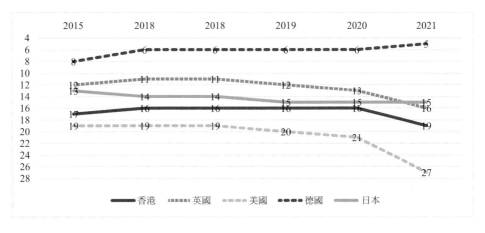

資料來源：根據世界正義工程「法治指數」報告整理。

圖 9-2　世界銀行論壇《全球競爭力報告》中香港的法治指標排名（2010-2019）

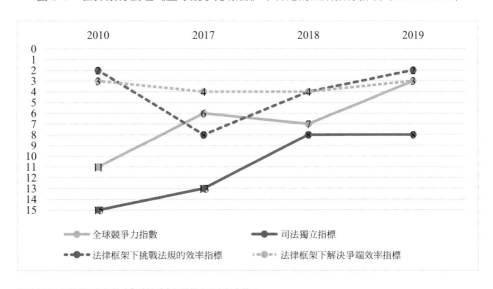

資料來源：根據世界銀行論壇全球競爭力相關期次研究報告整理。

8 個一級指標進行單項排名，2015 年對法治指數進行整體排名。其中，2011 年有 66 個經濟體參與評估，2012-2013 年度達 97 個，2014 年為 99 個，2015 年增至 102 個。一級指標單向評估的 4 年間，香港最低排名為指標四「基礎權利」（2012-2013 年，排名 31/97）。2015 年首次「法治指數」排行榜之中，香港位列全球第 17 位，2016-2020 年晉升至 16 位，2021 年為 19 位（圖 9-1）。橫向對比而言，香港的法治指數排名始終優於美國，與前殖民地宗主國英國、東亞法治先發強國日本旗鼓相當。

二是全球競爭力權威排行榜之中的專項法治指數。在瑞士洛桑國際管理學院發佈的《IMD 世界競爭力報告》（WCR）中，一級指標「政府效率」項下二級指標「制度框架」與「財經法制」涉及對法治狀況進行評估。根據 IMD 的 2021 年研究報告，香港在「財經法制」二級指標上位列全球第 1 位，英、美、德、日等傳統資本主義法治強國則分別位列第 14 位、第 19 位、第 24 位、第 34 位，即便原殖民地宗主國英國與香港亦有明顯的差距。在「制度框架」指標中，香港位列全球第 11 位，英、美、德、日則分列第 14 位、第 18 位、第 21 位及第 24 位，與香港亦有相當之差距。復歸一級指標「政府效率」，香港排名全球第 1 位，英、德、美、日四國最高排名僅列第 19 位（英國），德、美、日分別位列第 23 位、28 位、41 位（表 9-1）。世界銀行編制的「世界管制指標」雖不排名，但評分高低同樣可以印證。1996 年香港法治指標得分僅 69.85 分。因始終貫徹「一國兩制」方針，香港法治指標得分不斷提升，2000 年升至 74.75 分，2003 年後即始終處於 90 分之上的高分段，2020 年最新版更取得 91.83 的高分。

表 9-1：香港與英、美、德、日 WCR 世界競爭力法治二級指標排行榜比較（2021 年度）

| 一級指標 | | | 香港 | 英國 | 美國 | 德國 | 日本 |
|---|---|---|---|---|---|---|---|
| 政務效率 | 法治相關二級指標 | 制度框架 | 11 | 14 | 18 | 21 | 24 |
| | | 財經法制 | 1 | 14 | 19 | 24 | 34 |
| | 整體排名 | | 1 | 19 | 28 | 23 | 41 |

資料來源：根據瑞士洛桑國際管理學院 2021 年《IMD 世界競爭力報告》整理。

常言道，金盃銀盃，不如民眾的口碑！考察香港是否真正奉行法治，是否真的變好了，不僅要看這些權威排行榜，更要考察香港法治的口碑，國際資本是否願意選擇香港，留在香港發展，是否願意選擇在香港解紛，是否願意選擇適用香港法律，這就是群眾基礎，就是貨真價實的口碑！就國際仲裁而言，在倫敦大學瑪麗皇后學院發佈的《國際仲裁調查報告》中，香港自 2015 年即入選全球最受歡迎仲裁地前 5 位，2015 及 2021 年位列第 3 位。在 2021 年報告中，倫敦、新加坡獲得 54% 受訪者席位，香港亦獲得 50% 受訪者席位，遠高於巴黎（35%）及日內瓦（13%）所獲得的受訪者席位。香港作為最受歡迎的國際商事糾紛解決樞紐，長期以來香港國際仲裁中心（HKIAC）的案件以國際案件為主，均在 65% 以上，2021 年國際仲裁佔比高達 82%（圖 9-3）。2016 年以來，國際仲裁中心適用準據法的排序之中，香港法穩居第一！其實，不僅企業家和商人以實際行動投香港特區法治的贊成票，而且越來越多的國際組織亦肯任其法治，選擇來港

圖 9-3　香港國際仲裁中心（HKIAC）國際案件的佔比（％）

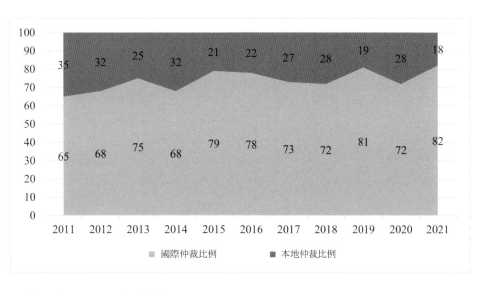

資料來源：根據香港國際仲裁中心數據整理。

設立分支機構，或舉行全球性、區域性國際法律論壇和會議。2016 年 10 月 24 日，國際海上保險聯盟在港設立亞洲中心，是聯盟於德國總部之外的境外首個分支機構。2018 年，亞非法律協商組織（AALCO）第 57 屆會議批准設立新的區域仲裁中心，經中央政府同意和支持，中心設於香港。2021 年 11 月 10 日簽署東道國協定，11 月 29 日亞非法協第 59 屆會議在香港召開。同時，聯合國國際貿易法委員會第三工作組間會在港召開，主題就是聚焦於投資調解的運用。

正因為如此，「唱空論」、「唱衰論」罔顧事實，時有質疑、抹黑或挑釁香港法治之論，其謬也就不攻自破。其實，這些謬論的政治動機也暴露無遺。美國等西方勢力視香港國安法為眼中釘肉中刺，其質疑、抹黑或挑釁香港法治之論自不足信。2021 年 1 月，夏博義（Paul Harris）無競爭即獲任香港大律師公會主席，因涉英國政黨背景，甫一上任就無端指責香港司法改革，叫囂香港國安法為「恥辱」，狂言要同香港特區政府協商修改香港國安法中「最具爭議的條文，或新增條文以爭取歐美多國恢復引渡協議」。及至 2022 年 3 月底，英國政客仍拿香港國安法大作「文章」，英國最高法院院長韋彥德（Robert Reed）和副院長賀知義（Patrick Hodge）卻「被辭任」香港終審法院非常任法官，更是令人齒冷。這兩位法官都是 2021 年 8 月才續任香港終審法院的非常任法官。此時，距離香港國安法實施已經 1 年多，與 2020 年 7 月 17 日針對香港國安法實施公開發表的對香港司法的三項質疑也滿了 1 年多，接受續任顯然是重新「觀察和評估」香港形勢後的理性選擇，是對香港法治的認可。即使在此次辭任的聲明之中，他們仍承認香港信守法治，繼續受國際尊重。而在其任職期間香港終審法院僅僅審理過 1 宗與國安法相關的保釋上訴案，兩人均未參與該案審理，亦無任何證據證明國安法打壓了香港的自由。此次辭任無異於自我打臉，其政治壓力和動機已經暴露無遺。

毫無疑問，作為全球營商高地，香港法治以親商、友商為顯著特色！香港在全球營商環境排行榜的引領地位就是明證。依據世界銀行的《營商環境報

告》，自 2006 年營商環境報告對各經濟體整體營商便利度排名以來，香港除 2006 年度為其史上最低排名，位居全球第 7 名，其餘 14 個年度則始終位列全球前 5 位，2011-2014 年則蟬聯第 2 位，2020 年位居全球第 3 名（圖 9-4）。比較而言，前殖民地宗主國英國的最高排位出現於 2011 年，位列全球第 4 名，彼時香港位居第 2 位，2010 年位居前 5，其餘年度均在 6-10 位徘徊。美國營商便利度排名雖開局頗佳，2006-2009 年蟬聯全球第 3 位，隨後即呈下滑趨勢，2015 年就跌出前 5，2020 年更是跌至第 16 位。德國主要在全球 20-30 位之間波動，2015 年最好排名位列第 14 位。日本曾是 2006 年的前 10「守門員」，隨後即呈明顯下滑趨勢，2019 年曾跌至第 39 位，2020 回到第 30 位。回歸以來，1997-2000 年，香港「政務效率」均位列全球第 2 位。2006-2020 年，世行營商報告開始進行排名，香港「政務效率」除 2007-2008 年、2013-2014 年的四個年度位居全球第 2 位外，其餘 11 個年度均位居全球第 1 位（圖 9-4）。政務效率指標排

圖 9-4　香港與英、美、德、日世行營商環境排名及香港的 WCR 政府效率排名（1997-2021）

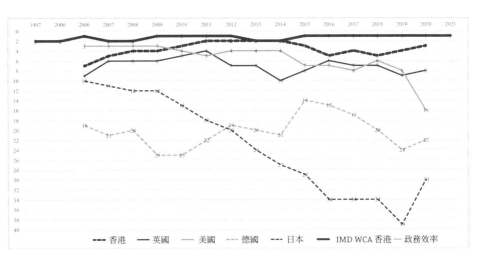

資料來源：根據世行營商環境、世界競爭力等相關期次研究報告整理。

名主要由「財經法制」指標進行支撐。財經法制與營商法制互有交叉，將《IMD 世界競爭力報告》的「政務效率」指標嵌入到世行營商便利度排名之中。以其與英、美、德、日四國營商法治相比，香港的法治優勢更為彰顯，無從辯駁。

其實，世界銀行營商環境報告就是立足於評價各個經濟體營商的制度體系，該報告可謂「在法學界之外，最能夠反映法與經濟成果之間關係野心勃勃卻又富有影響力的成果」。世行《營商環境報告》每年聚焦的主題有所不同，但「更美好的制度，更美好的生活」始終如一。2003 年首個報告發佈至今，已在所涉及的 10 個領域觸發 3 500 餘項改革，2017/2018 年度 128 個經濟體進行了 314 項改革，都是通過法律「立改廢釋」來完成的。就方法論而言，世行報告可以說是開創了比較法的新時代。它注重的是法律中心主義，廣泛的參與度和傳播性，法治觀念的宣傳，推動着法律變革。以營商環境這個尺度來衡量香港法治，並與英、美、德、日等老牌發達經濟體相比較，不僅是公平的，也是合理的。

這就意味着，國際商事樞紐之間的競爭，既是商事競爭，也是商事法治競爭。隨着時代的變遷，法律本身也越來越成為服務業的一部分，跨國商事仲裁、跨國商事調解、跨國律師服務等越來越具有競爭性。可以說，誰的法律好，誰的法治親商友商，誰就留住了商人，誰就留住了貿易，留住了創新創業，以法留人，以法留商，就是國家和地區競爭力的體現。為此，各國 / 地區都在積極行動，英國法學會出版題為「英格蘭和威爾士：理想的管轄地」的宣傳手冊，向外推介英國法院與法律體系。德國政府以「法律 — 德國製造」予以回應，時任德國司法與消費者保護部部長海科·馬斯（Heiko Maas）直言：「在全球化時代，法律也是一個重要的競爭因素」，應以德國法所具有的可預見性、可負擔性等優勢，向外廣泛推介「法律 — 德國製造」，會同法國司法部一道向全球推介大陸法系。新加坡最高法院在 2015 年 1 月新設國際商事法庭（SICC），連同新加坡國際仲裁中心、國際調解中心，共同為商主體提供訴訟、仲裁與調解集成的「一站式」國際商事糾紛解決服務框架。SICC 最初願景即「像英國商事法院一樣，

3/4 的當事人都來自海外」，以服務於「亞洲地區激增的投資和貿易」引發的商事糾紛。阿聯酋迪拜國際金融中心（DIFC）為吸引國際資本，引來國際企業家創新創業，明確提出以調解與仲裁為主的糾紛解決理念，與迪拜國際金融法院相互配合。雖為大陸法系國家，DIFC 則實行普通法。DIFC 法院亦以英國商事法院為參考標準，以英語為官方語言。可見，國際商事樞紐的競爭是嚴峻的，回歸以來香港特區不遺餘力、鍥而不捨地維護法治，改善法治，以法留人，以法興商，鞏固國際金融中心、國際貿易中心和國際航運中心的地位，無疑是成功的，成效閃耀全球。

## 二、留用普通法

尊重普通法，留用香港普通法，善用普通法之長，無疑是回歸以來特區法治閃耀全球的一個重要方面。法律即秩序，回歸之前香港就是享譽海內外的國際商事中心，法治聞名中外。回歸之時，留用普通法既是尊重歷史，尊重現實，也是平穩回歸，順利過渡，保持香港穩定繁榮的需要。當然，這充分體現國家對香港的厚愛，也充分體現了國家的自信，對構建特區治理體系的自信，對香港繼續沿用普通法並不會損及內地社會主義法治體系的自信。這是特別了不起的政治智慧，是國家向世界奉獻的解決歷史遺留問題的中國方案、中國智慧。對此，習近平總書記在香港回歸祖國 20 週年大會上的講話給予高度評價，強調「實踐充分證明，『一國兩制』是歷史遺留的香港問題的最佳解決方案，也是香港回歸後保持長期繁榮穩定的最佳制度安排 …… 基本法是根據憲法制訂的基本法律，規定了在香港特別行政區實行的制度和政策，是『一國兩制』方針的法律化、制度

化，為『一國兩制』在香港特別行政區的實踐提供了法律保障」。[1]

法律當然絕不僅僅是法律制度文本那麼簡單，而是一套活的有生命力的制度體系。下面分別從香港的立法、司法以及參考其他普通法適用地區判例這3個方面予以考察。首先從立法視角來考察香港留用普通法的情況。一是最大限度地保留香港原有法律。香港原有法律是港英治港156年的產物，包括普通法、衡平法、條例、附屬立法及習慣法。依據香港基本法第8條，只要不與該法相抵觸，或者經特區立法機關修改的，均予以保留，成為特區法律三大組成部分之一，另外兩部分分別是憲法和香港基本法以及特區立法機關制訂的法律。姑且不論浩如烟海的判例，迄今香港僅成文法例就有1 182章，附屬法例4 100多項。這當中部分自然是回歸25年的特區立法機關立法，但特區立法機關無論多麼勤勉，這些成文法例絕大多數屬於保留下來的原有香港法律，是無可否認的。二是最大限度地克制全國性法律對香港的適用。香港是中國的香港，而在「一國兩制」方針下，在港實施全國性法律則是採用正面清單制。只有列入香港基本法附件三的，才能在港實施，其餘的全國性法律一概不適用於香港。能夠列入基本法附件三的還得屬於國防、外交事權之列，以及依據基本法不屬於特區自治範圍的事項。就數量而言，特別是與所保留的原有香港法例相比，確實屈指可數。1990年香港基本法頒行時僅列載了6項全國性法律，包括國都、國慶節、外交特權及豁免事宜等法律、條例，隨後經1997年、1998年、2005年、2017年、2020年共計5次決定對其增刪，目前也僅區區14項。況且，列入基本法附件三的全國性法律，究竟以何種形式在港實施，亦由香港特區決定是在當地公佈實施還是以本地立法予以實施。兩相對比，尊重香港原有法律，而將對港實施的全國性法律克制到最低限度，尊重普通法，善待普通法，厚愛香港的誠意彰顯無遺！

---

1 習近平：〈在慶祝香港回歸祖國20週年大會暨香港特別行政區第五屆政府就職典禮上的講話〉，《人民日報》，2017年7月2日，第2版。

三是以最大誠意包容立法機關中具有普通法地區背景的議員。既然是中國的香港，特區立法機關的議員需具有中國國籍，是理所當然的。為了香港的穩定繁榮，特區立法機關的構成同樣是禮遇普通法地區背景的議員。依據香港基本法第 67 條，即使不具有中國國籍，外國籍的特區永久居民和具有外國永居權的特區永久居民仍可擔任議員，只是總數以議員總議席的 20% 為限。鑑於香港與英國、美國、加拿大、澳大利亞等普通法國家的傳統聯繫，這個口子無疑是具有普通法地區背景的外籍人士進入特區立法機關的合法渠道。不但保留了為數可觀的原有法律，最大限度地克制全國性法律對港實施，還准予部分普通法地區背景人士參與現行立法，無疑是對普通法的最大禮遇和善意！

再來考察香港司法體系對普通法的禮遇和善待。一是保留了原有的法院體系。除新設的終審法院外，原有的高等法院、區域法院、裁判署法庭和其他專門法庭均予以保留。設立終審法院更是為了賦予香港特區司法終審權，增加了而非克減特區的司法權，而在港英時期香港根本就沒有司法終審權。二是保留了原有陪審制度、刑事訴訟和民事訴訟中原在港適用的原則和當事人權利。三是保留原在港任職的法官和其他司法人員，其年資予以保留，薪金、津貼、福利待遇和服務條件不低於原來的標準。其中，當然包括外籍法官，如此優待與港英時期「厚外薄華」形成了鮮明的對照。港英政府對落實司法人員本地化政策並無誠意。從 20 世紀 80 年代到 90 年代，司法機構內哪怕是最低級別的裁判署，人員招聘仍奉行外籍人士優先，外籍人士待遇優厚。即便是裁判署，「外籍法官」往往比本地法官晉升更快，晉級更高。及至香港回歸之際，上訴法庭和高等法院的本地法官分別僅有 3 名和 8 名，需增聘 4 名本地人才能達到 1997 年本地法官 50% 的目標。也就是說，為了平穩過渡，這就需要接受香港司法系統為數一半以上的外籍法官。四是法官任免方式和標準與普通法地區保持一致。依據香港基本法第 90 條、92 條，終審法院和高等法院的首席法官應由在外國無居留權的香港永久性居民中的中國公民擔任，其餘法官及司法人員根據本人的司法和專業才能選用，

並可從其他普通法適用地區聘用。由司法人員推薦委員會即回歸前的司法人員叙用委員會，負責法官選任的推薦事宜。該委員會的組成、人員結構、工作機制近乎移植英國法官選任模式，該委員會由終審法院首席法官擔任主席，律政司司長為當然成員，其餘 7 人分別為特首任命的法官 2 名、律師 1 名、大律師 1 名、行外人士 3 名（表 9-2）。獨立遴選委員會在英聯邦中即有 39 個經濟體予以採納，佔比 81%，歐盟有 26 個成員國亦然，佔比 96%。

表 9-2　香港與主要國家法官遴選組織比較

| 名稱 | 香港 司法人員推薦委員會 | 英國 司法任命委員會 | 加拿大 司法任命顧問委員會 | 法國 獨立遴選委員會 | 南非 司法諮詢委員會 |
|---|---|---|---|---|---|
| 人數 | 9 | 15 | 8 | 15 | 23 |
| 法官 | 終院首席 +2 | 7 | 1 | 7 | |
| 政府 | 1 | | 1 | 3 | |
| 議會 | | | | 4 | 6 人，在野黨 ≥ 3 人 |
| 律師 | 2 | 2 | 3 | 1 | |
| 公眾 | 3 | 6 | 3 | | |
| 主席 | 終院首席法官 | 業外委員 | 委員推選 | | |

資料來源：根據香港《司法人員推薦委員會條例》、英國《2005 年憲制改革法案》、加拿大《法官法》與《聯邦法院法》、法國《司法官身份組織法》、南非《憲法》等整理。

這就表明，法官任命模式和機制全面移植普通法，任命標準釐定亦為普通法背景的人士進入特區法官隊伍敞開大門。依據香港基本法第 92 條，特區法官和其他司法人員唯才是舉，根據本人的司法和專業才能予以選用，並明定可以從其他普通法適用地區聘用法官和其他司法人員。可見，特區法官隊伍不僅要保留原有的為數一半以上的外籍法官，而且還會有源源不斷的普通法地區外籍法官。回歸至今，香港終審法院歷任法官總計 52 人，現任法官共計 18 人，其中常任法官 4 人，非常任法官 14 人。終審法院 14 名非常任法官中，6 人來自英國、3 人來自澳大利亞、1 人來自加拿大。通過考察法官的法學第一學歷和法律第一職

業資格的來源，即可進一步揭示香港司法體系對普通法的「尊重」。終審法院歷任法官中，具有英國第一法學教育背景、職業資格的均為最多，分別為 28 人、30 人；澳大利亞均為 10 人，位列第二。而具有香港法學教育背景、在香港首次獲得職業資格均為 3 人，僅列第三位（圖 9-5、圖 9-6）。終審法院現任 18 名法官中，4 名常任法官各有 2 名法官具備英國與香港的法學教育背景，各有 2 名法官在英國和香港首先獲得職業資格。終審法院 14 名非常任法官中，法學教育背景取得地包括英國、澳大利亞、香港、加拿大和南非，人數分別為 8 人、3 人、1 人、1 人、1 人，具有英國法學教育背景的非常任法官佔現任法官半壁江山，而具有香港法學教育背景的僅 1 人，尚不及澳大利亞。其首次職業資格取得地則包括英國、澳大利亞、香港、加拿大，分別為 9 人、3 人、1 人、1 人，在英國首先取得職業資格的非常任法官達現任法官的 61%。值得注意的是，終審法院現任常任法官 4 人中，就法學教育背景和法律職業資格而言，仍然有一半來自英國，來自本港的僅佔一半。

比較而言，香港特區對於普通法背景法官和其他司法人員的這種禮遇無疑是空前的。2018 年德國創設國際商事法庭，以推動「法律－德國製造」和增強德國法院的國際競爭力，其要求法官須具備國際商事領域的專業知識、審判經驗和優秀的英語水平，但法官仍限於德國國籍，並不准予聘用外籍法官。日本、俄羅斯、荷蘭等地與德國相類。同為國際商事樞紐，新加坡亦要求法官須具備新加坡國籍，且不允許退休法官繼續辦案。為了建設國際商事法庭，2014 年新加坡修憲，為外籍法官擔任新加坡國際商事法庭（SICC）法官破例，開了口子。當然，這主要是考慮增強 SICC 的國際性、專業性及競爭力。2015 年 1 月任命的 SICC 外籍法官中，澳大利亞和英國各 3 名，美國、奧地利、法國、日本、中國香港各 1 名，2015 年 5 月新增美籍法官 1 名。

圖 9-5　香港終審法院法官法律教育背景分佈情況

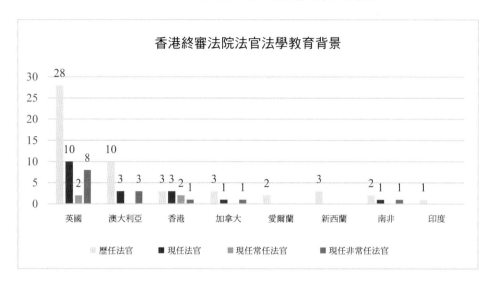

資料來源：根據香港司法機構、終審法院相關數據整理。

圖 9-6：香港終審法院法官法學職業資格背景分佈情況

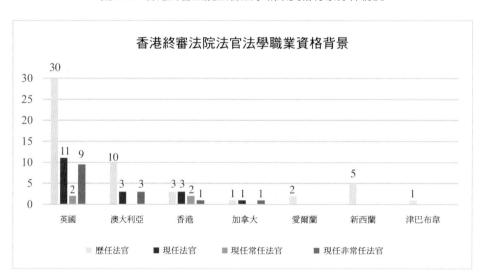

資料來源：根據香港司法機構、終審法院相關數據整理。

最後來考察香港特區對其他普通法適用地區判例的參考。依據香港基本法第 84 條，香港法院審判時可以參考其他普通法適用地區的司法判例。這一創設性的制度設計旨在確保香港適用普通法體系的延續性，在渴望香港回歸、平穩回歸、保持穩定的背景下，這樣的制度安排是可以理解的。關鍵是，大量的法官和其他司法人員具備其他普通法適用地區的專業背景，可能熟悉母國法律制度，未必熟悉香港法，更談不上理解多少中國法了。實踐中，這些海外背景的法官自覺不自覺地援引起境外普通法判例，對境外普通法判例的依賴程度已遠超日韓、中國台灣地區等東亞經濟體。[1] 有實證研究發現，適用外國普通法判例的頻率甚至高於適用本港法律的頻率，在憲法性權利案件中尤為明顯，多達 3/4 強的案例中援引境外普通法及國際法庭判例。[2] 在關涉基本法的訴訟案件中，香港法院援引境外普通法判例最多的為英國，歐洲人權法院判例次之。[3] 顯然，這是與英國背景的法官最多直接相關的。對此，終審法院亦有所覺察，並在審理與基本法相關、關涉全國人大常委會決定效力、本港法律及秩序的案件上，總體保持司法謙抑性，體現出對中央政府、特區政府和立法機關的尊重。而對於其他案件，終審法院則表現出擴張性解釋的傾向。在吳嘉玲案中，終審法院認定自身有權對香港法例進行合憲性審查，得依之宣告全國人大或全國人大的立法行為與香港基本法不一致，引發較大爭議，由此引發全國人大常委會首次釋法。隨後在劉港榕案中，終審法院即改變前述姿態，承認全國人大對香港基本法具有全面、充分的解釋權。終審法院逐漸對其承擔的司法角色、判決可能產生之結果有了務實性的認識，在涉

---

1  David S. Law, Judicial Comparativism and Judicial Diplomacy, 163 U. Pa. L. Rev. 927 (2015).

2  Simon N.M. Young, Constitutional Rights in Hong Kong's Court of Final Appeal, 27 Chinese (Taiwan) Y.B. Int'l L. & Aff. 67 (2011).

3  程潔：〈香港基本法訴訟的系統案例分析〉，《港澳研究》，2016 年第 2 期，頁 15。

及中央事權案件時，總體上尊重中央決定而表現出謙抑性；對不涉及全國人大常委會決定效力，而僅涉及本港法律及秩序時，亦通常尊重行政機關、立法機關的決定。

由此可見，香港特區不僅以最大善意保留了香港原有普通法，而且經由移植普通法司法體系的傳導，境外普通法也以「參考」的名義行法律之實。如此禮遇和優容外籍法官和境外普通法，在其他國家或地區是絕無僅有的！

## 三、打造港式 ADR

ADR 享譽海內外，無疑是香港法治另一個閃耀之處！ADR 即替代性糾紛解決機制，或非訴訟糾紛解決機制，包括協商、調解、獨立調查員、迷你審判、訴前會議、仲裁、案件管理、租用法官等多種形態。ADR 的實踐古已有之，而 ADR 這個概念起源於美國，中國、英國、德國、日本等紛紛結合本國實際，發展出各種模式的 ADR。香港 ADR 的顯著特點就在於成功轉化「和為貴」這一中華傳統文化，並與現代商業理性有機結合。

就中華傳統文化而言，香港與內地同文同宗，崇尚「和為貴」。《論語》云：「禮之用，和為貴。先王之道，斯為美；小大由之。有所不行，知和而和，不以禮節之，亦不可行也。」儒家如此，佛、道、墨諸家亦如此，大都主張人與人之間、人與自然的和諧、自然的和諧以及自我身心的和諧等。至於和氣生財、和氣致祥、和衷共濟、家和萬事興等古訓，可謂耳熟能詳。習近平總書記在香港回歸 20 週年大會上指出：「『一國兩制』包含了中華文化中的和合理念，體現的一個重要精神就是求大同、存大異 …… 只有凡事都着眼大局，理性溝通，凝聚共

識，才能逐步解決問題」。[1] 而調解、仲裁等 ADR 都體現了「和為貴」，ADR 在香港深入人心，廣泛採用，無疑是契合了中華優秀傳統文化。

就現代商業理性而言，20 世紀 90 年代初就有一個明顯的轉向，從左翼的帶有抗議精神的自主、自治、自覺運動，變成一場華麗的全球化的註腳。就 ADR 的合理性論述而言，法院系統太過昂貴，缺乏靈活性，不能適應新型及複雜糾紛的處理，訴訟解決糾紛的效率低，且不能真正解決糾紛，亦缺乏參與性等，不一而足。一如哈利・伍爾夫勛爵（Lord Harry Woolf）在評論英國的訴訟制度時所指出，「（英國的訴訟體制的）結果是花費經常巨大，不合比例或者難以預測；推遲延誤時常發生的不可理喻 …… 毫無疑問，訴訟的花費是民事司法體系所面對的最根本的問題之一。」[2] 倒不是說此前沒有經濟考慮和功利盤算支持 ADR，而是說這種論述逐漸從「之一」變成了主流。ADR 推動香港的民事司法改革，就是這種有趣轉向的一個生動的例證。2007 年開始，特首連續幾年在施政報告中強調要全面發展調解制度。2009 年開始，民事司法改革全面啟動，其中將調解設定為具有準強制性的司法前置程序。2007 年推進調解制度時，特區政府將其列入了「十大建設，繁榮經濟」的綱目下，對 ADR 的推進是放在「建設國際金融中心」的子標題下予以討論的。2007 年的特首施政報告提到：「完備的司法系統和解決糾紛的法律服務，是國際金融中心必須具備的。我們一直努力促進香港成為亞太區內的仲裁中心。現時對解決香港及亞太區內糾紛的仲裁服務需求殷切，而香港處理的仲裁案件數目正在不斷上升。本港土生土長的仲裁機構及其成員的地位已經確立，並盡心盡力在亞太區內外推動仲裁服務的發展。優化及提升

---

1　習近平：〈在慶祝香港回歸祖國 20 週年大會暨香港特別行政區第五屆政府就職典禮上的講話〉，《人民日報》，2017 年 7 月 2 日，第 2 版。

2　Lord Harry Woolf，Civil Justice in United Kingdom，45 (4)，*The American Journal of Comparative Law*, pp. 710-711 (Autumn，1997).

仲裁環境，有助特區的仲裁服務進一步發展。我們正加強與國際仲裁機構的聯繫，以強化香港作為國際仲裁中心的優勢。此外，更新我們的法律機制可以增加在香港進行仲裁的吸引力。我們將會就新的《仲裁條例草案》諮詢公眾。該草案將會統一規管本地仲裁及國際仲裁的法律，以及使法例和程序更切合用家的需要。」[1] 顯然，特區是在更好地融入全球化和更好地服務客戶的商業邏輯中闡述 ADR 的合理性。民事司法改革極大地促進了調解機制的發展，改革後的香港立法雖未採納強制性調解機制，但通過處罰訴訟費用這種變通的方式同樣達到了強制性調解的效果。建築業是調解在香港運用得最為充分的領域。強制性調解，尤其是建築業中強制性調解的興起和發展，為香港商事爭議的解決起了引領作用，更加速了港式 ADR 機制發展的進程，為國際法律及爭議解決服務中心建設奠定了堅實的基礎。

2007 年開始，香港特區便將 ADR 列入國際金融中心建設和發展的議程。2014 年，特區政府設立了仲裁推廣諮詢委員會，就推廣香港的仲裁服務向律政司提供意見和協助。律政司司長是當然的仲裁推廣諮委會主席，民事法律專員、副民事法律專員、普惠避免及解決爭議辦公室主任均為當然成員，另有 13 名相關人士。特區政府鼓勵商界使用仲裁解決爭議，已與 31 個海外經濟體簽訂了 22 份投資協定，確保締約雙方的投資者在對方地區的投資獲得保護。2017 年，香港與內地簽訂 CEPA《投資協議》，新設投資爭端調解機制，對一方投資者訴稱相對方政府機構違反協議實質性義務產生的投資受損爭端予以救濟，為區域內外的投資者提供符合其成本收益考量的制度性救濟手段。同年，香港與東南亞國家聯盟（東盟）簽訂《自由貿易協議》及相關《投資協議》，除涉及一般性的服務貿易、投資及技術合作等內容，還涉及爭議解決問題。東盟國家均為「一帶一

---

1　曾蔭權：《香港新方向》（香港特區行政長官施政報告），2008 年 6 月。

路」沿線經濟體，此舉對香港爭端解決機制的「出海」發揮了重要作用。特區政府對 ADR 重視有加！其 ADR 究竟有多好？合不合用？自然是港人說了算，國際資本說了算，各種權威排行榜的排位是重要的，更重要的是港人和國際資本的口碑和獲得感。下面就分別考察港人和國際資本對香港調解和仲裁的認可和接受度。

先說香港調解。一是調解和道歉均有法可依。2013 年香港制訂《調解條例》，為在港調解行為確立規管框架，鼓勵通過調解方式解決糾紛。香港是亞洲第一個擁有《道歉條例》的司法管轄區，促進和鼓勵各方之間道歉，防止爭端惡化。2012 年底，香港律政司成立調解督導委員會，專司《調解條例》《道歉條例》的實施監察、在港調解員資格評審及行為規管等事宜。香港和解中心業已成立 23 年，2019 年出席了新加坡調解公約簽署儀式，2020 年成為香港國際法律樞紐的機構之一，2021 年成為新選制下選委會法律界一般選舉的團體投票人。二是強調調解專業性。2012 年 8 月，香港調解資歷評審協會有限公司在港成立，其宗旨是通過單一評審組織、統一評審標準，確保調解員資質的一致性。截至 2019 年，已形成 1 667 名綜合調解員、215 名家事調解員的調解團隊，為香港居民宣傳調解的服務功能、知識屬性和業務性質，有效增強香港民眾對調解服務的認可度。三是金融調解異軍突起。作為比肩紐約和倫敦的國際金融中心，早在 2011 年香港就成立了香港金融糾紛調解中心（FDRC）。FDRC 提供「先調解，後仲裁」的獨立而費用相宜的替代性方法，讓金融機構與客戶之間的金錢爭議得以適時解決。政府、金管局和證監會 2012 年 1 月 1 日起為 FDRC 提供成立費用及營運經費。FDRC 獨立公正地管理一套金融糾紛調解計劃，旗下所有金融機構成員須以調解或仲裁的方式去解決其與客戶之間的金錢爭議。致力成為香港提供解決金融業相關爭議服務的領導者，以具建設性的方法處理金融機構與其客戶之間的金融爭議。2012 年以來，除 2013 和 2014 年兩個年度外，諮詢案維持在 1 000 件左右，金融產品和服務的投訴案件維持在 50% 左右，十分穩定。就調解

計劃而言，儘管 2018 年實施新的准入門檻，除 2018 年收案明顯減少外，收案和受理數量基本持平，結案數量自 2017 年起有所下滑，但和解成功率一直穩定在 80% 左右。四是訴調對接。2011-2018 年，經法院指示調解案件從 80 件飆升至 1 039 件，增幅達 1198.75%；民商事案件佔比從 1.8% 提升至 2.6%。調解機制在港可適用於區域法院及高等法院原訴庭，同期原訴庭調解案件增加 72%，相較於區域法院 22% 增速超出 3 倍。2018 年 70% 調解案件屬於原訴案件，調解成功率為 51%，較 2011 年原訴案件 38% 調解成功率有較大提升。香港特區法院除了發佈調解指示，還於 2000 年、2008 年為離婚案件、建築管理案件提供轉介服務，到 2018 年分別已處理 115 件、76 件案件，調解成功率高達 61%、50%。

比較而言，香港仲裁有着更為悠久的發展歷史，亦更具有國際影響力，尤其是有着眾多信譽卓著的爭議解決機構，包括香港國際仲裁中心（HKIAC）、國際商會國際仲裁院、中國國際經濟貿易仲裁委員會、中國海事仲裁委員會、香港海事仲裁委員會、一邦國際網上仲調中心（eBRAM 中心）、常設仲裁法院等。HKIAC 享譽海內外，其於 1985 年成立，1994 年成立香港調解會（前 HKIAC 調解組）。2015 年，HKIAC 作為首家境外仲裁機構在內地設立代表處。2011-2016 年，每年受理案件 500 件左右，約半數為請求仲裁，其餘是尋求調解或解決域名爭議。大部分仲裁案為國際仲裁案，與國際仲裁中心的地位相互呼應。2018 年，一邦國際網上仲調中心成立，由亞洲國際法律研究院、香港大律師公會及香港律師會共建，旨在提升香港的仲裁和調解服務水平，利用創新技術構建能力，滿足正在迅速增長的跨境爭議解決服務需求，打造法律科技中心和樞紐。2020 年 6 月，eBRAM 又籌建網上爭議解決平台，為中小微企業提供成本低廉、安全創新的網上爭議解決服務。依據倫敦大學瑪麗皇后學院《2021 年國際仲裁調查報告》，香港穩居全球最受歡迎仲裁地的前 3 強！

図 9-7　香港國際仲裁中心的案件比例（%）

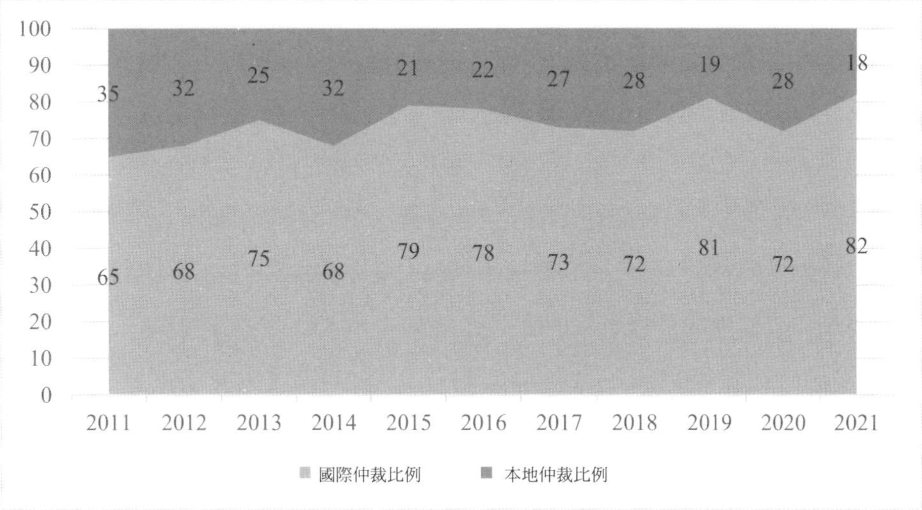

資料來源：根據香港國際仲裁中心數據整理。

　　香港國際仲裁中心的國際案件佔比高、當事人遍佈全球、香港法深受青睞，即可印證其在國際仲裁行業的中心度。一是國際仲裁案位居絕對主流地位。2011-2021 年，香港國際仲裁中心的國際仲裁案件均在 65% 以上；2013 年、2015 年、2016-2018 年、2020 年等 6 個年度達到 70% 以上；2019 和 2021 年均超過了 80%，分別為 81% 和 82%（圖 9-7）。二是案件當事人遍佈全球。2021年，277 件仲裁案件的當事人來自全球 41 個司法管轄區。作為全球最受歡迎仲裁地前 3 位，這 277 件案件大多數均在本港進行，其他仲裁所在地則包括莫斯科、新加坡、英格蘭及威爾士等。2020 年，318 件仲裁案件的當事人來自全球45 個司法管轄區，31.8% 的仲裁案未涉及香港當事人，6.6% 不涉及亞洲地區當事人。近五年來，其仲裁案件當事人來自香港和內地的穩居前 2 位，第 3 位來自英屬維京群島。三是爭議類型主要是國際商事糾紛。國際貿易糾紛、公司與金融服務糾紛和海事糾紛案件數量始終位居前 3 位，這三類糾紛合計佔案件總量近

八成（表 9-3）。這就表明，HKIAC 與國際金融中心、國際貿易中心完美對接，互為依託，相互成就。四是仲裁適用的準據法多元，香港法深受青睞。HKIAC 處理仲裁案件涉及準據法多達 12 種，其中香港法、英國法及中國法穩居前 3 位，充分顯示了香港作為「超級聯繫人」的重要地位，亦表明香港法本身具有國際競爭力，國際案件當事人願意選擇，願意適用（表 9-4）。而在前海合作區設立的港澳台企業和外商投資企業均可選擇香港法作為合同的準據法，在自貿區註冊的港資企業之間亦可約定將其間商事爭議提交香港仲裁。五是辦案仲裁員多元化，香港和英國仲裁員位居前 2 位。這表明，來自全球各地的當事人對香港作為仲裁地有信心，對香港法有信心，亦對香港仲裁員的專業素質和公平公正性有信心。

表 9-3　HKIAC 爭議類型排名前 4 的行業佔比（%）（2016-2021）

| | 2016 | 2017 | 2018 | 2019 | 2020 | 2021 |
|---|---|---|---|---|---|---|
| 公司與金融（%） | 29.3 | 19.7 | 30.5 | 27.5 | 31.8 | 35.7 |
| 海事（%） | 21.6 | 8.8 | 15.1 | 14.4 | 18.6 | 17 |
| 建築工程（%） | 19.2 | 19.2 | 13.7 | 14.8 | 10.7 | 9.4 |
| 國際貿易（%） | 10.8 | 31.9 | 29.6 | 34.3 | 27 | 24.3 |

表 9-4　HKIAC 案件當事人、適用準據法以及指定、確認仲裁員分佈（2016-2021）

| 類型 | | 2016 | 2017 | 2018 | 2019 | 2020 | 2021 |
|---|---|---|---|---|---|---|---|
| 當事人來源地排序 | 香港 | 1 | 1 | 1 | 1 | 1 | 1 |
| | 內地 | 2 | 2 | 2 | 2 | 2 | 2 |
| | 英屬維京群島 | 3 | 4 | 3 | 3 | 3 | 3 |
| | 美國 | 5 | 6 | 4 | 4 | 4 | 5 |
| | 開曼群島 | 8 | 5 | 5 | 5 | 5 | 4 |

| 類型 | | 2016 | 2017 | 2018 | 2019 | 2020 | 2021 |
|---|---|---|---|---|---|---|---|
| 準據法排序 | 香港法 | 1 | 1 | 1 | 1 | 1 | 1 |
| | 英國法 | 2 | 2 | 2 | 2 | 2 | 2 |
| | 中國法 | 3 | 3 | 3 | 3 | 3 | 3 |
| | 美國紐約州法 | | | | 4 | 5 | 4 |
| | 美國加州法 | | | 5 | | 4 | 6 |
| 指定仲裁員來源佔比（%） | 香港 | | | 20 | 27.9 | 22.8 | 27.5 |
| | 英國 | | | 29.6 | 29.5 | 18.8 | 19.7 |
| | 雙重國籍 | | | 14.4 | 7.4 | 16.8 | 13.4 |
| | 內地 | | | 4.8 | 7.4 | 4 | 5.6 |
| | 美國 | | | 0.8 | 1.6 | 2.7 | 3.5 |
| 確認仲裁員來源佔比（%） | 香港 | | 8.1 | 29 | 23.4 | 16.3 | 23.2 |
| | 英國 | | 46.4 | 28 | 24.1 | 21.5 | 25.6 |
| | 雙重國籍 | | | 6.5 | 13.1 | 13.3 | 15.2 |
| | 內地 | | 4.7 | 5.4 | 8.8 | 11.9 | 5.5 |
| | 美國 | | 4.7 | 5.4 | 7.3 | 9.6 | 12.2 |

資料來源：根據香港國際仲裁中心數據整理。

　　顯然，香港仲裁在全球的美譽度、在國際仲裁業界的中心度，並非一朝一夕就能得來，而是特區政府有作為，有擔當，細心呵護的結果，香港仲裁的競爭優勢亦不斷提升。一是仲裁規則緊貼國際前沿。2011 年 6 月，香港特區參照《聯合國國際貿易法委員會國際商事仲裁示範法》制訂新的《仲裁條例》，統一了本港仲裁、國際仲裁的規管框架。《仲裁條例》施行後歷經多次修訂，始終貼緊國際商事仲裁的最新發展動態。2020 年 4 月，香港加入《亞太經合組織網上解決爭議合作框架》，通過建構網上爭議解決機制，經濟高效的解決跨地區、語言及司法管轄的跨境爭議。這樣，糾紛關涉專業性越強，複雜性和難度越大，來自全球各地的當事人的獲得感也越強。2013 年 11 月 1 日至 2021 年 5 月 31 日，香港國際仲裁中心處理的 186 件樣本案件中，涉及簡易程序的 44 件。仲裁審理週期、費用而言，均值為 16.9 個月、13.7 萬美元，簡易程序分別為 9.3 個

月、5.1 萬美元。緊急程序僅為 16 天，仲裁費均值為 5.2 萬美元（表 9-5）。二是海內外司法承認和執行有保障。香港本身司法獨立為仲裁裁決的執行提供保障，香港法院亦對仲裁抱持友好尊重態度。透過不同的國際公約及區域安排，香港仲裁裁決可在全球 160 個司法管轄區執行，幾乎所有香港仲裁裁決均可在內地執行，香港更是境外最早且僅有的兩個作為仲裁地時當事人可以向內地法院申請保全措施的司法管轄區。[1]2019 年 10 月，香港與內地達成《關於內地與香港特別行政區法院就仲裁程序相互協助保全的安排》，自該安排啟動以來，HKIAC 已處理 62 份申請，23 家內地法院保全令覆蓋財產價值 127 億人民幣（約 20 億美元）。內地作出裁決時間的中位數是 8 天，保全申請人涉及英屬維京群島、開曼群島、日本、新加坡、瑞士及中國台灣地區等。

表 9-5　HKIAC 仲裁程序的時間與費用（2013-2021）

| | 總體 | | 簡易程序 | | 緊急程序 | |
|---|---|---|---|---|---|---|
| | 均值 | 中位值 | 均值 | 中位值 | 均值 | 中位值 |
| 時間（月） | 16.9 | 13 | 9.3 | 8.9 | 16 天 | 15 天 |
| 費用（萬美元） | 13.7 | 6.5 | 5.1 | 2.4 | 5.2 | 5.6 |

資料來源：根據香港國際仲裁中心數據整理。

常言道，皇天不負苦心人。特區政府細心呵護 ADR 亦收穫滿滿，其 ADR 與國際金融中心相互成就，比翼雙飛。以法留人，以法興商，促進投資興業，創新創業，ADR 功不可沒！

---

1　《關於內地與澳門特別行政區就仲裁程序相互協助保全的安排》於 2022 年 2 月 15 日由最高人民法院審判委員會第 1 864 次會議通過，自 2022 年 3 月 25 日起施行。

## 四、回歸特區之「需要」

古羅馬著名法學家西塞羅（Marcus Tullius Cicero）在其名篇《論法律》中提出了那個時代最為偉大的法律論調：人民的福祉是最高的法律。新時代，這個命題對於香港特區仍具有很強的現實意義。作為國際樞紐，香港無疑是國際的，更是中國的香港，全體港人的香港。無論是以「參考」之名行「搬運」境外普通法判例之實，還是聘任普通法地區海外法官根本無需具備香港法律教育背景，無需獲香港本地執業資格，無不表明如一味地追求所謂國際形象，單純追求代表國際的符號價值，而罔顧特區的實際「需要」，無疑是背離港人的福祉的！至於2019 年修例風波中，部分法官輕縱亂港暴徒，更是令港人齒冷。未來，香港特區法治應摒棄這種單純的追求國際符號價值的思維，在維護國家安全、打造「中國香港」普通法、法官聘任超越單純的國際符號價值以及促進國家認同等 4 個方面更有作為，更好地服務特區「需要」，更好地維護港人福祉。

其一，維護國家主權、安全和發展利益的立法更有作為。香港是國際樞紐，更是中國的香港，「中國香港」就是其國際名片。2017 年 7 月 1 日，習近平總書記在香港回歸 20 週年大會的講話中指出：「中央貫徹『一國兩制』方針堅持兩點，一是堅定不移，不會變、不動搖；二是全面準確，確保『一國兩制』在香港的實踐不走樣、不變形，始終沿着正確方向前進 …… 『一國』是根，根深才能葉茂；『一國』是本，本固才能枝榮。」[1] 顯然，國家安全是重要基石，香港不能繼續成為國家安全的風險敞口。國家安全是國之大計、發展所憑、民生所依，國家安全得到保證，香港繁榮穩定就有保證；國家安全得不到保證，香港繁榮穩定就沒有保證。反思 2003 年香港特區「23 條」立法失敗，2019 年修例風波中，

---

1 習近平：〈在慶祝香港回歸祖國 20 週年大會暨香港特別行政區第五屆政府就職典禮上的講話〉，《人民日報》，2017 年 7 月 2 日，第 2 版。

美國等西方勢力與本土「反中亂港」分子相互勾連，危及社會大局穩定，嚴重影響港人福祉，亦嚴重危害國家利益。當時，國家高瞻遠矚，果斷出手，出台香港國安法，依法制暴止亂，精準撥亂，安定香江，恢復社會經濟秩序。顧名思義，國家安全乃國家的事權，而基於國家對香港特區的高度信任，香港基本法第23條才授權香港特區自行制訂維護國家安全的法律，禁止任何叛國、分裂國家、煽動叛亂、顛覆中央人民政府及竊取國家機密的行為，禁止任何外國的政治性組織或團體在香港特區進行政治活動，禁止香港特區的政治性組織或團體與外國的政治性組織或團體建立聯繫。遺憾的是，回歸以來香港特區並沒有為此交出答卷，及至 2019 年「黑暴」期間國家不得不為特區「補課」，親自出手，釐定了分裂國家、顛覆國家政權、恐怖活動以及勾結外國或境外勢力危害國家安全等 4 種罪行的刑事責任，並建立執行機制。未來，香港特區沒有理由再次讓國家失望，對不住國家的這份高度信任，而是更有擔當，更有作為，盡早為「23 條」立法交出合格的答卷。這樣，國家在港的主權、安全和發展越有保障，特區的高度自治就會邁向新的階段，也會更有地位。

其二，打造「中國香港」的普通法更有作為。相對於大陸法系的成文法，普通法的魅力在於與時俱進，法律規則能夠更好地因應時代的變遷。法律是具有本土性的，普通法自不例外。美其名曰打造香港特區的國際形象，以香港基本法第 84 條上「參考」的名義，行「搬運」境外普通法之實，無視特區本土的實際「需要」，本身就是與法治精神背道而馳的。何況，僅僅依靠「搬運」境外普通法，而不是從特區的實際「需要」出發，創造更多的經典案例，供境外「參考」。一味地「參考」境外，而不是創造條件為境外所「參考」，無疑是與國際樞紐地位格格不入的，僅僅靠「搬運」並不能為其國際形象加分。其實，參考、援引境外司法管轄區的判例，亦非通例。英國大法官針對歐洲人權法院判決即明確表示批評，「它們確實是法理的一種淵源，但是並不屬於我們必然要遵循的具有約束力

的先例，甚至不屬於我們想要效法的具有約束力的先例」。[1] 反觀香港法院，不僅直接援引境外普通法適用地區判例，援引時還存在選擇性適用的問題。佳日思先生指出：「法院樂於考慮外國法域的案例，雖然隨着某些法律領域的發展，對外國案例的需要並不如以往那麼多了。但是，這種使用外國判例的做法並不存在一致性：在它們支持法院所偏好的立場時，它們得到援引；否則它們被排除適用，被認為與案件不相關」。[2] 曾任香港終審法院非常任法官的英國法官沃爾夫勛爵（Lord Woolf of Barnes）更直接指出：「雖然支持使用外國判例，但是這些判例未必總是與香港的情況相關」。[3]

實踐中，特區法院援引境外普通法判例的範圍極為多元，論證時多將境外普通法判例徑直作為直接依據，或以其為起點、經由自由心證得出判決。而這種援引並未與本港普通法進行區分，使境外普通法取得與香港普通法同等之權威性。易言之，境外判例堂而皇之地在香港作為「先例」，無異於「直接適用」境外普通法適用地區判例，無異於境外普通法適用地區在為香港特區立法。顯然，這遠遠超出了香港基本法第 84 條所規定的「參考」含義，更是有悖於香港特區的司法主權。為遏制這種「懶政」現象，應借鑑海外法院的量刑委員會和量刑指引這種做法，既可以有效地規範和統一法律適用，也能切實維護法院獨立審判。一是由終審法院牽頭，律政司、律師會、大律師公會等參與，組成境外普通法參考指導委員會。二是由該委員會系統地檢討香港特區參考境外普通法適用地區判例的經驗、梳理問題並提出建議，最終出台適合香港特區需要的「參考」境外普通法適用地區判例的正面清單或負面清單，為特區法院「參考」境外普通法適用

---

1　HL Debs, vol 583, col. 515 (Nov. 18, 1997).

2　Yash Ghai, Sentinels of Liberty or Sheep in Woolf's Clothing? Judicial Politics and the Hong Kong Bill of Rights, 60 MLR 459, 479 (1997).

3　Yash Ghai, Sentinels of Liberty or Sheep in Woolf's Clothing? Judicial Politics and the Hong Kong Bill of Rights, 60 MLR 459, 479 (1997).

地區判例劃定邊界，有效地遏制「參考」變異為「直接適用」的問題。這樣，才能引導特區法院和法官眼睛向內，緊盯特區的「需要」，讓特區司法更接地氣，更好地造福港人，塑造更好的國際形象。

其三，法官聘任超越單純國際符號價值更有作為。特區法院司法能力強不強，司法裁判質量高不高，法官的專業素養是關鍵。依據香港基本法第 92 條，法官聘任唯才是舉，根據其司法和專業才能予以選任，這無疑是完全正確的。通過該條後面的「並可從其他普通法適用地區聘用」這一道方便之門，唯才是舉，在回歸以來的法官選任中卻變了形，走了樣。實踐中，在特區法官選任標準上直接將普通法適用地區的法學教育資質、法律執業資質等同於本地的法學教育資質、法律執業資質。姑且不論因回歸平穩過渡而接受的近乎半數以上的原海外法官，以及終審法院依據香港基本法第 82 條所聘任的海外非常任法官，僅具有境外普通法適用地區法學教育經歷和法律執業資格的特區法院法官就為數相當可觀。如前所述，僅以終審法院為例，歷任 52 名法官中，第一法學教育經歷和法律執業資格來自香港本地的分別都是 3 人，遠遠低於位居第 1 名的英國，其分別為 28 人和 30 人，也低於位居第 2 名的澳大利亞，分別都是 10 人；就現任法官 18 人而言，第一法學教育經歷和法律執業資格來自香港本地的分別都是 3 人，位居第 1 名的英國分別為 10 人和 11 人，與香港並列第 2 名的澳大利亞分別都是 3 人。由於這些海外背景的法官本身就不具備香港本土法學教育經歷和法律執業資格，何談從香港本地法視角分析案情和裁判案件，簡單方便起見，從其母國的普通法視角出發也就自然而然，難怪以「參考」之名行「搬運」境外普通法適用地區判例之實，「直接適用」大行其道，進而將境外司法判例等同於香港本土判例。鑑於香港享有司法終審權，這樣的法官越多，「販賣」境外普通法適用地區的司法判例也越多，無異於特區相關領域的司法主權被「外包」。

當下，這種以境外普通法等同於香港法的現象已經到了非糾正不可的時候了。一是在 2012 年至今的反國教風波、非法「佔中」、修例風波等危及社會大

局穩定的大是大非面前，部分法官面對複雜議題缺乏全局觀、大局觀、是非觀，屢次輕判反對派及部分港青，司法喪失起碼的導向功能，甚至淪為社會問題的「幫兇」，損害了特區法治的價值，港人早有質疑和詬病，司法的力量更是在不斷重複的迂腐說辭中與民眾漸行漸遠。二是本地法官已經具有同等的專業能力。以1997-2015年終審法院海外非常任法官參與審理的案件為例，只有一個海外非常任法官在一個案件中作出過異議判決。這就表明，他們對本地常任法官的決定非常有信心，認為有關判決的質素符合他們本身所屬國家的司法系統要求的判決水平。否則，以其聲望和地位，一定不會支持任何他們不認同的判決。三是本地法官後備軍也愈來愈充足。截至2021年香港保有律師和大律師分別為10 868人和1 595人，註冊海外律師達到1 688人。可見，人才後備軍為數可觀，遴選法官的可選餘地很大。香港有3所高等院校開設法學專業證書課程（PCLL），每年向司法系統輸送持牌律師近700人。這三校申請PCLL的錄取入學率僅34%，香港法學教育發達程度可見一斑。

當務之急，就是要盡快摒棄單純地追求國際化的符號價值，簡單粗暴地將境外普通法適用地區的法學教育經歷和法律執業資格等同於香港法學教育經歷和法律執業資格，進而將境外普通法適用地區的司法判例等同於香港本地法律淵源，無疑是極不可取的。一是依據香港基本法第82條，終審法院聘任外國法官擔任非常任法官，是「根據需要」而為之，並非鐵律，非聘不可，而是有「需要」才聘用，「需要」什麼就聘什麼。如今，香港本地法治人才充足，法官也相對充足，完全有條件以平常心看待海外非常任法官，有「需要」則聘，純粹作為裝點門面的符號則不再是香港特區的「需要」。外籍法官的角色已經從殖民地時代早期的實質貢獻者，逐漸演化為象徵性符號。回歸初期，維持這種符號自有其價值。如今，則應摒棄單純的符號意義，回歸實質貢獻者的定位，按照「需要」進行抉擇。二是完善法官選任的標準。既然是香港特區選任法官，自然需要具有本地法學教育經歷和法律執業資格。對於境外普通法適用地區的法學教育經歷和法

律執業資格不能再簡單地當然認可，而是僅豁免共性部分，法官的司法和專業才能要求必須有香港本土法，並與香港 PCLL 教育相互對接。三是參照香港基本法第 23 條和香港國安法第 44 條，制訂香港特區外籍法官履職負面清單。這是針對現有外籍法官，既然已經在港，即應落實總體國家安全觀，系統地檢討相關政策，釐定海外法官參加審理案件的禁入領域。

其四，促進法治隊伍的國家認同更有作為。法官就是治港者，在香港基本法上位居「司法機關」一節，位列第 4 章「政治體制」，就是明證。2014 年 6 月國務院的《「一國兩制」在香港特別行政區的實踐》白皮書，第 5 章「全面準確理解和貫徹『一國兩制』方針政策」將法官明確界定為「一國兩制」之下發揮「港人治港」、高度自治作用的治港者。2021 年 12 月國務院的《「一國兩制」下香港的民主發展》白皮書再次明確這一定位，第 2 章「回歸祖國開啟了香港民主的新紀元」指出，鄧小平同志強調的「必須由以愛國者為主體的港人來治理香港」是香港最大的民主，法官作為治港者理應認同國家，認同「一國」，行使基本法賦予的獨立司法權與終審權時，必須堅守愛國、愛港、守法、持正的基本底線。

其實，要服務好香港特區所「需要」，法官不僅要精通普通法，更要了解中國，才能更了解特區，真正讀懂特區，讀懂特區的「需要」，而非簡單粗暴地「搬運」境外普通法適用地區的司法判例。為今之計，一是加強法官的國情教育。就法官職業培訓而言，香港沿襲了英美體制，沒有大陸法系那樣的職業培訓制度。為彌補這個短板，特區政府應建構適宜的職業培訓制度，定期研習憲法、香港基本法、香港國安法以及相關的中國國情等，加深對中國和特區社會現實的理解，切實增強履職能力。二是要加強兩地司法機構的聯繫，促進「兩制」下的司法合作。通過這樣的交流與合作，互通有無，取長補短，互學互鑑。易言之，懂得中國越多，讀懂特區的「需要」敏銳性就越強，洞察力就越深刻，高度自治的空間也就越大，「中國香港」普通法「走出去」的能力就越強，助力國家在對外鬥爭中佔據法治制高點的貢獻自然會更大！

第十章

# 中央支持關愛
# 初心始終不改

◎ 白露 凌岫

香港是特區，更是中國的香港特區。回歸以來，中央對香港民生物資保障供應源源不斷，質量越來越好；力挺特區安度危機，克服嚴峻困難挑戰；賦能「中國香港」，特區的國際能見度越來越高。這表明，國家強，則香港強，特區的繁榮穩定從來就離不開國家的堅強後盾！未來，特區應善用中央的支持和「一國兩制」這一最大優勢，集中精力改善民生、積極融入國家發展大局，堅定維護國家主權、安全和發展利益，譜寫「一國兩制」新篇章。

## 一、保障民生物資供應

民生無小事，處處見真情。作為國際金融中心、國際貿易中心、國際航運中心的香港，其人口 700 餘萬，面積 1 100 平方公里，但土地多為陡峭山坡，耕地僅區區 7 平方公里，三面環海，淡水資源匱乏。無論日常所需淡水資源、食用消耗的鮮活產品還是經濟社會發展的能源供給，香港均需依賴與其血肉相連的內地，尤其是近鄰廣東。正是基於同胞情，回歸前香港就在中央關心和支持下獲得一系列保障：香港淡水主要來自東江水，港人需要的生鮮物資大部分由「三趟快車」運送，用電量約 1/4 來自深圳大亞灣核電站。

回歸以來，中央對香港的關愛始終如一，不論是遭遇極端天氣還是疫情肆虐，內地對港淡水、能源、鮮活產品的供應風雨無阻，從未間斷，而且數量更多了，質量更好了！正如習近平總書記在 2022 年的新年賀詞中深情指出：「祖國一直牽掛着香港、澳門的繁榮穩定。只有和衷共濟、共同努力，『一國兩制』才能行穩致遠。」[1]下面分別闡述向香港供應水、能源和鮮活產品的概況。

首先確保淡水供應。香港的淡水資源匱乏，淡水來源主要是本地集水和東

---

1 〈國家主席習近平發表二〇二二新年賀詞〉，《人民日報》，2022 年 1 月 1 日，第 1 版。

江供水。近 15 年來香港約七至八成淡水資源來自東江水，2020/2021 年度更是對港供應東江水 8.12 億立方米（圖 10-1）。[1] 根據現行東江水供水協議，即使香港遭遇百年一遇的旱情，仍能維持全日供水。

圖 10-1　2005-2021 年香港淡水資源來源對比（單位：百萬立方米）

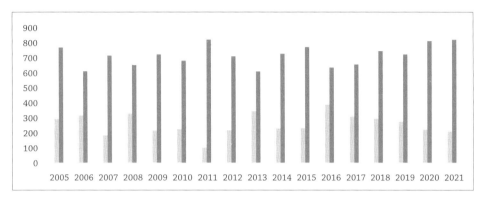

資料來源：根據香港特區政府水務署淡水資源列表製成

　　在東江深圳供水工程修築前，香港社會一直為缺水所困。1962-1963 年香港遭遇極端大旱，最嚴重時港英政府每四天只供水四小時，300 多萬人生活陷入困境，上萬人逃離家園。為解決香港水荒，中央克服內地 1960 年代三年自然災害的困難，於 1963 年決定財政撥款 3 800 萬元修築東江深圳供水工程，將東莞市橋頭鎮東江河水的水位提高 46 米，使之倒流 83 公里進入深圳水庫再輸入香港。1964 年 2 月 20 日，東深供水工程正式動工，1965 年 3 月 1 日，東深供水工程正式對港供水。根據最初的供水協議，水費僅為每立方米人民幣一角，即每

---

1　https://www.wsd.gov.hk/sc/publications-and-statistics/pr-publications/the-facts/index.html

1 000 加侖（4.5 立方米）港幣 1.06 元。此標準一定就維持了十餘年，直至 1977 年。因應人口增長和經濟社會發展的供水需求增長，東深工程分別於 1974 年、1981 年、1990 年進行三次擴建。回歸以來，東深工程供水沿線地區經濟快速發展，為避免造成工程沿線水體污染，廣東省政府決定對其進行根本性改造，建設專用輸水系統，實現清污分流。2000 年 8 月 28 日，總投資 49 億元的東深供水改造工程開工興建，7 000 多名建設者克服重重困難，歷時 3 年重新修建了一條現代化的供水通道，這也是當時世界最大的專用輸水工程。[1] 東深供水工程每年對港供水規模從最初的 0.68 億方米上升到 11 億立方米左右。供水量在增加，水質更是不斷提升。為此，廣東省採取一系列措施，確保供港水質常年優於國家《地表水環境質量標準》（GB 3838-2002）第 II 類標準（適用於集中式生活飲用水地表水源地一級保護區）（表 10-1）。廣東省政府先後出台《東江水系水質保護條例》《東深供水工程管理辦法》等多項法規。深圳市還成立了東深公安分局，專門負責守護這條生命線。這都是保供給、保水質的有力見證。東深供水工程沿線地區則為保護水質做出巨大經濟犧牲。廣東省河源市新豐江水庫作為供港主要水源地，為保護水源，當地累計投入數十億資金整治全市河流，種植了十多公里的防護林，還先後拒絕了多個投資額巨大的工業項目落戶。

東江總供水人口近 4 000 萬，供水區域人均水資源量約 800 立方米，僅是全國人均的 1/3，按照國際標準屬於缺水地區。[2] 為緩解水資源緊張局面，2008 年廣東省出台《廣東省東江流域水資源分配方案》。該方案在水資源有限的情況下優先保證香港用水需求，分配其每年 11 億立方米用水量，這個數字遠超香港目前的實際用水量。「東江之水越山來」，帶來的是生命之源，也是祖國人民對香港

---

1 賀林平：〈為香港用水提供保障〉，《人民日報》，2021 年 4 月 21 日，第 14 版。

2 http://slt.gd.gov.cn/ysgk_new/lygk/djly/index.html

同胞的深情厚誼。

表 10-1 香港回歸後廣東省就防止東江水被污染採取的主要措施

| 上移取水口 | 1998 年將輸港東江水的取水口上移至水質較佳的地點。 |
|---|---|
| 生物硝化站 | 1999 年初啟用建在深圳水庫的生物硝化站以改善水質。 |
| 東深專用輸水管道 | 2000 年開始興建一條從東江太園到深圳水庫的專用輸水管道以更大幅度改善輸港東江水水質。該管道於 2003 年啟用後，輸港東江水水質明顯改善。 |
| 石馬河調污工程 | 2005 年完成石馬河調污工程。該工程利用一道橡膠壩阻截石馬河污水從太園泵站取水口附近流入東江，令輸港東江水水質更有保證。 |
| 沙灣河水環境綜合整治工程 | 2016 年底展開沙灣河水環境綜合整治工程減低深圳水庫受沙灣河排洪污染的風險，以保障深圳水庫的水質，工程於 2020 年完工。 |

資料來源：香港特區水務署官網

其次，保障能源供給。作為高度發達經濟體，香港的經濟社會發展和生活起居須臾離不開能源。就電力而言，2010-2020 年間內地對港供電整體呈上升趨勢，增長幅度為 20.8%（圖 10-2）。2020 年，香港從內地進口電量為 45 716 億千焦。內地對港供應核電則始於大亞灣核電站。1985 年 1 月 18 日，中國廣東核電集團與香港中華電力公司簽訂合營合同決定合資興建大亞灣核電站。1 月 19 日，鄧小平在會見香港中華電力公司主席嘉道理勳爵時說，和香港合營建設廣東核電站，這是個了不起的事情，對保持香港的繁榮和穩定，有着重要的意義。[1] 1994 年 5 月 6 日大亞灣核電站全面建成。核電站每年 70% 的發電量都是用於供港，佔香港用電量的四分之一。大亞灣核電站合營期原本為 20 年，從 1994 年至 2014 年。2009 年 9 月 29 日雙方簽署協議再續延 20 年至 2034 年。截至 2020 年底，大亞灣核電基地輸港的電量累計達到 2 738.98 億度，清潔的核電無

---

1　中共中央文獻研究室編：《鄧小平年譜 1975-1997》（下），北京：中央文獻出版社，2004 年 7 月。

疑也為香港的碧海藍天貢獻了一份力量。

圖 10-2　2010-2020 年香港本地發電和內地進口電量（單位：億千焦）

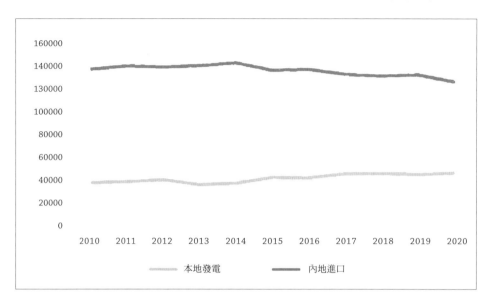

資料來源：香港特區政府統計處《香港能源統計年刊（2020）》數據整理。

　　此外，還有石油氣和天然氣供港也是與日俱增。據《香港能源統計年刊（2020）》，內地是香港近年天然氣和石油氣的最主要供應地，2010 年全港100% 的天然氣和 70.8% 的石油氣來自內地，及至 2020 年全港 100.0% 的天然氣和 99.9% 的石油氣進口均來自內地。中國海洋石油集團有限公司是香港天然氣的重要提供者，其海南崖城氣田 1996 年 1 月投產，年產氣 34 億立方米，其中29 億方送往香港，可發電量佔香港總發電量的 25% 以上。[1]中海油廣東大鵬液化天然氣接收站從 2006 年起對港供應液化天然氣，目前，中國海油天然氣供應量

---

1　http://www.sasac.gov.cn/n2588025/n2588124/c3815887/content.html

約佔香港地區同期消費量的 60%。2011 年，中央政府又提出加快西氣東輸二線工程香港支線建設，2013 年西氣東輸二線正式對港供氣。西氣東輸年輸氣量從最初的 3.9 億立方米增至 2018 年的 15.3 億立方米，截至 2019 年 8 月，西氣東輸工程已累計向香港輸送清潔高效的天然氣約 76.4 億立方米。[1] 五光十色的燈火讓夜晚的維多利亞港兩岸流光溢彩、魅力非凡，內地供港電力、石油氣和天然氣等能源保障功不可沒！

最後來看鮮活產品供應保障。據香港特區政府數據統計，2019 年 700 多萬港人每日消耗 826 公噸米、2 361 公噸蔬菜、2 610 隻豬、42 頭牛及 21 公噸家禽。市民生活所需的大部分鮮活產品均由內地供應。早在 1962 年，在中央的親切關懷下，就開通了車次編號分別為 751、753 和 755 的「三趟快車」，每日滿載供港鮮活產品運往香港。及至 2007 年「三趟快車」功成身退之時，共開行 4 萬多列，供港活豬近 1 億頭，活牛 580 多萬頭，凍肉近 800 萬噸，雞、鴨、鵝等活家禽數十億隻，瓜果蔬菜、活魚水產、乾貨等更是不計其數。[2] 隨着越來越多的供港鮮活產品由鐵路轉向公路運輸，2007 年「三趟快車」退出歷史舞台。但內地鮮活產品供港按照「優質、適量、均衡、應時」的工作原則，從未間斷。特別是香港回歸以來，內地採取一系列措施，從源頭供應、生產到出口等全過程對供港食品實施嚴格監管。檢驗檢疫機構對供港食品農產品種植養殖場及加工企業實施備案制度，所有供港澳鮮活產品均來自經國家質檢總局審查通過的具備優質安全條件的註冊養殖（種植）場。另外，口岸檢驗人員 365 天全年無休對供港食品進行查驗，確保質量安全。香港食物環境衛生署食物安全中心每年抽檢結果顯示，食品合格率一直維持在 98% 以上，其中 2016 年的合格率達 99.8%（圖 10-3）。

---

1  http://picchina.people.com.cn/n1/2019/0813/c213236-31292989.html
2  http://whb.cn/zhuzhan/xinwen/20200811/365617.html

圖 10-3 過往食物監察計劃的整體合格率

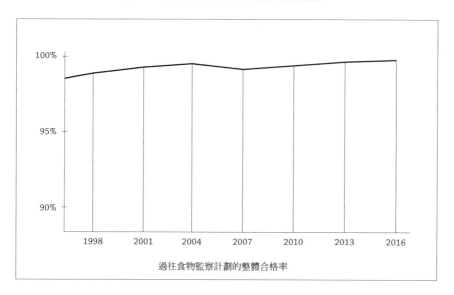

過往食物監察計劃的整體合格率

資料來源：香港食物及衛生局《保障內地食品農產品安全供港 20 年工作簡介》

　　實踐證明，保障香港民生供給，就是保香港經濟發展、保港人安居樂業。據 1963 年 6 月香港《文匯報》報道，缺水致使香港織造業及漂染業減產三至五成，農業損失 1 000 萬港元，13 個行業停工減產損失達 6 000 萬港元，飲食業大受打擊，數十萬工人生活受到威脅。[1] 沒有供水，民生難以為繼，更遑論經濟發展。1964 年香港 GDP 僅 118 億港元，2021 年增長到 28 616.2 億港元，增長了200 多倍。香港特區環境局局長曾發自肺腑地說，供港核電發電電價為每度 0.6 港元，如自行發電則需每度 1 港元，延長大亞灣合營期限 20 年對港人來說是很大的實惠！天然氣發電則大大減少了香港電廠污染物排放，助力改善香港空氣質量。2022 年香港第五波新冠疫情爆發，許多跨境司機染疫令香港市場蔬菜短

---

1　http://www.xinminweekly.com.cn/fengmian/2017/06/28/8868.html

缺，菜價扶搖直上。中央立即開闢水上物資供應航線、開通鐵路援港班列，確保鮮活產品的穩定供給，食材價格也大幅回落。中央 50 多年如一日，源源不斷保障民生物資供給，守護了港人日常生活，促進了香港經濟騰飛，擎起了特區的碧海藍天。

## 二、力挺安度危機

習近平總書記指出：「祖國日益繁榮昌盛，不僅是香港抵禦風浪、戰勝挑戰的底氣所在，也是香港探索發展新路向、尋找發展新動力、開拓發展新空間的機遇所在。國家好，香港會更好！」[1]回歸以來，香港先後經歷亞洲金融危機、非典疫情、國際金融危機和新冠疫情的衝擊，中央政府總是全力支持特區政府攻堅克難，助力香港化險為夷，轉危為安。1997-2021 年香港 GDP 年均增速達到 3.1%，港人生活得比英、德、日等老牌發達經濟體還好，人均壽命之高更是登頂全球榜首。中央政府和祖國內地的大力支持，是香港歷經風雨仍保持繁榮穩定的堅強後盾。下面就分別闡述在亞洲金融保衛戰、提振香港經濟、應對國際金融危機以及抗擊新冠疫情等方面，中央所給予的極大支持和關愛。

首先來看回歸之初的亞洲金融危機和金融保衛戰。甫一回歸，即遭遇 1997 年亞洲金融危機，國際金融大鱷攻擊東南亞的金融市場，這些國家貨幣大幅貶值。10 月，國際金融大鱷首次衝擊香港金融市場，10 月 21 日、22 日恒生指數連續兩天大幅下挫 9%，累計跌幅近 1 200 點；23 日，恒生指數收於 10 426.3 點，跌幅超過 10%。1998 年 8 月初，國際金融大鱷對香港發動新一輪猛烈攻擊，恒生指數在 8 月中旬跌至 6 600 點，香港金融業一時風雨飄搖。1998 年 1

---

1　習近平：〈在香港特別行政區政府歡迎晚宴上的致辭〉，2017 年 6 月 30 日，新華社電。

月至 10 月間住宅樓宇平均價格累積跌幅達 44%。特區政府動用外匯基金，同時介入股市、期市、匯市以托升恒生指數，捍衛聯繫匯率制度。在 8 月 28 日期貨決算日，特區政府全力頂住壓力支撐托盤，使得恒生指數收於 7 829 點，讓國際金融大鱷鎩羽而歸，挽救了股市，捍衛了聯繫匯率制。金融管理局《1998 年報》顯示，港元匯率在 1998 年一直保持穩定，本地資產市場在最後一季顯著復甦。1999 年香港本地生產總值實質上升 2.9%，與 1998 年 5.1% 的跌幅形成鮮明對比（圖 10-4）。

中央為特區打贏這場金融保衛戰提供了有力支持。1998 年 3 月，時任國務院總理朱鎔基做出「不惜一切代價維護香港的繁榮穩定」的莊嚴承諾。7 月 1

圖 10-4 香港本地生產總值變化

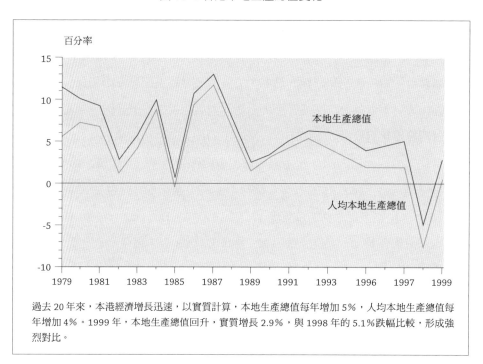

過去 20 年來，本港經濟增長迅速，以實質計算，本地生產總值每年增加 5%，人均本地生產總值每年增加 4%。1999 年，本地生產總值回升，實質增長 2.9%，與 1998 年的 5.1% 跌幅比較，形成強烈對比。

資料來源：圖片來自香港特區政府：《香港 1999》

298

日，時任國家主席江澤民表示：「中央政府全力支持香港特區政府所採取的應對措施，特別是堅決支持香港特區政府維護香港的聯繫匯率制度，保持香港大局的穩定。」[1] 在特區政府與國際炒家決戰的關鍵時刻，中央政府向香港派出了兩名央行副行長，並要求在香港的中資機構全力以赴支持特區政府的護盤行動。根據香港金融管理局和國家外匯管理局 1998 年 8 月數據，香港自身擁有 921 億美元的外匯儲備，中央政府擁有 1 407 億美元的外匯儲備，這使得香港有足夠的底氣動用外匯基金與國際炒家展開金融對決。而中央作出人民幣不貶值的決定，防止了金融危機進一步擴散，也保住了香港聯繫匯率制。

其次，就是以 CEPA 提振香港經濟。亞洲金融危機後香港經濟出現恢復性增長。根據 2000-2003 年香港年報，2000 年香港本地生產總值實質增加 10.5%，是自 1987 年以來錄得的最高增長率。2001 年，香港經濟增速明顯放緩，2002 年逐步回升。2003 年上半年，非典疫情肆虐香港，不僅危及香港同胞的生命健康，而且使尚未擺脫亞洲金融危機的香港經濟雪上加霜，通貨緊縮，市場蕭條，失業率上升至 8.7%。為保障香港同胞生命安全，幫助香港經濟走出低迷，中央政府及時伸出援助之手。在內地同樣急需抗疫醫藥物資的情況下，中央政府無償向香港提供大批抗疫藥品和器材；國家領導人親赴香港疫情重災區和醫院視察慰問。[2]

中央果斷推出《內地與香港關於建立更緊密經貿關係的安排》（下稱「CEPA」）。CEPA 於 2003 年 6 月 29 日簽署，2004 年 1 月 1 日開始實施。CEPA 的實施減少了內地與香港體制性障礙，加快了資本、貨物、人員等要素更便利流動，為香港經濟注入了一針強心劑。2003-2007 年，香港 GDP 的年均增長率超過 6%。據特區政府測算，CEPA 在 2004-2006 年為香港創造 3.6 萬個新職位和

---

1 江澤民：〈在香港回歸祖國 1 週年慶祝大會上的講話〉，《人民日報》，1998 年 7 月 2 日。
2 國務院新聞辦：《「一國兩制」在香港的實踐白皮書》，2014 年 6 月。

48 億港元的額外投資，並消除了困擾多年的通縮問題。[1]

　　CEPA 是內地與香港制度性合作的新路徑，是內地與香港經貿交流合作的新里程碑，是我國家主體與香港單獨關稅區之間簽署的自由貿易協議，也是內地第一個全面實施的自由貿易協議。CEPA 促進了香港與內地的經濟融合與經貿合作，是「一國兩制」原則的成功實踐。在「一國」之下，中央賦予香港在內地更優惠的貿易便利，促進「兩制」合作，推動兩地互通有無，合作共贏。近 20 年來，CEPA 框架協議業已擴展到囊括 1 個主體文件、6 個附件、10 份補充協議、以及關於服務貿易、投資、經濟技術合作和貨物貿易的 4 份協議（表 10-2）。據此，實施貨物貿易零關稅，擴大服務貿易市場准入，實行貿易投資便利化，兩地經貿合作得到更好發展。貨物貿易而言，2004-2018 年，約 971 億港元的香港貨物按照「產品特定原產地規則」以《安排》零關稅進口內地，估計節約關稅約 68.1 億元人民幣。[2]服務貿易而言，內地多年來一直是香港最大的服務貿易夥伴。2004-2017 年，香港與內地的服務貿易總額平均每年增長約 5%，2017 年的服務貿易總額達到 5 383 億港元。截至 2019 年 10 底，已有 1 897 家企業據此批准成為香港服務提供者。[3]在個人遊領域，「個人遊」旅客佔內地旅客的比例由 2004 年 35% 增至 2019 年的 57%。截至 2019 年 12 月底，內地赴港「個人遊」旅客累計超 2.9 億人次。[4]

---

1　http://www.gov.cn/ztzl/2008-07/31/content_1060829.htm

2　https://www.tid.gov.hk/sc_chi/cepa/legaltext/cepa17_note.html

3　https://www.tid.gov.hk/sc_chi/cepa/legaltext/cepa18_note.html

4　香港特區政府一站通：https://www.gov.hk/sc/about/abouthk/factsheets/docs/tourism.pdf

表 10-2 CEPA 的主要框架

| 文本 | 簽訂日期 | 主要內容 |
|---|---|---|
| 主體文件 | 2003 年 6 月 29 日 | 涵蓋總則、貨物貿易、原產地、服務貿易、貿易投資便利化、其他條款等六章。 |
| 六份附件 | 2003 年 9 月 29 日 | 《關於貨物貿易零關稅的實施》《關於貨物貿易的原產地規則》《關於原產地證書的簽發和核查程序》《關於開放服務貿易領域的具體承諾》《關於「服務提供者」定義和相關規定》和《關於貿易投資便利化》。 |
| 補充協議一 | 2004 年 10 月 27 日 | 2005 年 1 月 1 日起，內地對原產香港的進口貨物全面實施零關稅。在法律、會計、醫療、視聽、建築、分銷、銀行、證券、運輸、貨運代理等領域對香港服務及服務提供者進一步放寬市場准入的條件，擴大香港永久性居民中的中國公民在內地設立個體工商戶的地域和營業範圍。2005 年 1 月 1 日起，內地在專利代理、商標代理、機場服務、文化娛樂、信息技術、職業介紹、人才中介和專業資格考試等領域對香港服務及服務提供者開放和放寬市場准入的條件。 |
| 補充協議二 | 2005 年 10 月 18 日 | 內地在貨物和服務貿易領域進一步擴大對香港開放。 |
| 補充協議三 | 2006 年 6 月 27 日 | 在法律、建築、信息技術、會展、視聽、分銷、旅遊、運輸和個體工商戶等領域進一步放寬市場准入的條件。雙方同意在貿易投資促進，通關便利化，商品檢驗檢疫、食品安全、質量標準，電子商務，法律法規透明度，中小企業合作，中醫藥產業合作，知識產權保護 8 個領域開展貿易投資便利化合作。 |
| 補充協議四 | 2007 年 6 月 29 日 | 進一步放寬法律、醫療、房地產、環境等 28 個服務領域市場准入的條件。雙方進一步加強在金融領域、會展業的合作；進一步推動專業人員資格的相互承認。 |
| 補充協議五 | 2008 年 7 月 29 日 | 在會計、建築、醫療、與採礦相關服務、人員提供與安排、與科學技術相關的諮詢服務、印刷、會展、分銷、環境、銀行、社會服務、旅遊、海運、航空運輸、公路運輸、個體工商戶等 17 個領域進一步放寬市場准入的條件。雙方同意在貿易投資促進，通關便利化，商品檢驗檢疫、食品安全、質量標準，電子商務，法律法規透明度，中小企業合作，中醫藥產業合作，知識產權保護，品牌合作 9 個領域開展合作及推動專業資格互認。 |

| 文本 | 簽訂日期 | 主要內容 |
|---|---|---|
| 補充協議六 | 2009 年 5 月 9 日 | 在法律、建築、醫療、研究和開發、房地產、人員提供與安排、印刷、會展、公用事業、電信、視聽、分銷、銀行、證券、旅遊、文娛、海運、航空運輸、鐵路運輸、個體工商戶等 20 個領域進一步放寬市場准入的條件。加強金融合作和專業資格互認。 |
| 補充協議七 | 2010 年 5 月 27 日 | 在建築、醫療、技術檢驗分析與貨物檢驗、專業設計、視聽、分銷、銀行、證券、社會服務、旅遊、文娛、航空運輸、專業技術人員資格考試和個體工商戶等 14 個領域進一步放寬市場准入的條件。雙方同意在貿易投資促進，通關便利化，商品檢驗檢疫、食品安全、質量標準，電子商務，法律法規透明度，中小企業合作，產業合作，知識產權保護，品牌合作，教育合作 10 個領域開展貿易投資便利化合作。 |
| 補充協議八 | 2011 年 12 月 13 日 | 在法律、建築、技術檢驗分析與貨物檢驗、人員提供與安排、分銷、保險、銀行、證券、醫院、旅遊、公路運輸、專業技術人員資格考試和個體工商戶等 13 個領域進一步放寬市場准入的條件，並在跨學科的研究與實驗開發服務、與製造業有關的服務、圖書館、檔案館、博物館和其他文化服務 3 個新領域增加開放措施；完善貨物貿易原產地規則。 |
| 補充協議九 | 2012 年 6 月 29 日 | 在法律、會計、建築、醫療等 21 個領域在原有開放承諾基礎上，進一步放寬市場准入條件，新增加教育領域的開放承諾。加強金融合作、推動專業人員資格互認。 |
| 補充協議十 | 2013 年 8 月 29 日 | 在法律、建築、計算機及其相關服務、房地產、市場調研、技術檢驗和分析、人員提供與安排、建築物清潔、攝影、印刷、會展、筆譯和口譯、電信、視聽、分銷、環境、銀行、證券、醫院服務、社會服務、旅遊、文娛、體育、海運、航空運輸、公路運輸、貨代、商標代理等 28 個領域進一步放寬市場准入的條件，新增加複製服務和殯葬設施的開放措施以及 2 項加強兩地金融合作與 6 項便利貿易投資等措施。 |
| 《服務貿易協議》 | 2015 年 11 月 27 日簽訂；2019 年 11 月 21 日最後修訂 | 涵蓋在《安排》下內地對香港服務業作出的開放承諾，並增加開放措施，使內地與香港基本實現服務貿易自由化。根據《服務貿易協議》內地對香港服務業作全面或分開的部門有 153 個，佔全部 160 個服務貿易部門的 96%。 |

| 文本 | 簽訂日期 | 主要內容 |
|---|---|---|
| 《投資協議》 | 2017 年 6 月 28 日 | 內地首份以准入前國民待遇加負面清單的模式開放非服務業投資准入的投資協議。 |
| 《經濟技術合作協議》 | 2017 年 6 月 28 日 | 支持香港參與「一帶一路」建設，進一步加強兩地在金融、文化、中小企業合作、知識產權合作等 22 個範疇的合作。 |
| 《貨物貿易協議》 | 2018 年 12 月 14 日 | 通過制訂新的一般性原產地規則，對香港貨物全面落實零關稅以及就粵港澳大灣區的發展加入貿易便利化措施。 |

資料來源：根據商務部和香港特區工業貿易署相關網頁資料整理

　　三是國際金融危機之時中央鼎力支持香港。眾所周知，2008 年美國次貸危機引發的國際金融海嘯使得香港經濟遭受較大衝擊。10 月 27 日恒生指數下跌 1 602.54 點，跌幅超 12%，是自 1997 年金融危機以來最大單日跌幅，股市下跌使得投資者損失慘重。隨着金融危機向實體經濟蔓延，中小企業舉步維艱，失業人數陡升。香港本地生產總值的按年增長由第一季勁升 7.3% 逆轉為第四季收縮 2.5%。2008 年 12 月 19 日在會見來京述職的香港特區行政長官曾蔭權時，時任國家主席胡錦濤表示，中央政府高度重視香港金融經濟穩定，將繼續全力支持香港特別行政區妥善應對國際金融危機的挑戰。中央相信，有偉大祖國作堅強後盾，在特別行政區政府的帶領下，香港社會各界齊心協力、共克時艱，一定能夠變壓力為動力，化危機為機遇，保持香港繁榮穩定和和諧發展的局面。[1] 當年 12 月中央政府推出 7 個方面共 14 項措施支持香港克服金融危機（表 10-3）。2009 年 1 月，中央政府再次推出包括中國人民銀行與香港金融管理局簽署 2 000 億元人民幣貨幣互換協議在內的一系列政策舉措；此後，國家領導人在訪問香港期間又先後宣佈多項支持香港發展經濟、改善民生，加強與內地交流合作的政策措

---

1　http://www.gov.cn/jrzg/2009-06/30/content_1353923.htm

施。[1] 中央政府出台的這一系列强有力措施使得香港經濟得以從金融危機引發的衰退中走出。香港年報顯示，2009 年恒生指數年終收於 21 873 點，比 2008 年年底上升 52%。2010 全年本地生產總值實質上漲 6.8%，出口表現暢旺，訪港旅遊業興旺，消費強勁，投資反彈回升，香港經濟全面復甦。2011 年本地生產總值再擴張 5%。

表 10-3：2008 年中央推出支持香港的措施

| | |
|---|---|
| 香港和內地金融合作方面 | 允許合資格的企業在香港以人民幣進行貿易支付；同意中國人民銀行與香港金管局簽訂貨幣互換協議，有需要時為香港提供資金支持；鼓勵內地機構利用香港平台，開展國際金融業務，對中國投資公司、國家開發銀行等機構在香港設立或擴大分支機構，中央政府持積極態度；中央支持內地企業到香港上市，責成有關部門研究支持內地企業赴香港上市的政策措施。 |
| 加快涉及香港的基礎建設方面 | 中央政府將協助港珠澳大橋主體盡快動工；推動香港深圳機場鐵路、廣深港高速鐵路，以及皇崗及文錦渡邊境口岸改造的工程項目。 |
| 香港與珠三角地區經濟合作方面 | 國務院通過珠三角規劃綱要，同意粵港澳三地深化合作，發展成為世界級的大都會，建設具規模、高科技、低污染的先進地區；支持香港企業以「建造、營運、轉移」的形式，承建深圳地鐵四號線；支持港深合作開發邊界地區；積極推進香港與內地集裝箱港口實現功能互補和共同發展；支持香港鞏固國際航運中心地位，鼓勵內地與香港有關方面按照利益共享、風險共擔、優勢互補、共同發展的原則，開展珠江三角洲集裝箱碼頭建設，建立內地與香港港口完善和密切的協作關係。 |
| 緩解港資中小企業困難方面 | 中央一系列支持內地中小企業的政策措施，全部適用於港資中小企業。調整商品出口退稅率，完善勞動用工制度，減輕企業負擔。便利加工貿易企業內銷，建立中小企業融資擔保機制。 |
| 擴大內地居民赴港個人遊方面 | 非廣東籍的深圳常住居民，可以在深圳辦理到香港「個人遊」，符合一定條件的深圳戶籍居民，可以辦理一年多次往返香港旅遊簽註。中央研究增加「個人遊」的內地城市數目。 |
| 擴大內地服務業對香港開放方面 | 中央有關部門於短期內與特區政府開展研究和磋商，爭取次年盡早簽署 CEPA（六）協議。 |
| 民生方面 | 確保食品、水、電、天然氣等安全穩定供應香港。 |

資料來源：根據新華社相關報道整理。

---

1　國務院新聞辦：《「一國兩制」在香港的實踐白皮書》，2014 年 6 月。

四是勠力同心抗新冠。黨的十八大以來，中央政府進一步支持香港人民幣離岸中心建設，推動兩地金融市場互聯互通（包括深港通、滬港通、債券通等），積極支持香港參與「一帶一路」建設，不斷深化兩地金融合作，鞏固和提升香港國際金融中心地位，共同維護香港金融穩定。[1]香港經濟取得了 2012 至 2018 年持續穩健增長的亮眼表現。2019 年，由於全球經濟增長偏軟，內地與美國貿易摩擦升溫和香港自身社會事件等因素疊加，香港經濟十年來首次收縮。2020 年初新冠疫情的爆發不僅影響市民生命健康也讓香港經濟「雪上加霜」，2020 年香港本地生產總值實質收縮 6.1%。中央全力支持香港抗擊新冠，並採取一系列措施，助力香港經濟復甦。

　　新冠疫情肆虐兩年多來，中央高度關注香港的疫情和香港同胞的健康安全，全方位支持香港抗疫。從供給口罩藥品等防疫物資到確保生鮮食品對港供應穩定，從派員檢測核酸到援建方艙醫院，無一不凸顯了「一國兩制」的巨大優勢。2020 年 7 月底，第三波新冠肺炎疫情正在香港肆虐，兩個月內累計新增 3 500 多名確診病例。當時香港共有負壓病床 1 207 張，突然暴發的疫情讓香港公共衛生系統壓力倍增，負壓病房接近爆滿。國家衛健委迅速組建內地核酸檢測支援隊奔赴香港，14 天檢測超過 178 萬香港市民；10 月 9 日，中央政府支援的香港亞洲國際博覽館社區治療設施順利完工；2021 年 2 月 26 日中央援建香港臨時醫院正式啟用，可提供 136 間病房、816 張負壓隔離病床。臨時醫院使香港公立醫院一線負壓病床數增加 75%，公立醫院核酸測試能力提升 10%-15%，舒緩了香港隔離病床供應壓力。2022 年初，香港第五波新冠肺炎疫情來勢洶洶。面對愈演愈烈的第五波疫情，習近平總書記強調要把「盡快穩控疫情作為當前壓倒一切的任務，動員一切可以動員的力量和資源，採取一切必要的措施」「確保香港市民的生命安全和身體健康，確保香港社會大局穩定。」這是中央對香港抗疫

---

1　http://www.xinhuanet.com/gangao/2017-06/28/c_1121227880.htm

的最高動員令，也是中央對香港和港人的真切關愛。在中央政府的堅強領導和習近平總書記的重要指示下，內地全力支援香港抗疫。2月16日，內地支援香港抗疫工作專班成立；2月17日起派出多批專家醫療隊赴港支援。中央援港防疫專家在港考察期間提出的堅持「三減三重一優先」，即「減少死亡、減少重症、減少感染」，圍繞「重點人群、重點機構、重點區域」採取精準有力措施，抓住老年人這一優先人群，這些建議得到特區政府的採納；特區政府快速擴大公營醫院的治療能力，集中收治新冠病人，並按照新冠病人的病情進行分流和分層治療，取得了較好的抗疫成效。除了派員支持，中央援建的社區隔離設施也在短時間全部完工，中央還為香港提供了源源不斷的防疫及民生物資保障。香港只要有求，祖國必定有應，中央的無私關愛和有力支持這為香港社會注入了強大正能量，是香港戰勝疫情的最大底氣。5月，香港疫情已經明顯受控。疫情受控有助香港經濟恢復。

2020年以來，在中央採取的系列措施下，如頒佈實施香港國安法、修改完善選舉制度，香港特別行政區迎來撥亂反正、由治及興的新階段，社會穩定使香港能夠長期保持一個既安全又充滿活力的營商環境，有利於經濟的長遠穩步發展。2021年以來，中央高度重視香港經濟民生建設，實施「十四五」規劃、深化粵港澳大灣區建設、頻出惠民惠青政策，促進香港更好融入國家發展大局；前海方案和「跨境理財通」的出爐和落地，鼓勵在「一國兩制」框架下先行先試，推進兩地規則銜接、機制對接，為大灣區金融發展提供機遇，也為香港經濟繼續騰飛埋下伏筆。[1] 根據特區政府《2021年經濟概況及2022年經濟展望》，香港經濟在2021年顯著復甦，本地生產總值增長6.4%。香港《2022-2023年度政府財政預算案》表示，香港經濟前景樂觀；國家經濟持續穩步向前，並朝高質量發

---

1　http://www.chinanews.com.cn/ga/2021/12-26/9638056.shtml

展，是推動環球經濟增長的最大動力，更是支持香港繁榮發展的最堅實基礎。

### 三、賦能「中國香港」

中央以極大的胸懷和魄力，推動「中國香港」以更加昂揚的姿態閃耀世界舞台，顯示了中央對香港的厚愛和鼎力支持。回歸 25 年來，香港的對外交往活動風生水起，從參加國際組織活動，到締結和參加各種國際條約，以及組織主辦各種國際性會議和活動均表現出色。回歸前，為確保香港平穩過渡，中英聯合聯絡小組審查了 225 項多邊條約，同意其中 214 項適用於香港。回歸後，中央政府依照基本法有關規定，辦理了 100 多項多邊條約在香港的適用事實。目前，共有 260 項多邊條約、255 項雙邊條約以及其他協定適用於香港，為促進香港國際事務與合作奠定了良好的國際法律基礎（表 10-4）。[1]2011-2020 年，特區政府就以「中國香港」的名義參加不以國家為單位參加的國際會議年均 1 500 餘次，包括亞太區經濟合作組織、世界海關組織和世界貿易組織所舉辦的會議。新冠疫情當下，2020 年度香港參加的國際會議依然多達 1 070 次。[2]「中國香港」已然成為世界舞台上的一個高能見度的經濟實體，此番際遇內地無一城市能望其項背，放眼世界也是罕見的。

---

1　香港回歸過渡期是從《中英聯合聲明》1985 年 5 月 27 日正式生效起到 1997 年 6 月 30 日止。中央政府在照會中強調，根據《中英聯合聲明》和基本法的有關規定，回歸後繼續適用於香港的國際條約，即便中國尚未加入，這些公約的國際權利和義務由中國政府承擔。

2　詳見香港年報（yearbook.gov.hk）歷年統計數據。

表 10-4　香港加入國際組織和簽署國際條約情況（截至 2022 年 5 月）

| | 政府間國際組織（以國家為單位） | 國際組織（不以國家為單位） | 多邊協定 | 其他協定[1] |
|---|---|---|---|---|
| 總計 | 44 | 64 | 260 | 255 |
| 回歸後 | 11 | 40 | 49 | 216 |
| 過渡期 | 33 | 24 | 211 | 31 |

資料來源：根據中國政府外交部、特區政府政制與內地事務局和律政司網站相關資料整理。

　　無疑，「中國香港」在國際舞台的高能見度，與其自由貿易港、國際金融中心、國際貿易中心、國際航運中心等門戶樞紐地位相互呼應，相互成就，支撐着香港的繁榮和穩定。歸結起來，香港在國際舞台的高能見度主要表現為國際參與度更高、國際聯繫更密切、國際交往更活躍、「朋友圈」更廣泛、「中國香港」的面子更大等 5 個方面。[2]

　　一是國際參與度更高。據不完全統計，截至 2022 年 2 月，香港以中國政府代表團成員等身份參與國際貨幣基金組織、世界銀行、國際民用航空組織等以國家為單位參加的國際組織 37 個，參會近 2 200 餘次；以「中國香港」名義參加世貿組織、亞太經合組織、亞洲基礎設施投資銀行（亞投行）等不限主權國家參加的國際組織 60 個，參會近 3 萬次。在香港舉辦或協辦國際會議年均 1 100 餘次，如世貿組織第六次部長級會議、「一帶一路」高峰論壇等。新冠疫情之下，香港每年舉辦各類大型展會次數略有下降，之前年均 100 多場，接待各國與會者 200 萬人。[3] 香港還大力打造亞太區國際法律及解決爭議服務中心。2021 年，

---

1　2020 年以來，英、美、加、澳等 10 個國家陸續宣佈與香港無限期中止 19 個刑事類司法互助協議，美國宣佈終止 2 項雙邊協議，另有 1 項與澳大利亞的投資協定終止生效。

2　以下部分觀點參考了李鍇、林東曉〈嬌艷紫荊綻放國際 ── 回歸 20 週年香港對外交往的成就與展望〉，《紫荊》，2017 年 7 月刊。

3　數據詳見特區政府律政司及香港年報網站。

有 47 個成員國的亞洲 — 非洲法律協商組織第 59 屆年會首次在香港舉辦，同時宣佈成立亞非法協香港區域仲裁中心。

二是國際聯繫更密切。回歸以來，中央政府採取一系列外交和法律行動，有 214 項中國簽署或加入的多邊條約得以適用於香港。善用「中國香港」身份，在多個領域自主簽署雙邊協定。截至 2022 年 8 月，香港特區與 71 個國家或地區簽署民航協定，與 50 國簽署避免雙重徵稅協定，與 32 國簽署促進和保護投資協定。[1] 為了避免香港成為犯罪天堂，已與 33 國簽署刑事司法協助協定，與 20 國簽署移交逃犯協定，與 17 國簽署了移交被判刑人協定。[2] 就自貿協定而言，2011 年來，與新西蘭、歐洲自由貿易聯盟、智利等地成功簽署。2019 年 7 月和 2020 年 1 月，又分別與東盟和澳洲簽訂自貿協定。這樣，「中國香港」護照的「含金量」日益提高。根據入境事務處的官方數據，截至 2022 年第一季度，該護照享受免簽證或落地簽待遇的範圍達到 168 個國家和地區及 3 個司法管轄區，在「亨氏護照指數」中名列第 18 位。如算上未被中華人民共和國承認的國家和地區，為數更多。

三是國際交往更活躍。作為中西文化交匯地，特區積極推動國內外表演藝術和文博機構作深度交流。香港世界級文化藝術、體育盛事終年不斷，「香港巴塞爾藝術節」、「香港國際電影節」、「香港國際七人欖球賽」、「香港世界盃場地單車賽」等，不一而足。2021 年 10 月，首屆「世界航商大會」在港舉行，2022

---

1 美國於 2021 年 5 月發出終止與香港簽訂的避免雙重徵稅協定。香港政府和澳大利亞政府於 1993 年簽署關於促進和保護投資協定已在 2020 年 1 月 17 日終止生效。

2 數據包括已經簽署尚未生效的雙邊協定。自 2020 年以來，美國、英國、加拿大、澳大利亞、新西蘭、德國、法國、荷蘭、芬蘭和愛爾蘭共 10 個國家宣佈無限期中止與香港簽訂的《刑事司法互助協定》和《逃犯移交協定》。2020 年 8 月 18 日，美國宣佈終止《移交被判刑人協定》項。

年則成功爭取到國際演藝協會年中會議的舉辦資格。香港旅遊發展局和香港貿易發展局每年都會分別舉辦譽滿亞洲以至全球的「香港美酒佳餚巡禮」和「香港國際美酒展」。[1] 北京冬奧會，香港有 3 名選手參賽，參賽運動員數量破歷史最高紀錄。

四是「朋友圈」更廣泛。特區駐外辦事處佈點不斷增加。官方而言，特區政府在美國華盛頓、英國倫敦、瑞士日內瓦等地設立駐外經濟貿易辦事處 14 個。其中，2012 年以來新設駐外經貿辦 9 個。半官方而言，法定機構香港貿易發展局在海外 31 個商業中心成立了辦事處，支持香港中小企業推廣環球業務。外國代表機構雲集香江。2020 年有 1 560 家歐盟企業、1 398 家日本企業、1 283 家美國公司、665 家英國企業及 453 家新加坡企業在香港設有分公司或辦事機構。[2] 在港設立領館或辦事處就有 126 個國家及國際組織。截至 2022 年 7 月，外國駐港總領事館達 64 個、名譽領事館 56 個，領事館數量之多位居中國城市榜首。歐盟、海牙國際私法會議、國際清算銀行、國際貨幣基金組織、聯合國難民事務高級專員署等 6 個國際組織在港設立了代表機構。國際要人也紛紛訪港。回歸以來，已有超過 100 位國家元首、政府首腦及部長級外賓應邀訪港。2017 年以來，印度尼西亞總統、菲律賓總統、巴基斯坦總理、新西蘭總理、斯洛文尼亞總理、荷蘭首相、奧地利總理、巴拿馬總統等外國領導人相繼訪港，促進了香港對外經貿合作和文化交流。

五是「中國香港」面子更大了。特區代表已然成為國際峰會的獨特「風景線」。回歸以來，香港歷任特首及主要官員均應邀出席亞太經合組織、博鰲亞洲

---

1 香港特別行政區政府：《香港營商環境報告：優勢獨特，機遇無限》，2021年，頁 46。

2 詳見香港投資推廣署及政府統計處發表的《2020 年有香港境外母公司的駐港公司按年統計調查》。

論壇等高級別國際會議，會晤各國領導人及政要。特區政府在某種程度上享受「國家級」的外交禮遇，更是體現了「中國香港」的獨特地位。全國政協副主席、香港首任特首董建華先生，長期活躍於對美交流前沿。他創立的「中美交流基金會」，成為兩國智庫與高校、文化與傳媒、經濟與社會等領域的重要交流平台，有效增進了中美的相互認識與了解。擔任國際組織要員的港人日趨增長。2006年，香港衛生署前署長陳馮富珍當選世界衛生組織總幹事。這是首次由中國人擔任這一重要職務。2021年9月10日，外交部駐港公署舉辦「香港特區青年人才赴國際法律組織任職發佈儀式」，繼2019年之後香港青年第二度獲推送前往國際組織任職。在外交部的協助下，特區政府與相關國際組織間已經建立借調計劃，拓寬了香港青年法律人才赴海牙國際私法會議、國際統一私法協會和聯合國貿法會亞太中心任職的渠道。[1]2022年，香港廉政專員白韞六當選為國際反貪局聯合會主席，無疑是國際社會對香港廉潔度和法治的肯任。

　　「中國香港」的光芒如此閃耀世界舞台，蓋因中央有胸懷、有魄力，以空前的力度和舉措支持特區保持與自由貿易港相稱的國際能見度。其中，「中國香港」這個法律身份和國際地位就極富含金量。而在英國殖民統治時期，香港長期並無對外交往權。二戰後，隨着非殖民化運動的興起，英國逐步放鬆對香港的管制，方允許其以「非自治領土」身份參與一定範圍的國際活動。[2]從英國殖民統治下的「非自治領土」到「中國香港」這個身份，這個轉變經歷了足足半個世紀，來之不易，彌足珍貴。縱向而言，這個身份所擁有的對外交往權限既非港英時期可比，也高於無實質外事權的蘇聯加盟共和國。橫向而言，「中國香港」所獲外事

---

1　〈國家推送香港青年人才赴國際法律組織任職〉，新華社，2021年9月10日。
2　根據《聯合國憲章》第11章的規定，所謂「非自治領土」，是指處於宗主國或外國統治之下無主權歸屬的領土，待其滿足自治條件，可經由民族自決走向獨立。

授權內地任何省市均不可企及，就連美國聯邦制下的州亦無法與其相比。

何以見得呢？依據香港基本法第 151 條和第 152 條，中央授予香港特區諸多外事權，包括參與同香港有關的外交談判，在經貿、金融、航運、文體等領域以「中國香港」的名義單獨同世界各國、各地區及有關國際組織交往，簽訂和履行有關協議。具體說來，在特定領域，香港特區可單獨地同世界各國、各地區及有關組織保持和發展關係、簽訂和履行有關協議；以適當的身份參加特定領域的不同性質的國際組織和國際會議；對於與香港有關的國際協定適用或繼續適用問題，中央政府按照香港特別行政區的實際情況作出特殊安排；可依法簽發特區護照或其他旅行證件並實行出入境管理；在中央政府協助或授權下可與各國或地區締結互免簽證協議；可根據需要在外國設立官方或半官方的經濟和貿易機構。至於以主權國家身份參加或簽署國際公約，中央政府都要就條約是否適用於香港問題來徵詢特區政府的意見。即使自動適用於香港的外交、國防類的條約，中央政府也會就如何適用的問題徵詢特區政府的意見。迄今，中央政府已就 350 多項多邊條約徵詢過特區政府的意見，其中有 200 多項適用於香港。至於條約履約報告的參與，回歸之前，香港執行條約的情況概由英國政府來負責，港英政府無權參加。回歸以來，特區政府可以自行準備履約報告，與國家報告一並交給有關公約專家委員會審查，香港的官員亦可作為中國代表團的一部分直接參加香港履約報告的審查，並回答委員們的提問。[1]

正因為香港是中國領土不可分離的部分，港人屬於骨肉相連的同胞，中央對香港國際能見度的細心呵護早在中英談判期間和回歸過渡期間，就高瞻遠矚，予以統籌規劃。一是創新國際法實踐。中央並未因回歸而因噎廢食，廢止適用於香港的 300 多項英國締結或參加的國際條約，而是為了國家利益和保持香港繁

---

1　薛捍勤：〈「一國兩制」對國際法的貢獻〉，香港特區律政司：《追本溯源 —— 基本法頒佈 30 週年法律高峰論壇匯編》，2020 年，頁 42-54。

榮穩定的需要，本着對香港高度負責的態度，積極與英方展開和平談判。中英雙方最終同意將 214 項多邊條約繼續適用於香港特區，含中國已經參加的 127 項條約和 87 項中國尚未參加的條約。如此胸懷和氣度，如此開拓創新，幾無先例可循。二是在回歸過渡期，中央政府即授權港英政府與外國簽署和談判有關的雙邊協議 61 項，並在回歸後繼續適用。三是為香港贏得世界貿易組織席位和單獨關稅區待遇。WTO 的前身為關貿總協定，只有主權國家才能成為締約方。經中央政府的努力和斡旋，在中國自身尚未恢復關貿總協定的締約國身份之時，早在 1986 年就解決了香港在關貿總協定中的單獨成員地位，進而順利地成為 WTO「單獨關稅區」成員。[1] 中央這項部署，比香港正式回歸足足提前了 11 年，比中國加入 WTO 則提前了 15 年。有為才有位，有位更應有作為。就此而言，香港特區對得起這個地位，不負中央和國家的高度信任，在國家改革開放的洪流中發揮連接祖國內地同世界各地的重要橋樑和窗口作用，為祖國創造經濟長期平穩發展的奇蹟作出了不可替代的貢獻。香港為祖國改革開放提供了「第一桶金」，為「中國製造」撬動世界市場，贏得了寶貴的轉圜空間。

中央為香港特別行政區提前 11 年贏得 WTO 入場券的經歷尤為值得回顧。經中央政府力挺，香港取得關貿總協定的締約方身份，並與香港回歸無縫銜接，極具政治智慧。一是與當時宗主國在鬥爭中合作，合作中鬥爭，中英雙方協同促進香港提早取得關貿總協定締約方地位。依據 1947 年關貿總協定創始締約國起草總協定第 26 條 5 款丙項時規定：「原由某締約方代為接受本協定的任何關稅領土，如現在在處理對外貿易關係和本協定的其他事項方面享有或取得完全自治權，應被視為本協定的締約方。」1948 年，英國加入關貿總協定時，聲明總協定適用於所有由英國負責外交事務的領地。隨着香港國際經濟貿易中心度的提

---

1　王家驥：〈「一國兩制」下的香港國際地位和對外交往〉，《國際問題研究》，1998 年第 4 期，頁 46-51。

升，英國也漸次授予或承認香港處理對外貿易的自主權，允許其在總協定的會議和委員會中以英國代表團的一名成員代表香港的利益單獨發言。及至 1985 年，英方面提議由中英雙方共同安排使香港成為總協定的單獨成員時，中央政府基於國家利益的考量，決定在中國恢復締約國地位之前讓香港單獨參加。雙方一拍即合，1986 年 4 月，中英雙方按照總協定第 26 條 5 款丙項分別向關貿總協定總幹事遞交聲明，使香港成為總協定的締約方，從而成為總協定第 91 個締約成員。二是與香港回歸安排無縫對接。當時，中央政府就表明：根據《中英聯合聲明》，中華人民共和國將於 1997 年 7 月 1 日對香港恢復行使主權。香港作為中華人民共和國領土不可分割的一部分，自該日起將成為中華人民共和國的一個特別行政區。除外交和國防事務屬中華人民共和國中央人民政府管轄外，將享有高度自治權。中華人民共和國將為香港特別行政區承擔國際責任。聲明指出，1997 年 7 月 1 日後香港特別行政區以「中國香港」的名義繼續被視為關貿總協定的一個締約方。這樣，香港特區既保持了關貿總協定的單獨締約方身份，又與回歸之後的「中國香港」身份有機結合，並得到總協定全體締約國的認可。此後，1993 年 12 月，關貿總協定烏拉圭回合多邊貿易談判達成了一攬子協議，簽署了《烏拉圭回合多邊貿易談判最後文件》和《關於建立世界貿易組織的協定》，並於 1995 年 1 月 1 日正式生效。至此，WTO 取代了原關貿總協定。正因為享有這種獨特地位，香港作為關貿總協定締約成員參與了烏拉圭回合多邊貿易談判，簽署了最後文件和協定，成為 WTO 中的單獨關稅地區。

支持香港在國際社會的不斷發展和持續擴大「中國香港」的國際影響力，進而促進香港持續健康穩定發展，是中央堅定不移的政策方向，也是「一國兩制」的重要內涵。實踐中，中央對香港國際法層面的支持不勝枚舉，囿於篇幅，下面僅以《聯合國國際貨物銷售合同公約》為例，闡述中央相關支持的重要性。

2022 年 5 月 5 日，中央政府向聯合國秘書長提交聲明，將《聯合國國際貨物銷售合同公約》（CISG）的領土適用範圍擴大到中國香港特別行政區。根據

CISG 第 97（3）條的規定，領土適用將於 2022 年 12 月 1 日生效。這一方面是中央對於香港特區加入 CISG 的社會呼聲積極響應，另一方面也為 2021 年 9 月 29 日香港特別行政區立法會三讀通過的《貨物銷售（聯合國公約）條例草案》的實施奠定法律基礎。CISG 擴大適用於香港特區，將在以下幾個方面促進香港的發展：第一，進一步促進香港的國際貿易發展。超過一半佔香港貿易總額前 20 的貿易夥伴都加入了《銷售公約》。香港加入 CISG 將會加強香港與各締約國之間的貿易，提升香港作為國際領先的貿易和商業中心的聲譽，並促進香港經濟和貿易增長。第二，強化香港作為亞太地區國際法律和爭議解決服務中心的地位。加入《銷售公約》後，可提高香港《銷售公約》相關糾紛解決能力，通過成為《銷售公約》爭議解決中心，助力香港成為亞太區主要國際法律和爭議解決服務中心。第三，有助香港更好地抓住和利用「一帶一路」潛在機遇。參與「一帶一路」的國家有 144 個，其中 66 個（45.8%）是《銷售公約》締約方。香港作為物流和海運服務的樞紐及區域貿易中心，能為一帶一路沿線國家提供海運和大型運輸的支持及其他專業服務。而香港加入《銷售公約》能在一帶一路各成員國之間築起一道「法律體系橋樑」，提高香港作為爭議解決服務中心的地位。同時，對熟悉《銷售公約》的國際貿易商而言，加入 CISG 將會增加他們對香港法治的信心。[1]

凡是有利於保持香港長期繁榮穩定、有利於增進香港同胞切身福祉、有利於促進內地與香港融合發展的事情，中央都會全力支持。[2] 從東深供水到供電供氣、從支持應對 97 年亞洲金融危機到 2008 年世界金融危機；從抗擊 2003 年非典到如今的新冠肺炎疫情；從國際組織到國際經貿條約，中央時刻牽掛香港、一

---

1　詳見香港特區政府律政司關於《聯合國國際貨物銷售合同公約》適用於香港特別行政區建議的諮詢文件。

2　https://www.fmprc.gov.cn/ce/cohk/chn/zydt/t1913170.htm

直都在為香港民生安定、社會穩定、經濟發展保駕護航，中央的支持就是香港發展的最大動力。

## 四、展望新征程

「長風破浪會有時，直掛雲帆濟滄海。」站在「一國兩制」五十年不變的中間節點，香港應集中精力改善民生、積極融入國家發展大局、築牢國家安全防線、善用「一國兩制」優勢以落實中央的支持政策，開啟良政善治新篇章。

一是勇於擔當，集中精力改善民生。「修例風波」中上街的年輕人，固然是被反中亂港勢力「洗腦」，受到蠱惑才做出違法之事，但必須承認，年輕人住房難、就業難、向上流動難，使一大批年輕人心中鬱悶，對社會不滿，具有發洩的衝動。[1] 貧富懸殊、階層固化、就業住房問題等民生頑疾必須得到有效解決。中央對香港的民生問題十分關心，對治港者提出了具體要求。習近平總書記在慶祝香港回歸 25 週年大會暨香港特別行政區第六屆政府就職典禮上的講話中強調：「民有所呼，我有所應。新一屆特別行政區政府要務實有為、不負人民，把全社會特別是普通市民的期盼作為施政的最大追求，拿出更果敢的魄力、更有效的舉措破難而進，讓發展成果更多更公平惠及全體市民，讓每位市民都堅信，只要辛勤工作，就完全能夠改變自己和家人的生活。」2020 年中央制訂香港國安法、2021 年修改完善選舉制度，讓香港實現由亂轉治的重大轉折，也使得特區政府可以集中精力解決香港市民關心的民生難題。對於市民最關心的房屋和土地問題，特區政府 2021 年施政報告表示，在未來 10 年，已覓得約 350 公頃土地，可興建約 33 萬個公營房屋單位；私營房屋方面準備好約 170 公頃土地，為市場

---

1 http://www.takungpao.com/opinion/233161/2021/0923/635061.html

提供可興建約 10 萬個單位的用地；同時，為確保 10 年後有持續土地供應，特區政府正積極推進交椅洲人工島填海工程和新界北多個發展區的相關研究。[1] 而 2022 年新當選的行政長官李家超在參選政綱中則提出，上任百日提交初步加快興建公營房屋的工作建議；透過北部都會區發展規劃、明日大嶼計劃等完善城市佈局；研究有序推進填海造地工程，拓展香港未來發展和市民居住空間。政綱還提出，支持醫管局擴展和增加醫護人手、提升退休生活保障、制訂青年發展藍圖等民生措施。政綱回應了不同階層的民生訴求、務實而接地氣，未來特區政府應提高治理能力，拿出更多勇氣和辦法，切實解決社會民生突出問題，與香港市民一起創造嶄新未來。

二是發揮優勢，積極融入國家發展大局。香港的經濟定位一直都是背靠祖國、面向國際，在提供高增值服務助力內地改革開放，以及融入全球經濟的同時，自身也逐漸發展成國際金融、貿易和航運中心。在「一國兩制」下，國家給與香港 CEPA 和其他便利措施，促成香港聯繫國家和世界其他地方無可替代的門戶角色，也讓香港積極參與國家的經濟發展。[2] 回歸 25 年來，香港與內地的交流合作日益緊密，內地市場對香港經濟重要性不斷增強。黨的十八大以來，國家經濟實力、科技實力、綜合國力躍上新台階，國內生產總值突破百萬億元大關。2021 年中國經濟總量達到 114.4 萬億元，穩居全球第二大經濟體，對世界經濟增長的貢獻率達到 25% 左右。世界正在經歷百年未有之大變局，全球經濟重心由西向東轉移的趨勢不可阻擋。世界的機遇在中國，香港的機遇在內地。融入國家發展大局，是香港妥善應對世界百年未有之大變局，獲得自身更好發展的必由之路。2021 年 3 月 11 日，全國人大通過的「十四五」規劃明確指出，保持香港長期繁榮穩定，支持特別行政區鞏固提升競爭優勢，支持香港更好融入國家發展

---

1　http://hm.people.com.cn/n1/2021/1008/c42272-32246789.html

2　香港特別行政區政府：《香港營商環境報告》，2021 年 9 月 27 日。

大局。既支持香港鞏固提升國際金融、航運、貿易，以及亞太區國際法律及解決爭議服務四個傳統中心的地位；又支持香港在四個新興領域的建設和發展，包括國際航空樞紐、國際創新科技中心、區域知識產權貿易中心，以及中外文化藝術交流中心。同時還支持香港參與、助力國家全面開放和現代化經濟體系建設，打造「一帶一路」功能平台；高質量建設粵港澳大灣區，深化粵港澳合作等。「十四五」規劃為香港搭起廣闊舞台，為香港發展注入新動力。特區政府未來應善用中央的支持和「一國兩制」這一最大優勢，抓住粵港澳大灣區等國家戰略帶來的機遇，搭上祖國高速發展的快車，實現經濟長遠穩步發展。

三是完善法治，牢築國家安全底線。眾所周知，香港原本是一高度法治化的社會，市民遵紀守法，社會秩序井然，連續多年被評為世界上最安全的城市之一，其良好的營商環境享有國際盛譽。然而，由於回歸後的香港特區長期缺乏相關法律制度和執行機制，國家安全存在風險敞口，致使在港外部勢力愈演愈烈，從回歸初期的暗潮湧動到後來的明目張膽肆無忌憚，特別是 2019 年「反修例風波」期間，出現了種種突破法治底線的舉動。針對一個時期「反中亂港」活動猖獗，中央審時度勢、果斷出手，通過一系列標本兼治的舉措，牢牢守住了「一國」底線。香港國安法實施兩年來，社會秩序得到恢復，市民安寧得以保障，香港營商環境、投資環境持續改善，有效落實防疫措施。當下，特區政府更應順勢而為，藉助香港國安法實施、新選制落地，以及立法會業已改組和新一屆特區政府開局良好的有利時機，從多方面着手切實推進維護國家安全的具體工作。一是完成基本法第 23 條本地立法，修改完善相應法律，確保在各方面更有效防範、制止危害國家安全的行為和活動，包括修訂《電影檢查條例》以加強防範不利於國家安全的影片上映、修訂《社會工作者註冊條例》令被裁定犯危害國家安全罪行的人不得擔任社會工作者。二是健全愛國者治港的制度體系，例如進一步完善選舉制度，落實強化區議員、公務員等公職人員宣誓制度；於公務員招聘考試中引入關於香港國安法的題目。三是繼續深入開展國家安全教育，提高社會各界、

市民大眾的國家安全意識和守法意識。[1]

　　法治香江，國安家好。發展和安全有如「鳥之兩翼，車之雙輪」。安全是發展的條件，發展是安全的基礎，兩者相輔相成。任何國際商貿投資活動只有在社會穩定法治根基堅實的環境才能有效進行。本固枝榮，興國定邦。在百年未有之大變局中，中央「一國兩制」的方針政策不會變。國家依然把最好的資源投放香港。正如習近平總書記在慶祝香港回歸祖國 25 週年大會暨香港特別行政區第六屆政府就職典禮上的講話中指出：「我們堅信，有偉大祖國的堅定支持，有『一國兩制』方針的堅實保障，在實現我國第二個百年奮鬥目標的新征程上，香港一定能夠創造更大輝煌，一定能夠同祖國人民一道共享中華民族偉大復興的榮光！」

---

1　律政司司長在《香港國安法》法律論壇——興邦定國致辭全文，2022 年 5 月 28 日。